权威·前沿·原创

皮书系列为
"十二五""十三五"国家重点图书出版规划项目

B

BLUE BOOK

智 库 成 果 出 版 与 传 播 平 台

深圳蓝皮书
BLUE BOOK OF SHENZHEN

深圳文化发展报告（2021）

ANNUAL REPORT ON CULTURAL DEVELOPMENT OF SHENZHEN (2021)

主　编 / 王为理
副主编 / 陈长治

社会科学文献出版社
SOCIAL SCIENCES ACADEMIC PRESS（CHINA）

图书在版编目（CIP）数据

深圳文化发展报告 . 2021 ／ 王为理主编 . －－ 北京：
社会科学文献出版社，2021.9
（深圳蓝皮书）
ISBN 978 - 7 - 5201 - 8782 - 4

Ⅰ . ①深…　 Ⅱ . ①王…　 Ⅲ. ①地方文化 - 文化事业 -
发展 - 研究报告 - 深圳 - 2021　 Ⅳ. ①G127. 653

中国版本图书馆 CIP 数据核字（2021）第 158094 号

深圳蓝皮书
深圳文化发展报告（2021）

主　　　编／王为理
副 主 编／陈长治

出 版 人／王利民
责任编辑／周雪林　李　晨
责任印制／王京美

出　　　版／社会科学文献出版社
　　　　　　地址：北京市北三环中路甲 29 号院华龙大厦　邮编：100029
　　　　　　网址：www. ssap. com. cn
发　　　行／市场营销中心（010）59367081　59367083
印　　　装／天津千鹤文化传播有限公司

规　　　格／开 本：787mm × 1092㎜　1/16
　　　　　　印 张：20. 75　字 数：310 千字
版　　　次／2021 年 9 月第 1 版　2021 年 9 月第 1 次印刷
书　　　号／ISBN 978 - 7 - 5201 - 8782 - 4
定　　　价／128. 00 元

主 编 简 介

王为理 深圳市社会科学院党组成员、副院长、研究员。复旦大学哲学博士，香港中文大学历史学课程哲学博士，美国哥伦比亚大学访问学者（2010 年）。深圳市决策咨询委员会委员，深圳市第六届人大代表。享受深圳市政府特殊津贴专家，深圳市地方级领军人才。主要从事现代化、城市发展和文化产业研究。出版学术专著《人之问——思与禅的一种诠释与对话》（上海三联书店，2001）、《从边缘走向中心——深圳文化产业发展研究》（人民出版社，2007），译著《多元现代性的反思——欧洲、中国及其他的阐释》（香港中文大学出版社，2009；商务印书馆，2017），合著《城市文化论》《文化立市论》等。在《复旦学报》《香港中文大学人文学刊》《学术月刊》《社会科学战线》《江海学刊》《学术研究》《哲学动态》等刊物上发表学术论文三十余篇，其中十余篇被《中国社会科学文摘》《新华文摘》《中国人民大学复印报刊资料》等刊物转载。在《人民日报》《深圳特区报》等报纸发表文化评论数十篇。所编辑图书《邓小平经济发展论》获第十二届中国图书奖。主持或作为核心成员参与国家社科基金艺术学重大项目"新兴城市文化流动与文化创新研究"、国家社科基金重大项目"农民工文化需求与城市公共文化服务体系建设研究""中国深圳第 26 届世界大学生夏季运动会申办报告""全球创业观察：深圳和香港研究""国际化城市文化产业比较研究"等国家和深圳市课题研究三十余项。主持制订《深圳市文化创意产业创新发展规划（2016－2020）》《中国（深圳）国际文化产业博览交易会发展规划（2009－2020）》《深圳市文化旅游产业发展规划（2009－2020）》等文化产业相关规划十余项。

摘　要

《深圳文化发展报告（2021）》由深圳市社会科学院编撰，以编年叙述的方式，较为全面系统地回顾和总结过去一年中深圳文化建设的基本状况、文化研究取得的重要成果，同时也分析存在的问题和展望未来一年的发展。全书包括总报告、先行示范区和文化湾区、文化产业发展与研究、文化设施与公共服务、文化机制与创新、城市文化空间等内容，由不同领域的学者从各自角度分头撰写。

2020年是深圳经济特区建立40周年，也是"十三五"收官之年。一年来，深圳深入学习贯彻习近平总书记在出席深圳经济特区建立40周年庆祝大会和视察广东、深圳时的重要讲话和指示精神，紧紧围绕建设区域文化中心城市和彰显国家文化软实力的现代文明之城的目标，深入落实《文化创新发展2020（实施方案）》，加快完善公共文化服务体系，稳步推进重大文化设施建设。以建设"新时代十大文化设施"为契机，加快构建现代公共文化服务体系，"十大特色文化街区"改造提升取得阶段性成果。与这些设施投入使用相关的是，配套的内容、节目逐渐丰富，层次与影响力进一步提升。

报告还反映了2020年度深圳市民文化出现的一些新现象。继续基于谋划全球区域文化中心城市发展蓝图、加强对外文化交流与合作、全面落实新一轮文化设施建设规划等角度展望了深圳文化2021年的发展前景。

关键词： 深圳文化　文化产业　城市文化　公共服务

Abstract

The 2021 Annual Report on the Cultural Developments in Shenzhen is compiled by the Shenzhen Academy of Social Sciences. This chronicle systematically reviews the general state of culture building and the major achievements in cultural research in Shenzhen in the past year. It also examines some of the existing problems, and offers an outlook for the coming year. The report includes one general overview and five sections on pilot demonstration area and bay area culture, developments in cultural industries and relevant research, cultural facilities and public services, cultural institutions and innovations, and urban cultural space. The articles are written individually by scholars in different fields from their own respective perspectives.

2020 marked the 40th anniversary of the establishment of the Shenzhen Special Economic Zone. It was also the concluding year of the Thirteenth Five-Year Plan. Over the course of this year Shenzhen has studied in-depth and implemented the key directives given by General Secretary Xi Jinping in his speeches at the anniversary celebration and during his visit in Guangdong and Shenzhen. Aimed at building a regional cultural center and a modern civil city that manifests national cultural soft power, the city has driven forward the administration of the "Cultural Innovation and Development 2020" implementation plan, sped up the refinement of the public cultural amenities system, and steadily pushed ahead the establishment of major cultural facilities. It has taken the opportunity of building "ten major cultural facilities in the new era" to expedite the construction of modern public cultural service systems: the renovation and upgrade of the "ten major feature cultural blocks" has achieved a milestone. Alongside these facilities that have been brought into operations, relevant contents and programs have also become more diverse, advanced, and impactful. Last but not least, the report also contains some new phenomena that have arisen from Shenzhen's citizen culture scene in the past year.

Keywords：Shenzhen Culture; Culture Industry; Urban Culture; Public Service

目　录

总报告

先行示范区和文化湾区

文化产业发展与研究

文化设施与公共服务

文化机制与创新

城市文化空间

皮书数据库阅读**使用指南**

CONTENTS ◣✦▪▪▪▪

I General Report

II Pilot Demonstration Area and Cultural Bay Area

III   Developments in Cultural Industries and Relevant Research

IV   Cultural Facilities and Public Services

V   Cultural Institutions and Innovations

VI   Urban Cultural Space

总 报 告

General Report

B.1

2020年深圳文化发展回顾
与2021年展望

王为理 陈长治 熊德昌 关万维*

摘 要: 2020年，深圳以建设"新时代十大文化设施"为契机，加快构建现代公共文化服务体系，"十大特色文化街区"改造提升取得阶段性成果，首批7个特色文化街区通过验收评估，面貌一新的南头古城、甘坑客家小镇等特色街区重新对外开放，成为市民热捧的"网红"景点。"十分钟文化圈"日益成型。南山、坪山、光明区的3个区级文化馆和10个街道综合性文化服务中心投入使用，市、区、街道、社区四级公共文化设施基本实现全覆盖，市民享受公共文化服务更加便利。

---

* 王为理，深圳市社会科学院党组成员，副院长、研究员，研究方向为哲学、文化产业；陈长治，深圳市社会科学院文化研究所所长，博士，研究方向为经济、城市文化；熊德昌，深圳市文化广电旅游体育局文化产业发展处处长，硕士，研究方向为文化产业；关万维，深圳市社会科学院副研究员，博士，研究方向为思想与艺术史。

积极培育文化消费，加快推进对外文化贸易，从供需两端发力激发文化消费潜力，促进消费升级和产业提质有机协同。组织开展文化消费资助，支持引导扩大文化消费。深圳成功荣获国家文化和旅游消费试点城市。

关键词： 深圳文化发展　文化街区　文化设施　文化消费试点

2020年是深圳经济特区建立40周年，也是"十三五"收官之年。一年来，深圳深入学习贯彻习近平总书记在出席深圳经济特区建立40周年庆祝大会和视察广东、深圳时的重要讲话和指示精神，紧紧围绕建设区域文化中心城市和彰显国家文化软实力的现代文明之城的目标，深入落实《文化创新发展2020（实施方案）》，加快完善公共文化服务体系，稳步推进重大文化设施建设，努力提升文化产业的综合实力，各项工作取得了较为显著的成绩，为建设中国特色社会主义先行示范区做出了积极贡献。

一　2020年深圳文化发展回顾

深圳"新时代十大文化设施"建设相继启动无疑是近年来深圳文化建设的核心大事，一系列与公共服务密切相关的社区项目的建设与投入使用，迅速让更多的市民受惠。与这些设施投入使用相关的是，配套的内容、节目逐渐丰富，层次与影响力进一步提升。

（一）"新时代十大文化设施"建设加快推进，公共文化服务体系的质量进一步提升

深圳在创造高度发达的物质文明的同时，也面临交出优秀精神文明成果答卷的考验。进入新发展阶段，广大市民对精神文化生活的需求更加旺盛和多元，对文化产品和服务的供给也提出了更高要求。2020年，深圳以建设

"新时代十大文化设施"为契机，加快构建现代公共文化服务体系，更好地满足了人民精神文化生活新期待。

重大设施建设取得新进展。深圳美术馆新馆、科学技术馆顺利开工，深圳歌剧院、改革开放展览馆、海洋博物馆等项目稳步推进，新时代重大文化设施建设的蓝图基本绘就。"十大特色文化街区"改造提升取得阶段性成果，首批7个特色文化街区通过验收评估，面貌一新的南头古城、甘坑客家小镇等特色街区重新对外开放，成为市民热捧的"网红"景点。顺利完成深圳大剧院、深圳博物馆旧馆维修提升工程并重新开放，20世纪兴建的文化设施焕发新生机。文化馆新馆、坂田国际艺术中心等市级重大项目建设加快推进，南山区文化馆、光明文化艺术中心等多个区级文化设施建成开放。

基层设施体系更加完善，"十分钟文化圈"日益成型。南山、坪山、光明区的3个区级文化馆和10个街道综合性文化服务中心投入使用，市、区、街道、社区四级公共文化设施基本实现全覆盖，市民享受公共文化服务更加便利。积极开展基层综合性文化服务中心与旅游中心融合发展试点、"粤书吧"建设试点工作，全市6家书吧被列入全省首批"粤书吧"试点名单。盐田区以文旅融合理念创新打造"灯塔图书馆"成为市民"打卡点"，罗湖区"悠·图书馆"品牌影响力不断扩大，龙华区吸引社会力量建设20个"城市书房"，光明区布点51台"书香亭"自助图书机，大鹏新区联合网红民宿精心打造"书香民宿"，为市民打造了高品质文化生活新空间。

公共文化治理体系更加完善。加快推进公共图书馆、文化馆总分馆制建设，宝安、龙岗、盐田率先实现区、街道、社区图书馆人、财、物垂直管理，统一服务。龙岗区统一购买、统筹安排文化馆总馆、街道分馆、社区服务点的公益文化服务岗位，初步建成"1 + 11 + 111"的文化馆总分馆体系，将优质文化资源直接配送到基层社区。深化法人治理结构改革，区级公共文化机构理事会组织架构和运作机制基本建立，决策水平和服务效能进一步提升。鼓励支持社会力量参与公共文化服务，南山街道综合性文化中心通过政府购买服务方式委托运营，龙岗区借力高科技产业园区共建以科技和艺术为主题的图书馆分馆，公共服务的供给方式不断丰富。"盐田区智慧图书馆服务平台"通过国家级公共文化服务体系示范项目验收。深圳美术馆"讲好深圳故事"荣获 2019 年度全国美术馆优秀公共教育项目，"盐田区智慧书房建设研究""福田区图书馆＋学校阅读计划"获评 2020 年广东省公共文化服务体系建设优秀案例。"关爱劳务工子女免费'爱心课堂'"项目获 2020 年全国文化旅游志愿服务线上大赛三等奖。

文化惠民活动蓬勃开展。深圳陆续推出"城市文化菜单"各项活动，首次发放 65 万张文惠券，进一步丰富了群众精神文化生活；策划举办"春天畅想曲——群众交响音乐舞蹈展演""阅读·深圳经典诗文朗诵会"等主题活动；组织开展"第 17 届深圳市鹏城金秋市民文化节""来深青工文体节"等品牌文化活动；"深圳国际水彩画双年展""粤曲私伙局大赛""青年戏剧月""深圳国际街舞文化节暨深圳街舞大赛""莲花山草地音乐节""南山流行音乐节"等文化品牌影响力进一步提升；成功承办 2020 年广东省群众艺术音乐舞蹈花会，群众文艺精品获四金五银二铜的佳绩，金奖数量居全省第一；群舞《烈火中永生》入选 2020 年广东省艺术节决赛，舞蹈《跳起来》等多个作品在国家、省级赛事中取得优异成绩；组织开展"我们的节日"主题活动，积极弘扬中华优秀传统文化，营造浓厚节日氛围。

"图书馆之城"建设成效显著。发布《2020 年深圳"图书馆之城"阅读报告》《深圳"图书馆之城'2019 年度事业发展报告》，启动图书馆之城"十四五"规划编制，"图书馆之城"研究不断深入。策划举办"阅在深秋""图书馆服务宣传周""儒（道）家研习社""少儿阅经典""人文讲坛""我最喜爱的童书"等阅读推广活动，发布"南书房家庭经典阅读书目"，开展"蒲公英"劳务工子女图书馆计划和"康乃馨"无差别阅读计划。大力推进"常青藤"馆校合作计划，共有 146 所学校加盟，共计 36.3 万册图书在校际流通。城市经典阅读空间"南书房"完成升级改造，并联合深圳市疾病防控中心建成深圳图书馆健康分馆，新采购 30 台自助图书馆服务机陆续进场试运行。

（二）围绕纪念新中国成立70周年等主题策划系列文化活动和艺术创作，城市文化影响力进一步提升

深圳文化事业是随着经济特区的快速发展而不断发展壮大的。40年来，深圳文化实现了由"文化沙漠"向"文化绿洲"的嬗变。为展示经济特区发展和文化建设成就，深圳文艺工作者热情讴歌经济特区建立以来取得的伟大成就，策划系列主题文化活动和精品生产，献礼特区建立40周年。

2020年10月14日，习近平总书记出席深圳经济特区建立40周年庆祝大会并发表重要讲话，会后参观了"从先行先试到先行示范——庆祝深圳经济特区建立40周年展览"。该展是经党中央批准策划的，生动展示了深圳经济特区建立40年来特别是党的十八大以来取得的辉煌成就。展览利用多形式多手段铺展40年特区画卷，除使用照片、图表、实物外，还运用主题场景、声光电、全息影像等新技术，推出了"改革开放前的深圳"主题场景、"深圳40年沧桑巨变"时光隧道和"先行示范再出发"大型全息影像沙盘等展项，生动展现深圳经济特区从先行先试到先行示范的40年建设画卷。展览展出后接待了大批市内外观众，坚定了深圳人民只争朝夕、砥砺前行的奋斗决心。当天晚上，由广东省委、省政府和中央广播电视总台主办，深圳市委、市政府和广东省委宣传部、省文化和旅游厅承办的"逐梦·先行——庆祝深圳经济特区建立40周年文艺晚会"在深圳大剧院隆重举行。晚会以纪实短片与舞台表演相结合的创新艺术语汇，展现了特区建立以来多个富有象征意义的历史场景，反映了特区建设者筚路蓝缕、敢为天下先的创业历程。该晚会在深圳连演多场，深深感染了大批鹏城观众。六集电视专题片《先行》、宣传片《敢向潮头立》等作品从不同角度浓墨重彩地讲述了深圳40年的浩荡历史，奏响了经济特区嘹亮的时代强音，赢得广大市民的赞许，引发热烈反响。

策划举办"庆祝深圳经济特区建立40周年舞台艺术精品展演"，集中展示深圳市近年来创作的7台"彰显中国精神、时代风范、深圳特色"的本土原创舞台精品力作。深圳音乐厅的"庆祝深圳经济特区建立40周年"

系列演出围绕深圳音乐40年发展历程，邀请一批国际知名华人艺术家及深圳本土优秀表演团体，通过13场演出活动共同讲述深圳特区的音乐故事。组织举办"大美'双区'——广东省庆祝经济特区建立40周年美术作品展"深圳站展览，用198件作品全景记录了深圳经济特区建立40年的壮丽画卷，热情讴歌经济特区取得的伟大成就，生动展示建设粤港澳大湾区和深圳建设中国特色社会主义先行示范区的美好前景。大型交响套曲《我的祖国》、舞蹈《烈火中永生》入选"庆祝中国共产党成立100周年舞台艺术精品创作工程"。电视剧《追梦》《湾区儿女》《太行之脊》先后在央视一套黄金时间播出。委约作曲家王宁创作交响乐《深圳赋》于12月在深圳音乐厅首演。修改打磨大型新编现代粤剧《东江传奇》，策划开展国内巡演。组织创作《春到莲花山》《鹏城杜鹃红》等大型主题性美术作品。

国有文艺院团改革不断深化。进一步完善院团绩效考核机制，激发创新创造活力，各文艺院团艺术创作、演出、队伍建设、运营管理水平显著提升。深圳交响乐团与深圳音乐厅联合举办"音乐会讲"导赏音乐会，深圳歌剧舞剧院与深圳大剧院联合举办"歌剧时光"，深圳市粤剧团与深圳戏院联合举办"粤曲群星演唱会"，文艺院团与演出场馆优势互补、资源共享的融合发展机制不断完善。深圳交响乐团音乐季推出"一代经典"和"匠心韶华"系列高水准音乐会；深圳歌剧舞剧院首次推出歌剧团合唱团演出季，打造"歌剧时光""打开歌剧之门"等高雅艺术活动品牌；深圳市粤剧团"粤秀剧场"共演出精品剧目和经典折子戏25场，国有文艺院团演出水平和质量再创新高。举办"第24届深圳大剧院艺术节"，邀请中央芭蕾舞团、上海芭蕾舞团以及著名歌唱家廖昌永、么红等名家名团来深献演。成功召开振兴交响乐发展基金会第一届理事会第三次会议，新募集资金1000万元。举办张娅姝舞蹈专场、卜美玲粤剧专场等演出，积极宣传推广深圳本土优秀艺术家。成立深圳市专业艺术办会，进一步规范全市专业艺术界行业管理及服务，建立健全艺术领域专家库及其运行机制。

策划举办"第八届深圳市戏曲名剧名家展演"，邀请广东粤剧院、浙江婺剧艺术研究院等国内知名院团，为市民带来婺剧《白蛇传》等多部精彩大戏。举办大湾区粤剧名家会演和民办戏曲展演，大力扶持专业戏院院团和优秀民办戏曲院团发展。成功举办"中外艺术精品演出季""第21届深圳戏院少儿演出季"等一系列品牌活动。关山月美术馆"塞外驼铃——馆藏关山月1940年代西北写生与敦煌临画专题展"、深圳美术馆"庆祝深圳经济特区40周年：窗口效应——深圳美术馆建馆初期的经营与收藏·专题研究展"、大芬美术馆"客家·印象——大芬美术馆典藏客家题材美术精品展"入选文化和旅游部2020年全国美术馆馆藏精品展出季。深圳美术馆的"'讲好深圳故事'系列公共教育活动"荣获2019年度全国美术馆优秀公共教育项目。

（三）文化产业经过疫情检验，转型升级的步伐更加坚定

习近平总书记指出，"文化产业是一个朝阳产业。现在文化和技术深入结合，文化产业快速发展，从业人员也在不断增长，这既是一个迅速发展的产业，也是一个巨大的人才蓄水池"。[①] 在出席深圳经济特区建立40周年庆祝大会的讲话中，习总书记强调深圳要加快推进文化产业高质量发展。一年来，深圳牢记总书记嘱托，加大文化企业服务力度，着力完善文化产业规划和政策，积极推动产业创新发展，取得了明显的成绩。

修订出台系列文化产业政策，着力构建完善的产业政策保障体系。2020年深圳印发《关于加快文化产业创新发展的实施意见》和《深圳市文化产业发展专项资金资助办法》，明确了加快深圳文化产业创新发展总体要求、基本任务、主要措施、保障支撑及资助办法。市委宣传部、市文化广电旅游体育局分别制订文化产业发展专项资金扶持计划操作规程，进一步明确资金资助条件、标准和程序等事项，规范专项资金管理使用，提高专项资金使用绩效。福田、南山、龙岗等区完成新一轮文化产业政策修订，产业政策的针对性、精细化程度进一步提升，市、区文化产业政策的合力进一步形成。以

[①] 《坚守人民情怀，走好新时代的长征路——习近平在湖南考察并主持召开基层代表座谈会纪实》，新华网，http：//www. xinhuanet. com/politics/leaders/2020 – 09/20/ c_ 1126517144. htm。

系列政策出台为契机，采取线下宣讲与线上直播相结合的形式，开展文化产业系列政策宣讲，扩大产业政策的覆盖面和知晓度。收集整理国家、省、市、区各级文化产业政策，组织编印《深圳市文化产业发展政策汇编》。积极应对新冠肺炎疫情影响，助力文化企业复工复产和平稳健康发展，出台《关于支持深圳文化企业应对疫情影响促进平稳发展的若干措施》，从金融支持、企业减负等7个方面推出22条措施支持文化企业应对疫情、缓解经营困难，促进产业复苏。2020年，面对疫情冲击，深圳文化企业逐步企稳，网络文化行业保持快速增长势头，文化制造类企业稳中向好。据初步统计，截至2020年底，深圳规模以上文化企业2996家，全年营收8267亿元，同比增长5.40%，高于全国文化产业增长速度和深圳同期GDP增速。华侨城集团、华强方特再次入选"全国文化企业30强"。

受新冠肺炎疫情影响，第十六届中国（深圳）国际文化产业博览交易会首次采用线上办展的形式举办，把参展内容全部搬到云上，全方位展示我国文化产业发展最新成果，突破了时空限制，带来了全新体验，实现了不一样的精彩。云开幕、云展厅、云招商、云签约、云大数据等五大板块打造了新的技术平台，新增电影工业科技馆和互联网馆两大展馆，共有3243家企业（机构）21572件展品参展，参展单位较上届（2312家）增加931家，同比增长40.3%。中共中央政治局委员、中央书记处书记、中宣部部长黄坤明在北京宣布开幕并开展视频调研活动，对文博会创新发展给予了充分肯定。成功举办文博会澳门精品展，以"文化+科技"和"高端工艺美术"为主题，深化深澳文化产业交流与合作。策划举办深圳工艺美术博览交易会、艺术深圳等专业性展会，文博会"1+N"模式发展实现新突破。2020年8月，为期16天的2020深圳设计周成功举办，来自海内外20个国家和地区的33家设计机构、800名设计师与数以百万计的网友一起在"云"上共襄盛事。设计周首次采用'云看展'方式，吸引了全球设计界的目光，参与人数再创历史新高，充分展示了"云上设计，创意无限"的风采。

加快推进文化产业园区建设，促进文化产业集聚发展。制订《深圳市市级以上文化产业园区评估考核指标体系（试行）》，通过考核引导和规范文化产业园区健康发展。龙岗区数字创意产业走廊获得第二批国家级文化产业示范园区创建资格，是广东省唯一获得创建资格的园区。中国（深圳）新媒体广告产业园、UTCP大学城创意园集聚区被认定为省级文化产业示范园区，天安云谷产业园、1980油松漫城产业园获得新一批省级文化产业示范园区创建资格。大鹏所城文化旅游区成为第三批"广东省文化和旅游融合发展示范区"。加大入驻园区的中小微文化企业房租补贴力度，进一步提升园区产业集聚效应。充分发挥市文化产业园区协会的作用，通过组织园区间交流合作、举办运营管理人才培训班和发展论坛、组织对外招商对接等活动，提升园区运营管理、服务企业和招商能力。

积极培育文化消费，加快推进对外文化贸易。出台《深圳市扩大文化旅游和体育消费实施方案》，从供需两端发力，激发文化消费潜力，促进消费升级和产业提质有机协同。组织开展文化消费资助，支持引导扩大文化消费。深圳成功荣获国家文化和旅游消费试点城市。推动实施文创产品开发计划，扩大优秀文化消费产品供给。深化"建设适用国际通用规则的文化艺术品（非文物）拍卖中心"综合改革项目调研，积极培育艺术品消费市场，努力打造国际艺术品交易中心。利用澳门会展业发达的优势，推动在澳门举办大湾区酒店文创产品展，探索深圳创意产品开拓国际市场的新途径。继续实施文化出口重点企业培育工作，雅昌文化（集团）有限公司等15家企业成功入选2019~2020年度国家文化出口重点企业。组织开展深圳市文化出口重点企业认定奖励工作，20家市级文化出口重点企业获得认定奖励。制订深圳文化企业参加市外文化类展会资助办法以及深圳文化企业或行业组织在境外举办文化类展会的资助办法，组织开展境外展会资助专项，引导和支持文化企业"走出去"。

（四）媒体融合发展取得实质性进展，现代文化传播的影响力进一步增强

现代传媒业既是城市软实力和文化传播能力的重要体现，也是文化产业发展和公共文化服务的重要内容。一年来，深圳加快发展广播影视和新闻出

版产业，加大对媒体转型发展的支持力度，积极推进媒体融合发展，着力推进"三大集团"转型升级。

报业集团坚持深圳经济特区建立40周年主题宣传与推动习近平新时代中国特色社会主义思想"落地生根、开花结果"相结合，尽锐出战，紧扣"黄金八月"和40周年庆祝大会两个节点，多角度、多形态、多渠道展开全媒体报道，在全国范围形成巨大传播力和影响力，显示了特区党媒应有的气势和水平，充分发挥了主流舆论阵地"凝心聚力"的作用。加强疫情防控宣传报道，采写和制作了一批有广度、有深度、有温度、有力度的精品力作，全媒发稿超过25万篇（条），全网总推荐阅读量达58亿人次，诞生了《火线》原创纪录片、战疫小游戏、疫情科普与服务平台等10件（组）阅读量上亿的融媒作品。全年阅读量上亿作品达16件，传播数据创新纪录，全媒体综合用户超1.4亿。读特下载量突破2000万次，比年初数量翻番，并深化运营体制机制改革，实行单独建制并与深圳新闻网全面整合，成立深新传播智库、报业教育传媒集团、集团政务融媒体服务中心、集团视听中心，积极培育新的增长点。集团新媒体大厦建成启用，"深新智媒"传播服务平台顺利上线，各报网端深度融合的硬件和技术软件得到升级。主要经济指标企稳向好，新媒体运营活力迸发。新媒体收入3.17亿元，同比增长27%。大力发展线上经济，拓展新媒体营销，推动地铁广告转型，建设全媒体营销场景。在2020年国家新闻出版广电总局发布的45家报刊传媒集团2019年总体经营规模综合评价排名中，报业集团居第9位，处于第一方阵。

广电集团围绕庆祝深圳经济特区建立40周年主题，开展"全媒体直播＋主题专栏＋新闻综述＋新媒体互动"组合宣传，得到上级部门的高度肯定。推出庆祝深圳经济特区建立40周年40小时全媒体大直播、《云端看两会》、《医护日记》等各类新媒体产品，爆款频出，引发舆论热潮。坚持"自建平台＋全网传播"总体思路，"壹深圳"客户端累计下载用户超过1200万，日均活跃用户30万，全网累计总浏览量35亿次。成功上线"深爱听"客户端和"深视频"电视融媒体视频应用，与旗下214个互联网商业平台官方账号共同组成"壹直深爱"融媒体传播矩阵，实现大小屏联动、多渠道融合的传播格局。融媒体中心被国家新闻出版广电总局评为"2020年全国广播电视媒体融合先导单位"。深圳卫视在全国省级卫视全天及黄金时段排名均为第六，取得上星16年来最好成绩。《直播港澳台》获得中国新闻奖一等奖、中国广播电视大奖，全年共22次省级卫视同时段收视排名第一。天威公司成为全国唯一一家获得中国广电5G试验网建设的区域运营商，建成广电主导的全国规模最大的IDC项目"天威深汕数据中心项目一期"。摄制《敢向潮头立》《先行》《思想的田野·深圳篇》等重点专题片，受到各方关注。承制《武汉·守城纪》《我们正年轻》《生命水线》等6部主旋律影视作品，并分别被列入国家、省、市重点项目。成功举办第十一届中国国际新媒体短片节，探索"平台＋基地"双驱动模式，推动视听产业创新发展。完成4K制播平台基本建设并开展4K节目制播实验，4K点播内容拓展至近7000小时。央视"2021新年音乐会——扬帆远航大湾区"大型特别文艺节目成功录制并热播，全网话题总阅读量破5亿。

出版集团积极组织深圳经济特区建立40周年主题图书出版，推出《为什么是深圳》《向深圳学习》《深圳，深圳》等主题出版图书近60种。《为什么是深圳》入选中宣部2020年主题出版重点出版物选题，入围新华社读书频道"新华荐书"等多个好书榜。《向深圳学习》等4种图书入选省委宣传部重点选题。着力打造精品图书，《中国汉字美学史》获第33届全国城市出版社优秀图书一等奖，《李诚全集》《寒门之暖》等4种图书获二等奖。全民阅读精彩纷呈，深圳第四次获评"年度中国十佳数字阅读城市"。第21届深圳读书月以"读书让生活更加多彩，阅读让城市更有温度"为年度主题，组织开展290项2200余场文化活动，线上线下参与人数超千万人次。人民网、新华社、《光明日报》、中国新闻出版广电报以《深圳：以先行姿态开创阅读新境界》《这个排名，深圳又位列全国榜首》等主题报道点赞"爱阅之城"。成功举办第二届深圳书展，展销全国500家出版机构约20万种精品图书，叠加开展100余项阅读文化活动，成为2020年全国时间最长、模式最新、销量最高的城市书展。集团各大书城创新经营思路，运用腾讯看点直播等新媒体，开展阅读ING、对话大家等直播荐书和文化交流活动，促进线上线下融合发展。强化数字书城建设，开发深圳书城小程序，打通线上线下购物渠道。在全国大书城排名中，中心书城、南山书城、罗湖书城分别位列第三、第五和第七。全面启动中心书城改造工程，北区已于2020年10月28日开业，积极打造国内首个AI智慧书城。高标准规划建设湾区书城，概念设计获市主要领导的肯定。光明书城、大鹏书城已完成立项，盐田书城、坪山数字出版总部基地以及深汕书城等项目前期工作积极推进。公共书吧加快布局，2020年新建开业南头古城、市人才园等10家书吧，全市共计50家书吧，形成市内各区全覆盖的局面。

（五）加强文化遗产保护和利用创新，积极传承历史文脉

历史文化遗产不仅生动述说着过去，也深刻影响着当下和未来；不仅属于我们，也属于子孙后代。保护好、传承好历史文化遗产是对历史负责、对人民负责。深圳经济特区建立以来，一直十分重视文化遗产保护，积极探索文化传承与开发利用相结合的有效路径。

为进一步加强深圳历史风貌区和历史建筑的保护利用工作，传承历史文脉，留住城市记忆，彰显城市特色，2020年3月市政府公布了深圳市历史风貌区和历史建筑保护名录。宝安区沙井古墟等26处古墟及古村被列为深圳第一批历史风貌区，南山区南山炮楼等31处建筑被列为深圳第二批历史建筑。加快开展历史风貌区和历史建筑的测绘、建档、挂牌以及设置保护标志等工作，统筹推进历史风貌区和历史建筑的保护、利用与管理工作。2020年8月20日，深圳成功召开全市文物工作会议，全面总结近年来文物工作，分析存在的问题和机遇，研究部署新时期文物工作思路。印发《深圳市非国有博物馆扶持办法》，强化运行评估和定级奖励，加大民营博物馆扶持力度。出台《深圳市文物保护补助经费使用管理办法》，加大对文物基础工作和文物安全方面的经费保障力度，完善文物保护投入机制，提高专项资金使用效益。

加快推进博物馆建设。完成国深博物馆建筑设计国际招标等工作，加快推进深圳自然博物馆建设相关工作。福田华强北博物馆、安托山博物馆群、

咸头岭遗址博物馆等项目稳步推进。深圳博物馆古代艺术博物馆改造后重新开放，并与国内46家博物馆发起成立改革开放博物馆联盟，搭建改革开放主题展览交流合作平台。2020年新增2家博物馆，全市博物馆数量增加到55家。深圳望野博物馆等4家博物馆分别晋升为国家二、三级博物馆，全市三级以上博物馆达10家。成功举办"5·18国际博物馆日"系列活动，策划举办"盛世收藏"系列免费文物鉴定活动，深圳被广东省文物局列为全省民间文物鉴定咨询试点。加快推进博物馆展览、活动等的数字化工作，在疫情期间深圳博物馆、南山博物馆、中英街历史博物馆等多家博物馆开设了线上展馆，将40余个精品展览搬到网上，市民在家就可以欣赏到精美文物展览。

加强不可移动文物的保护及活化利用。积极推进大鹏所城整体保护项目二期工程，开展元勋旧址、南头古城南城墙修缮工作，推进铁仔山古墓群保护规划、大鹏所城保护规划审批工作。推动考古遗址保护工程建设，咸头岭遗址公园及遗址博物馆、南头古城东晋遗址保护工程前期研究工作进展顺利。持续推进全市文物保护控制线落实至"多规合一"平台工作。开展未定级不可移动文物保护单位深圳地理坐标点的测量及核准，分批划定全市文物保护单位两线（含本体范围线）、全市地下文物埋藏线及未定级不可移动文物本体范围线，确保在城市规划研究前期避让文物保护红线，缓解城市建设与文物保护的矛盾。

深入开展非物质文化遗产保护传承工作。启动第五批市级非物质文化遗产代表性项目的申报工作，"非遗在社区"试点城市建设稳步推进，深圳被列为"非遗在社区"试点城市。开展"非物质文化遗产传承人群研修研习培训计划"，提升非遗保护传承水平，促进非遗与现代生活的融合。举办第三届"深圳非物质文化遗产周"以及非遗主题活动50余项，并邀请外省市多个非遗项目与本市项目同台展演展示。在"文化和自然遗产日"前后举办"非遗传承 健康生活"主题活动，创新推出非遗抗疫作品展、非遗购物节、非遗小课堂，线上直播吸引362万名观众观看参与。开展"非遗进校园、进社区"系列活动，活动覆盖各区的中小学校园、社区，促进非遗融入市民生活。举办深圳市 2020 年传统技艺、传统美术类非物质文化遗产传承人研培班，推动非遗项目创新发展。

深入开展文化遗产保护区域合作。积极推进粤港澳大湾区历史文化游径建设，开展相关线路遗产点的实地调研、资源普查和线路规划等工作，"深圳南头古城游径""深圳大鹏所城游径""深圳赤湾炮台游径"入选首批粤港澳大湾区文化遗产游径，"深圳蛇口改革开放历史文化游径""深圳土洋东纵抗战史迹历史文化游径""深圳大鹏明清自然村落历史文化游径"等被列为首批广东省历史文化游径。参与成立深莞惠考古工作站，启动深汕合作区赤石镇碗窑村的考古调查。深入开展改革开放纪念地现状调查及评估，整理历史沿革资料，充分发掘和弘扬敢闯敢试、敢为人先、埋头苦干的特区精神，进一步扩大改革开放纪念地的社会及文化影响力。

在看到深圳文化发展取得成绩的同时，也应看到深圳文化发展与建设先行示范区和区域文化中心城市的要求相比，与广大群众对美好生活的期待相比，还存在明显的差距与不足。一是公共文化服务供给不充分不平衡的问题仍很突出，公共文化服务的供给质量和水平还不够高，服务的精准性还有待提升，数字化建设步伐需进一步加快。二是文化产业高质量发展的机制还未形成，文化企业的整体实力还不够强，受疫情影响文化产业投资意愿明显下降，部分文化产业园区和企业经营出现困难。三是媒体融合改革任务艰巨，多元发展的格局还未形成。四是城市国际影响力还不够大，有国际影响的文化活动和赛事不多，大外宣的格局还未真正形成。

二 2021年深圳文化发展展望

（一）以庆祝建党100周年为主题做优做强宣传文化工作

2021 年喜迎中国共产党百年华诞，是推进贯彻"十四五"规划的开局之年，是奋进新征程、向第二个百年奋斗目标进军的历史新起点。要深入学习贯彻习近平新时代中国特色社会主义思想，在全面深化改革、激发创新活力中推动宣传思想工作再上新台阶，大力营造庆祝建党100周年的浓厚氛围。

深圳作为我国改革开放和现代化建设的排头兵，是改革开放史、现代化建设史的精彩例证。要把建党100周年宣传教育作为2020年宣传文化工作的重中之重，通过各种形式感动人心、阐理增信、形成共鸣。讲好党的故事，讲好深圳故事，用一件件实事、一个个巨变彰显党的初心，用一波波奋斗、一次次突破诠释党的使命。精心策划，做好新闻报道，让大家共享建党百年的伟大成就和历史荣光，真切感受当代中国社会蓬勃向上的氛围和势头；同时加强理论研究、文艺宣传、书刊出版、对外宣传等工作，形成宣传文化工作的有力格局，增添更大更强的正能量。

一是大力宣传党史学习教育活动。认真贯彻落实党中央《关于在全党开展党史学习教育的通知》要求，根据深圳开展党史学习教育的部署安排，深入学习领会习近平总书记在党史学习教育动员大会上的重要讲话精神，充分认识开展党史学习教育的重大意义和目标要求。坚持高标准、高质量开展党史学习教育活动，加强党史学习教育活动的宣传报道，广泛细致深入地传播党史知识，营造党史学习教育的舆论氛围，推进宣传工作创新，掀起党史学习教育高潮，积极引导广大党员干部学史明理、学史增信、学史崇德、学史力行，进一步坚定理想信念、激发奋斗精神，努力做到学党史、悟思想、办实事、开新局，为建设中国特色社会主义先行示范区注入强大动力。当前，庆祝建党100周年的许多精彩活动已在深圳展开，包括主题党日活动，宣讲下基层，办好民生实事，群众性主题活动下基层，评选表彰先进，打造红色教育线路，主题音乐会、摄影展、美术展，无人机炫舞，等等。2021年，围绕建党100周年，深圳还会组织主题原创舞台艺术作品晋京汇报演出，推进交响乐《英雄颂》《灯塔》、歌剧《先行者》、舞剧《功夫》（暂定名）的创作，继续开展大型交响套曲《我的祖国》、粤剧《东江传奇》的巡演工作。

二是进一步促进深圳红色文化繁荣发展。红色文化资源是地域文化的重要特色，具有独特魅力和珍贵价值，它不仅承载着历史光辉，而且滋养着当今社会的精神和力量。开发好保护好红色资源，传承好培育好红色基因，以红色文化激扬新时代奋斗精神，是实现中华民族伟大复兴中国梦的现实需要。要深入学习贯彻习近平总书记关于用好红色资源的重要论述，积极推进红色资源开发、保护、研究和宣传，把红色资源作为三观教育的生动教材、精神塑造的鲜活载体。要结合深圳红色文化资源开展党史学习教育活动。大力弘扬东纵精神，"让东纵精神永放光芒"。东江纵队是中国共产党领导的广东人民奋勇抗日的重要武装力量。深圳是东江纵队的诞生地和重要活动区域，保护和宣传东纵文物、弘扬东纵精神作为深圳红色文化建设的重大课题，通过加强保护和发掘东纵历史资源，展现东江纵队的历史功勋，激发人们的爱国情怀。进一步用好开活深圳众多的革命文化资源，加强博物馆、纪念馆、红色文化公园建设，使红色文化的馆、园成为党员干部党性教育、学生爱国主义教育、市民休闲陶冶身心的基地，成为红色文化传播的基地，让深圳这座开放多元的先锋城市，不仅有兴盛的现代都市文化，而且有光彩照人的红色文化名片。

三是精彩绽放深圳改革开放历史成就。深圳经济特区建立 40 年来，在党中央的正确领导和全国人民的大力支持下，坚持解放思想、改革开放、开拓进取，取得了世界瞩目的城市发展奇迹。进入新时代，深圳正以新的昂扬姿态，朝建设中国特色社会主义先行示范区的目标奋勇前行。深圳的腾飞发展是中国共产党改革开放史的华彩篇章，是共产党好、社会主义好、改革开放好的有力例证。结合深圳历史巨变，讲好、续写"春天的故事"，是深圳庆祝建党 100 年的特色内容。通过深入学习贯彻习近平总书记在深圳经济特区建立 40 周年庆祝大会上的讲话，深刻领会深圳取得的历史成就和积累的宝贵发展经验，牢记使命担当和道路方向，以更大的成绩讴歌新时代、唱响主旋律；通过深圳巨变的具体事实和数字对比，展现深圳的发展轨迹和光明前景，坚定广大市民的理想信仰和必胜信心；通过深圳众多的改革开放经典故事和历史标识，表达深圳百姓的心声，以更大的魄力创造新辉煌。

（二）着力推进深圳文化软实力跃升

在 2021 年 1 月召开的深圳市宣传思想文化工作会议上，深圳市委常委、宣传部部长王强同志指出，未来5年，深圳将全面实施"文化软实力跃升行动"，计划出台一个行动纲要，依靠三大支撑，推进十大工程，即出台《新时代深圳文化软实力跃升行动纲要（2021－2025年）》，以《粤港澳大湾区发展规划纲要》《中共中央 国务院关于支持深圳建设中国特色社会主义先行示范区的意见》《深圳建设中国特色社会主义先行示范区综合改革试点实施方案（2020－2025年）》为三大支撑，实施新思想传播、文明典范城市创建、新时代文艺发展、文化体制改革攻坚、媒体融合发展、网络强市建设、公共文化服务提质增效、文化产业高质量发展、国际传播能力提升、文化人才集聚等十大工程。

推进深圳文化软实力跃升，必须加快推动深圳文化体育旅游事业高质量发展。适应广大市民公共文化需求，深圳将出台一批公共文体服务政策，印发《关于加快推进公共文化服务创新发展 构建高水平公共文化服务体系的实施意见（2021－2025年）》《深圳市基本公共文化服务实施标准（2021－2025年）》等文件，全面推进公共文化服务体系进一步完善；高标准打造更多城市文化地标建筑，推动深圳"新时代十大文化设施"全面开工建设，继续推进城市重大文体设施项目，加快建设和完善特色文化街区，推进特色文化街区的评估、授牌；进一步扩大文化活动品牌影响力，办好"一带一路"国际音乐季、中国深圳国际钢琴协奏曲比赛、中国设计大展及公共艺术专题展、文博会艺术节、深圳钢琴公开赛、深圳国际水墨双年展、中国国际新媒体短片节、中国国际户外影像嘉年华、深圳动漫节等品牌活动；推进文化产业高质量发展，出台《关于进一步推进文化与金融合作的意见》，加快创建文化与金融合作示范区，充分发挥文化产业发展服务平台的功能和效率，积极培育企业集群和城市消费市场，构建更加完善的文化产业生态体系。

推进深圳文化软实力跃升，必须进一步深化文化体制改革。通过文化体制改革，进一步拓展文化市场，解放产业潜能。例如，2021年2月，广东省政府发布《关于将一批省级行政职权事项调整由广州、深圳市实施的决定》，明确将文物拍卖标的许可、设立文物商店审批等15项文物相关权限下放给深圳。深圳将以此为契机，把文物纳入文化艺术品交易范围，进一步完善管理体制机制以及艺术品版权登记、保护、管理和成果转化等相关配套措施，做大艺术品交易市场。又如，深圳将深入研究创意设计提升工作，整合全市创意设计资源和力量推动行业发展，积极与国际设计联合会等顶尖组织机构以及德国 iF 设计奖、伦敦设计奖、米兰设计周等国际顶尖设计赛事活动合作，提升"深圳设计"的国际影响和产业文化附加值。

（三）继续构建以市民需求为导向的文化服务高效体系

高效率推动公共文体服务发展，是深圳文化部门一直以来的工作重点。2021 年初，深圳市文化广电旅游体育局印发了《关于加快推进公共文化服务创新发展 构建高水平公共文化服务体系的实施意见（2021 – 2025 年）》《深圳市基本公共文化服务实施标准（2021 – 2025 年）》等系列文件，从法规层面完善了普惠性、高质量、可持续的城市公共文化服务体系。探索市民文化生活与旅游、体育充分融合的路径，提供创新服务方式和细节，提升公共文化的整体服务水平。在进一步加强福田区、盐田区、宝安区与龙岗区原有的国家级或省级公共文化服务体系示范区（项目）的后续创建和示范引领工作的同时，支持各区申投新的国家级或者省公共文化服务创新示范项目。在文化服务方面，继续加强文化与旅游志愿者服务队伍建设，开展社会体育指导员公益服务网络建设，更高标准地提升志愿者的服务水平。

市文化广电旅游体育局编制《深圳市"图书馆之城"建设规划（2021 –2025）》，支持各区继续实行图书馆总分馆垂直管理、文化馆总分馆"三个统筹"和"五个统一"，完善优化图书馆文化馆总分馆制。推出《深圳市文化馆行业标准》《深圳市民营美术馆扶持管理办法》，让公共文化场馆高质量发展。高标准建设基层文体旅游设施，继续推进"公共文化基础设施攻坚做强工程"，继续更新换代一批老旧公共文化设施，也将推出一批高品质的新型文化设施，配建一批智能化健身设施，织密基层文体设施网络。推进应急广播建设，探索利用应急广播发布预警信息。推动安托山博物馆群建设，发展壮大非国有博物馆。督促旅游景区完善提升旅游厕所和母婴室等服务设施。

　　市文化广电旅游体育局出台《深圳市关于加强文物保护利用改革的若干措施》《深圳市考古发展五年规划纲要》，完善文物保护政策体系，从更高的层次开展对本地文化遗产的保护，如咸头岭遗址、屋背岭遗址、南头古城东晋遗址的保护和利用，大鹏所城、土洋东纵司令部、中英街界碑等国家级重点文物的利用。2020年继续评选第七批市级文物保护单位，组织全市博物馆和文物建筑安全大检查，进一步加大文物保护力度。改革开放纪念地的保护和利用将以试点实行方式逐步推行，另依托"文化名人大营救纪念馆"开展大营救文化线路资源调查及挖掘。推动建设申报第二批"粤港澳大湾区文化遗产游径""广东省历史文化游径"，深化文化遗产保护和利用。

　　继续加大对外文化交流、港澳文化交流力度，并探索更具创造性、更有成效的模式，筹备"欢乐春节"、对非文化交流、海外中国文化中心"部市合作"、庆祝建交"逢五逢十"海外庆典活动。结合国内外疫情发展形势，探索开通线上平台交流、视频参演等对外文化交流新方式和新途径。继续深化粤港澳大湾区文化和旅游合作，支持深港澳三地的图书馆、博物馆、交响乐团、舞蹈团等文化机构深入开展合作，推进粤港澳大湾区联合打造粤剧精品剧目，策划更多的粤港澳"一程多站"旅游精品线路，共同拓展旅游客源市场。联合港澳推进与"一带一路"沿线国家和地区的旅游交流合作，共建粤港澳宜居、宜业、宜游的休闲湾区。

（四）建设新的文化地标，提升经典文化和体育影响力

　　为了打造国际区域文化标杆城市，深圳市将继续建设更多的城市文化地标。深圳歌剧院的方案已经揭晓，并将尽快投入建设；深圳改革开放展览馆、深圳自然博物馆等深圳系文化设施的设计建设也进入新的推进阶段。深圳美术馆新馆、深圳市第二图书馆、深圳科学技术馆、深圳市文化馆新馆等市级重大文体设施项目进一步推进和建设，并同步开展项目运营方案研究及展品征集工作，同时继续争取更多国家知名文化场馆在深圳设立分馆。

　　市文化广电旅游体育局印发《进一步深化国有文艺院团改革的实施意见》，并出具若干配套方案，为进一步实施更深层次的文艺院团改革提供基

本意见，对国有文艺团体内部的管理办法、考核激励机制等提出更具体的改革措施。整合已有资源，继续推动市级文艺团体之间的深度协作，如深圳歌剧舞剧院和深圳大剧院的协作，深圳交响乐团和深圳音乐厅的协作，深圳市粤剧团和深圳戏院的协作，通过各单位之间的深度合作谋求发挥更大的资源潜力，提高文化产业公共服务能力，提升艺术水平。

通过深圳振兴交响乐发展基金会和深圳市专业艺术协会的建设，加大经典音乐、经典艺术在深圳城市文化生活中的影响力。主办好新一届的中国深圳国际钢琴协奏曲大赛和深圳钢琴公开赛等赛事，办好新一届的"一带一路"国际音乐季、文博会艺术节、中国设计大展及公共艺术专题展、深圳国际水墨双年展、中国国际新媒体短片节、中国国际户外影像嘉年华、深圳动漫节等视觉艺术活动。深圳交响乐团音乐季在深圳乃至珠三角地区的影响力越来越大，深圳歌剧舞剧院演出季逐渐形成了自己的影响力，深圳大剧院的中外精品演出季也有持续的影响力。继续办好中国杯帆船赛、WTA年终总决赛、深圳国际马拉松、英雄联盟2021全球总决赛、NEST全国电子竞技大赛等大赛，打造"智力运动之城"。

2021年也是举办深圳市第十届运动会的年份，在办好市运动会的同时，还要配合有关单位做好奥运会、全运会和省运会的备战工作。加大力度和投入，吸引更多国家级训练基地入驻深圳以及职业体育俱乐部落户深圳，已经在建的有国家冰球训练基地、国家乒乓球队训练基地。

（五）以高质量发展为目标，构建现代产业体系

深圳市文化广电旅游体育局有关文件表明，在文化产业的培育方面，2021年的工作是继续营造更好的产业发展环境，推进建设适用国际通用规则的文化艺术品（非文物）拍卖中心、体育产业创新试验等综合改革试点任务。研究出台支持艺术品产业发展、建设国际艺术品交易中心的政策，建立健全与国际接轨的艺术品交易规则体系，探索推动艺术品交易市场对外开放和艺术品通关便利政策，争取交易税费减免政策。继续完善体育产业扶持政策，制订优秀新业态奖励等配套操作规程，大力扶持新模式、新业态、新

场景。加强文化和体育产业专项资金管理，不断提高资金管理的规范化和科学化水平。支持开展体育产业创新试验，鼓励实施"体育＋"，促进融合发展。推动广电5G网络建设以及媒体融合向纵深发展。实施推动超高清频道建设方案，大力推进4K超高清电视发展，鼓励企业创作生产4K节目内容。

为了构建更具竞争力的文化产业平台，将出台《关于进一步推进文化与金融合作的意见》，为文化产业的融资提供政策支持，加快创建文化与金融合作示范区。坚持线上线下融合，高质量办好第十七届文博会，完善"1＋N"办展机制，进一步提升文博会的影响力。支持深圳文化产权交易所建设国家级文化产权交易和投融资综合服务平台，提升国家对外文化贸易基地服务功能，支持深圳文化机构参与中国文化产业投资基金（二期）建设。依托深圳国际版权交易中心和中国版权保护中心粤港澳版权登记大厅，建设更具市场活力、影响力和带动力的版权登记、保护和交易平台。探索构建粤港澳大湾区高端体育合作平台，支持体育企业举办体育产业专业展会，鼓励国际知名体育用品展会落户深圳。

培育更具集聚效应的产业集群。积极申报文化产业国家级重点试验室、探索设立文化保税仓，发挥深圳核心引擎作用，促进区域文化产业协同发展，打造高水平文化产业合作项目，推动建设大湾区文化产业集群。支持"龙岗数字创意产业带"创建国家文化产业示范园区，争创一批省级文化产业示范园区，认定一批市级文化产业园区，引领带动全市文化产业发展。推进广播电视和网络视听产业基地、国际创意产业孵化中心等园区建设。建立文化产业园区信息化管理系统，完善园区配套服务。探索建设文化企业孵化和服务中心，推动建设一批重大产业平台和项目，形成南山文化与科技融合示范区、设计之都时尚创意产业圈、福田文化金融集聚区、龙岗数字产业走廊等一批高质量集聚区。完善市级体育产业园区、基地的考核、退出机制，打造更多主业突出、集聚效应明显、影响力广泛的体育产业园区、基地。

先行示范区和文化湾区
Pilot Demonstration Area and Cultural Bay Area

B.2
在共享中实现深圳文化高质量发展

陈长治*

摘　要：　深圳未来发展的新目标新使命要求深圳进一步实现文化软实
力大幅跃升，实现文化高质量发展、创新发展、共享发展。
未来五年，深圳提出将全面实施"文化软实力跃升行动"，
推动深圳文化大繁荣大发展。以"双区"文化共享为驱动，
实现"双区"文化高质量发展，是新时代深圳文化发展路径
的内在要求和独特优势。一方面，通过推进人文湾区建设，
推进大湾区文化资源和特色优势共享，从而为先行示范区文
化建设提供丰富的补给和营养；另一方面，通过先行示范区
文化引擎作用，推进深圳文化资源和特色优势在大湾区的交
流和共享，从而提振和培育大湾区文化发展的新亮点、新增
长点。因此，积极推动大湾区文化资源共享是促进深圳文化
高质量发展的关键所在。

* 陈长治，深圳市社会科学院文化研究所所长，博士，主要从事城市文化研究。

关键词： 文化共享　深圳文化　高质量发展

　　习近平总书记在深圳经济特区建立 40 周年庆祝大会上的讲话中指出："经济特区要坚持'两手抓、两手都要硬'，在物质文明建设和精神文明建设上都要交出优异答卷。""优异答卷"要求高质量发展。"高质量发展不只是一个经济要求，而是对经济社会发展方方面面的总要求。"① "'十四五'时期推动高质量发展，要求把新发展理念一以贯之地贯彻到全面建设社会主义现代化国家的全过程和各领域。"② 文化作为一个重要方面、重要领域，要以创新、协调、绿色、开放、共享的新发展理念为指引，实现高质量发展。

一　文化共享：文化高质量发展的基本内涵

　　"共享"是新发展理念的重要内容。习近平总书记指出，党的十八届五中全会提出的共享发展理念，其内涵主要有四个方面：一是共享是全民共享，二是共享是全面共享，三是共享是共建共享，四是共享是渐进共享。③ 这四个方面的内涵，为各领域、各部门、各环节的共享发展指明了道路和方向，是文化共享发展的根本指针。"共享理念实质就是坚持以人民为中心的发展思想。"④ 同样，文化共享理念实质也是"坚持以人民为中心的发展思想"。"以人民为中心"是文化共享理念的根本要旨。

---

① 转引自王俊岭《高质量发展这个主题必须长期坚持》，《人民日报》（海外版）2021 年 3 月 8 日。
② 韩文秀：《以高质量发展为主题推动"十四五"经济社会发展》，《人民日报》2020 年 12 月 9 日。
③ 《习近平在省部级主要领导干部学习贯彻党的十八届五中全会精神专题研讨班上的讲话》，《人民日报》2016 年 5 月 10 日。
④ 《中共十八届五中全会公报》，财新网，http：//www.caixin.com/2015 - 10 - 29/100867990_ 1.html。

从文化的本质看，"文化共享"具有丰富而深刻的内涵。众所周知，文化是社会性的，但文化的社会性又有自己的特性，即公开的社会性。文化的天性是公开性、外溢性的，是精神的流露、推广和传扬，是追求广众的，是尽量让社会成员知晓、了解和接受，这与军事、政治、商业的性质有很大区别。季羡林先生认为，"文化是'天下为公'的"，"文化一旦产生，立即向外扩散"。① 离开了公开性、外溢性，文化就无法产生和存在，就不能称为真正意义上的文化，"就文化的本性而言，文化是天生共享的"。② 文化的公开性、外溢性主要是通过文化分享和共享来实现的。文化分享和共享是文化公开性、外溢性的另一种表达或者体现，是文化产生、发展和流传的基本方式。

第一，文化分享和共享是文化产生、传承的基本方式。"人类社会的文化从诞生之日起就是公共文化"，"公共文化的共享性直接来源于文化的公共性"。③ 许多民族文化的初始内容诸如神话、传说、史诗等是在口头叙事中产生和传承的，从这些口头叙事的传统中可以直接看到文化的分享和共享。正是在这种看似平常的分享和共享中，许多具有民族象征重要意义的神话、传说、史诗、图腾不断流传、扩散到天南海北，并随着历史发展，口头叙事也逐渐发展为文字相传、电媒传播、网络传播。但不管传播的具体样式怎样变化，分享和共享的意义没有变。

第二，充分的文化分享和共享是文化繁荣发展、高质量发展的基本方式。分享和共享的"溢出"模式特点说明，文化分享和共享是自己感到文化享受时，也把相关文化事物分赠、传递给别人，让别人也感受到自己的良好体验。只有自己在享用以后以为自己的文化事物具有一定的独特性、不同点或优秀点，才拿来与人分享、共享。这就是说，在大多数情况下，分享和共享本身包含创新创意的意向，文化分享和共享也可以说是创意分享、创意共享。文化分享和共享具有质量的心理动机和水平的前提要求。

---

① 季羡林：《文化是"天下为公"的》，《世界知识》2001 年第 2 期。
② 荣跃明：《公共文化的概念、形态和特征》，《毛泽东邓小平理论研究》2011 年第 3 期。
③ 荣跃明：《公共文化的概念、形态和特征》，《毛泽东邓小平理论研究》2011 年第 3 期。

这种质量动机和水平要求，是文化提升、保持质量档次和品质水平的自觉支撑，具有自勉、自律的内在动力。在充分的文化分享和共享中，文化创作得到激励，文化流通不断扩大，文化生态日益优化，文化力量日益强盛，文化品位不断提升。充分的文化分享和共享，是一个国家全社会共同参与进行的文化馈赠和文化盛宴，是一个国家文化兴盛的基本发展方式。

第三，分享性和共享性是文化品质形成的基础。文化的外溢性、公开性以及由此产生的分享性、共享性，决定和确定了文化价值的基本方向和文化品质的根本依托。在这个过程中，不同程度的分享性和共享性形成了品质的差异和多样性。不同程度的分享性和共享性，会形成不同程度的创作激励、不同频率的流通互动、不同范围的影响感召、不同状态的生命活力，从而形成文化供给作品的不同水平和质量。文化的分享和共享是文化供给质量的基础和依归，是文化发展和文化供给质量提升的促进力量，是衡量文化供给质量的基础，是表示文化供给质量提升的尺度。一般说，分享性和共享性的程度越高，产生优秀文化作品的可能性就越大。因此，文化分享和共享是质量分享、质量共享。

从方式上讲，文化是从分享和共享中开始体现出来的，是在分享和共享中存在和发展的，也是在分享和共享中提升水平和质量的。"一个民族的文化模式是分享的、公开的、交流的和实践的。"[①] 任何文化作品和活动之所以能够成为文化而存在，无一不是从分享和共享开始的。它们通过丫式、株式、网式的分享、再分享、分享之分享而不断伸长、联通、延展和倍增，通过细胞分裂式的繁殖和发展效应，生长为文化的身体和年龄。文化的分享和共享，是文化成长的原生态，是文化产生、存在和发展的原本程式，是文化行为的基本格式和原初单元。文化的分享和共享反映了文化发展的规律性内涵，包含广阔的探索空间和丰富的思维路径及技术工具，是在理念上、行动上推动文化高质量、创新发展、繁荣发展的重要动能。

---

① 孟慧英：《口头叙事传统的意义与作用》，《中国社会科学院院报》2005 年 11 月 29 日。

二　深圳推进文化共享的创新实践

文化的繁荣发展本质上就是文化共享的发展。40 年来，深圳文化发展取得了历史性成就，深圳文化共享的水平、质量和效率都实现了历史性跨越。

1. 不断创新城市精神理念，推进和实现深圳市民和移民的人文精神共享，提升深圳城市精神文化品位

城市人文精神共享不仅是促进公共文化供给质量的强大动力，而且对于提高城市文明水平、凝聚城市价值共识、提升城市文化形象具有重要作用。1987 年，深圳首次将特区精神概括为"开拓、创新、献身"；1990 年，又概括提升为"开拓、创新、团结、奉献"；2002 年，再次拓展内容，表述为"开拓创新、诚信守法、务实高效、团结奉献"。2010 年，在深圳经济特区建立 30 周年之际，深圳媒体发起、发动民间广泛参与的"深圳观念"推选，最终投票产生了"深圳一大观念"："时间就是金钱，效率就是生命""空谈误国，实干兴邦""敢为天下先""改革创新是深圳的根，深圳的魂""鼓励创新，宽容失败""深圳，与世界没有距离""让城市因热爱读书而受人尊重""实现市民文化权利""送人玫瑰，手有余香""来了，就是深圳人"。"深圳十大观念"的产生由民间发起，发端于深圳新闻网论坛的一篇帖文《来深十八年，再回忆那些曾令我热血沸腾的口号》，帖文呼吁收集总结 30 年来深圳本土的口号，让更多喜爱深圳的人借此总结过去、展望未来。这篇帖文点击量很高，受到网民热议，并引起媒体关注。深圳报业集团适时跟进，依次展开评选活动，先后经历了 4 个阶段：网络征集 200 条观念、评选 103 条候选观念、"103 进 30"、"十大观念评选"。最后由专家、网民代表、媒体代表等组成评委会，根据市民投票权重和专家投票权重选出结果。深圳十大观念的评选由几百万市民参与投票，讨论过程充分体现了市民意愿和专家意见，网民投票与专家评委投票高度契合，其重合度高达 90%。"深圳十大观念"的产生过程体现了深圳市民的广泛参与和共有共享，这样产

生的观念和精神在城市生活中显现出强大而持续的生命活力。2020年，在庆祝深圳经济特区建立40周年的历史节点上，深圳推出了"敢闯敢试、开放包容、务实尚法、追求卓越"的"新时代深圳精神"，其提炼概括经历了近半年，先后召开多个专题研讨会，形成候选词语10个版本；通过召开多个座谈会、向99家单位发征求意见函、拜访领导和名人等多种形式，征求各方意见，并经市委常委会会议两次审议研究通过。新时代深圳精神是深圳新时代的精神动力和文化坐标，体现了深圳全体市民的共识共享。

2. 不断推出文化活动品牌，促进深圳市民乃至全国人民的文化活动共享，提升城市文化生活品质

对标世界城市的文化节庆活动，深圳一直在努力打造自己的文化活动品牌。2017年5月，深圳"城市文化菜单"首次发布，包括28项文化活动品牌；2018年1月，第二份"城市文化菜单"发布，内容调整为31项；2019年1月，第三份"城市文化菜单"发布，内容调整为34个项目。为充分发挥"城市文化菜单"在文化创新发展中的战略作用，深圳市委宣传部牵头协调，创新和升级"城市文化菜单"信息收集发布机制，推出"城市文化菜单周周发"，汇总和筛选全市各个层次的重要文化活动，采取每周汇编发布的形式，通过"深圳艺文惠"、"深圳文体通"和各区文体通等平台向社会发布，让市民更加便利地了解全市各类文化活动信息，提高市民对"城市文化菜单"的关注度和参与度，实现"城市文化菜单"的平台共享和品牌共享。2021年伊始，"城市文化菜单周周发"首期发布活动预告，菜单内容精彩纷呈，包括18个展览、11台演出、6项活动、3场讲座，为市民共享丰富精彩的城市文化生活开拓了广阔而便利的空间。

3. 不断推进公共文化服务标准化、均等化，保障广大市民共享公共文化权益，提升公共文化服务水平和质量

40年来，历届深圳市委、市政府都高度重视公共文化服务，并把推进文化设施建设作为提高公共文化服务共享水平的重要抓手。20世纪80年代，集中财力建成深圳博物馆等八大文化设施。21世纪初以来，又相继建设了一批重大文化设施，如深圳音乐厅、深圳图书馆（新馆）等。这些文

化设施的建成促进了全市文化服务规模和质量的提升，进一步适应了深圳的城市发展和广大市民公共文化共享的需要。2019 年，随着《粤港澳大湾区发展规划纲要》《中共中央 国务院关于支持深圳建设中国特色社会主义先行示范区的意见》的颁布，深圳进入"双区驱动"的新历史阶段，市委、市政府适时提出了规划建设深圳歌剧院、国深博物馆、深圳改革开放展览馆、深圳海洋博物馆等"新时代十大文化设施"，为进一步提升公共文化服务水平和质量、增强城市文化软实力提供了重要载体。在规划建设重大文化设施的同时，基层文化服务设施网络也进一步充实和完善。到 2019 年底，全市建成的社区综合性文化服务中心实现 100% 覆盖，街道综合性文化中心已建成 64 个，覆盖率达 85%。全市共有公共图书馆 315 家、城市街区自助图书馆 245 台、书香机 51 台，并率先探索区、街道、社区三级人、财、物垂直管理的图书馆总分馆制，进一步提高图书馆服务能力和服务水平。

此外，深圳不断推进媒体融合发展，提高城市文化生产和传播质量，扩大市民文化资讯共享、网络共享，把文化民生作为广播影视和新闻出版事业的重要内容；不断推出文艺精品，促进深圳市民乃至全国人民的文艺共享，美化城市文化形象，提升城市生活品质；不断推进文化产业发展，繁荣文化市场，促进市民的文化市场共享和文化消费共享，培育文化产业发展新动能和新增长点；积极开展国际文化交流，讲好中国故事，不断扩大深圳文化的国际影响，推进人类优秀文化共享。

三 思考与对策

1. 深刻认识全面实施深圳"文化软实力跃升行动"的战略意义

深圳未来发展的新目标新使命要求深圳进一步实现文化软实力大幅跃升，实现文化高质量发展、创新发展、共享发展。未来五年，深圳提出将全面实施"文化软实力跃升行动"，推动深圳文化大繁荣大发展。"文化软实力跃升行动"体现了"十四五"时期深圳文化各方面全过程高质量发展，展现了深圳文化的整体跃升、全面繁荣发展的前景。

全面实施"文化软实力跃升行动",反映了深圳突出国家文化软实力战略,体现了深圳文化的国家担当。文化软实力作为文化凝聚力、传播力、影响力和创新活力的集中概括,正是在文化共享中不断形成和发展的;文化软实力的强度反映了文化共享的程度;文化软实力的大幅跃升意味着文化质量的跨越提升。文化软实力是国家综合实力的重要组成部分。"文化软实力"作为中国的正式文件表述来自党的十七大报告。在 2020 年召开的党的十九届五中全会上印发的《中共中央关于制定国民经济和社会发展第十四个五年规划和 2035 年远景目标的建议》明确指出,到 2035 年"建成文化强国",并把其中的第九部分的题目命名为"繁荣发展文化事业和文化产业,提高国家文化软实力"。在新时代强调提高文化软实力,体现了深圳文化发展的系统性、全局性、根本性、战略性思维,对文化高质量发展具有决定性意义。

全面实施"文化软实力跃升行动",展示了深圳文化发展的新定位、新需要。对标全球标杆城市、对比国内文化名城,深圳文化软实力需要结合新形势实现新增长、新跨越,需要在共享中生根结果、展示质量、开拓空间。面对当前激烈的国际竞争和复杂的国际形势,只有实现文化软实力大幅跃升,形成与深圳经济发展相匹配的文化制高点,深圳才能在最前沿的开拓和拼搏中有效应对各种挑战和风险,始终掌握话语权、主动权;才能在高质量发展中不断增强凝聚力、亲和力,在对外文化传播和交往中不断提高点赞率,扩大国际影响力和国际竞争力。

2. 积极探索推动粤港澳大湾区文化资源共享

以"双区"(深圳经济特区、粤港澳大湾区)文化共享驱动,实现"双区"文化高质量发展,是新时代深圳文化发展路径的内在要求和独特优势。一方面,通过推进人文湾区建设,推进大湾区文化资源和特色优势共享,从而为先行示范区文化建设提供丰富的补给和营养;另一方面,通过发挥先行示范区文化引擎作用,推进深圳文化资源和特色优势在大湾区的交流和共享,从而提振和培育大湾区文化发展的新亮点、新增长点。因此,积极推动大湾区文化资源共享是促进深圳文化高质量发展的关键所在。

粤港澳大湾区文化资源多元、丰富而独具特色,这一点与世界其他著名湾区可有一比。这里不仅有丰富的地域文化，如广府文化、潮汕文化、客家文化等，还有在中西文化汇集和交融中形成的港澳文化、移民文化、现代都市文化，也有乡村文化和海洋文化，形成了多姿多彩的文化大拼盘。促进大湾区文化共享是建设人文湾区钓客观需要。粤港澳三地文化合作会议机制已十分成熟并在人文湾区建设中发挥着重要作用。随着人文湾区建设的推进，大湾区尤其是粤港澳三地的文化交流与合作也在提速，取得了许多成果。

从人文湾区建设的前景看，大湾区文化交流、合作和共享的潜力空间仍然十分巨大。在"一国两制"框架中，进一步解决体制壁垒、区域阻隔、同质竞争、文化差异等问题，实现粤港澳文化发展互联互通、优势互补、共建共享，是实现大湾区文化繁荣发展的必然要求。应进一步对接各地区文化供需、整合文化资源、协调文化政策、提升文化亮度，打造人文湾区共享平台，丰富文化资源共享机制，增强大湾区文化软实力。一是打造湾区人文精神共享平台。以社会主义核心价值观为指引，积极提炼大湾区人文价值的公约数，围绕中华优秀传统文化、法治文化、廉洁文化、企业文化、岭南文化等通约性较强的特色文化主题，通过论坛等平台辐射和引领社会。深圳作为大湾区重要核心引擎，积极推进平台搭建、品牌打造，不仅有利于塑造湾区人文精神，而且有利于增强深圳文化软实力、促进深圳文化高质量发展。二是打造公共文化服务体系共享平台。首先是在大湾区广东9个城市，利用数字化、信息化、网络化技术，依托相关图书馆、博物馆、美术馆等公共文化资源，探索搭建公共图书馆、博物馆、美术馆等信息资源共享平台；然后在条件许可的情况下，推动数字文化在粤港澳大湾区共建共享。三是进一步推进大湾区文艺交流共享、文化产业协调共享、文化旅游发展共享、文化人才交流共享。通过文化运作上的多种形式和途径，搭建各种文化共享平台，打造文化品牌，进一步提升大湾区文化创意水平和文化生活品质，共同推动人文湾区繁荣发展。

3. 积极探索构建文化供给质量评价体系

文化供给在文化发展中占有主导地位，文化供给质量决定了文化发展质量。因此，深入研究文化供给质量及评价和管理对文化高质量发展具有重要意义。一是明确和掌握文化供给质量的实质内容。研究解决一些带有根本性的问题，深入分析文化供给质量与文化共享的统一性，形成总体分析框架，在此基础上不断推出科学的发展指标体系、技术概念和实操工具，等等。这些都是文化供给质量评价的基础和前提。二是充分应用云计算、大数据、互联网等技术，对文化受用结果数据进行快捷的反馈、采集，并尽可能把享用、欣赏与评价、反馈及时地融合、互动、统一起来，不仅与受用、消费的过程融为一体，也与新要求、新目标融为一体，使文化共享的体验反馈便捷、随机、及时完成，使共享、共参、共治、共建相互渗透、融为一体。三是通过多种形式加强文化供给质量日常管理。例如，委托第三方进行满意度调查，设置信息反馈通道，如受众座谈、专家咨询、定期不定期走访等。加大评估管理力度，努力做到反馈信息真实、准确、全面，管理路径畅通、灵敏、高效。四是进一步完善各项相关考评制度，加强工作绩效管理，提高工作质量意识，推进各项工作高质量完成。

B.3
关于粤港澳大湾区文化产业协同
发展的对策及建议

郭重阳　于晓峰*

摘　要：　粤港澳大湾区不仅是地理概念，也是经济概念，更是共建
　　　　　"人文湾区"的文化概念，而推动湾区文化产业发展则是共
　　　　　建"人文湾区"的重要抓手。本文在调研分析粤港澳大湾区
　　　　　文化产业协同发展的现状、趋势与特色的基础上，探讨大湾
　　　　　区文化产业协同发展的制约因素及不利条件，统筹分析和思
　　　　　考大湾区文化产业协同发展的策略和路径。粤港澳大湾区文
　　　　　化产业的协同发展和推进，有利于发挥集聚效应，向世界讲
　　　　　好中国的"湾区故事"。

关键词：　粤港澳大湾区　人文湾区　文化产业　协同发展

　　2019年2月18日，《粤港澳大湾区发展规划纲要》印发，提出了建设
大湾区优质生活圈的目标，打造"人文湾区"，做大做强大湾区的文化软实
力，提升大湾区居民文化素养水平与社会文明程度，塑造和丰富湾区人文精
神内涵。① 大湾区建设从理论设想变为行动规划，意味着如何规划粤港澳大

---

　　*　郭重阳，深圳大学新闻传播学2018级硕士研究生，主要从事传播学研究；于晓峰，副研究
　　　员，深圳大学传播学院教师，主要从事符号学、传播学和文化研究。
　　①　《中共中央 国务院印发〈粤港澳大湾区发展规划纲要〉》，新华网，http://www.xinhuanet.
　　　com/politics/2019-02/18/c_1124131474.htm，2020年4月18日。

湾区的建设与发展、怎样把粤港澳大湾区建设成世界级湾区等问题，是我们当下迫切需要思考和回答的。

一　粤港澳大湾区文化产业发展的趋势和特点

粤港澳大湾区不仅仅是一个经济概念，同时还是一个文化概念。大湾区城市在风俗民习、文化根源、地理区域、人文精神上同根同源、一脉相承。虽然在历史发展和中外文化的交流碰撞中，九市二区的文化呈现了不同的形态和特点，但其内里的岭南文化基因是同根同源的，这是大湾区能够共建"人文湾区"的重要前提和文化基础。"人文湾区"要如何建设？这需要粤港澳大湾区各个城市的文化产业进行不断的交流、合作和融合。大湾区各大城市如果能够将文化产业的桥梁打通、路径作准，大湾区各方面的综合竞争力水平将会跃上一个新的台阶和层级。

粤港澳大湾区涵纳两个特别行政区和珠三角九市，具有共同的岭南文化基础。大湾区的文化产业协同发展需要在两种制度、三个税区、三种法律、三种货币上的背景下进行。这种多元制度格局既是粤港澳大湾区协同发展的独特优势，也是不可忽视的阻碍因素。在这样一种协调的、特殊的制度背景下，粤港澳大湾区各城市为何要谋求文化产业的协同发展？如何推进各城市文化产业的共同发展？这些都必须在明确发展现状的基础上才能进一步追问和解答。目前，粤港澳大湾区文化产业发展要求和趋势主要集中为两点：区域合作进一步加强，"文化＋"趋势日趋明显。

（一）区域合作进一步加强

广东省、香港特区政府民政事务局以及澳门特区政府文化局为促进三地文化产业区域合作和协同发展，签订了《粤港澳文化交流合作发展规划2014－2018》《共同开展粤港澳文化交流合作示范点工作协议书》等协议以及《粤港合作框架协议》《粤澳合作框架协议》等区域合作协议。在《粤港澳文化交流合作发展规划2014－2018》中，着重加强在培养文化艺术人才、推动优秀作品展演、提升城市公共文化服务水平、推进社区文化交流与合作、促进传统文化转型、加强文化遗产传承、扩大粤港澳文化产业协同合作、加强三地青少年文化交流互动等八个方面的合作交流。广州市旅游局还和香港旅游业协会签订《穗港旅行社行业合作框架协议》，协同合作加强市场监管和引导，为促进穗港文化旅游业的协同发展提供保障机制。深圳和香港签订了《深港设计策动合作协议》《香港特别行政区政府与深圳市人民政府关于促进创意产业合作的协议》等一系列协议。在《香港特别行政区政府与深圳市人民政府关于促进创意产业合作的协议》中提出在前海建立深港设计创意产业园，一方面为香港文创产业开拓广阔的内地市场，提高产业效益；另一方面，将借助香港的创意设计为深圳文化创意产业的发展注入新活力。

除不断完善区域合作机制外，大湾区城市还积极建设跨区域文化创意产业园区。大湾区城市合作推出了粤港澳大湾区青年园、289数字半岛、前海深港设计创意产业园、港澳（深圳）影视文化创意产业园等项目。其中，面向粤港澳大湾区城市群本地青年人才的粤港澳大湾区青年园面积超过两万平方米，这将进一步推动园区文化创意、互联网科技、高端服务产业发展。"文化＋科技产业园区"的289数字半岛，将借助自贸区、保税区的便利和优势，进一步发展大湾区数字创意产业，与此同时，为加强大湾区文化交流，还举办各种会议或典礼。广州文化产业交易会、中国（深圳）国际文化产业博览交易会、粤港澳大湾区文化产业发展论坛、粤港澳大湾区文化艺术节、粤港澳大湾区媒体峰会、粤港澳大湾区杰出文创产业奖颁奖等会议、论坛、艺术节和颁奖典礼，不仅促进了粤港澳大湾区文化产业的深度交流和融合，也扩大了大湾区的文化影响力。

在不断完善合作机制、加强文化交流、文化产业协作、创建新产业园区的基础上，大湾区各城市还注意分工协作，进一步将文化产业细分、做实、做大。粤港澳大湾区文化产业联盟、电影产业联盟、文学联盟、音乐艺术联盟等相继成立，有力推动了大湾区内音乐、艺术、文学、影视、传媒等领域的交流互动。

表1 粤港澳大湾区文化及相关产业联盟不完全统计

时间	平台
2018 年 3 月 29 日	粤港澳大湾区电影产业联盟
2018 年 8 月 12 日	粤港澳大湾区文学联盟
2018 年 8 月 18 日	粤港澳大湾区文化产业联盟
2018 年 9 月 12 日	粤港澳大湾区音乐艺术联盟
2018 年 9 月 14 日	粤港澳大湾区科技馆联盟
2018 年 10 月 27 日	粤港澳大湾区文化创新研究联盟
2018 年 12 月 12 日	粤港澳大湾区文化创意产业促进会
2018 年 12 月 28 日	粤港澳大湾区美术与设计教育发展联盟
2019 年 1 月 20 日	粤港澳大湾区美术家联盟
2019 年 5 月 11 日	粤港澳大湾区影视后期产业联盟
2019 年 8 月 21 日	粤港澳大湾区 5G 产业联盟
2019 年 6 月 25 日	粤港澳大湾区广电联盟
2019 年 11 月 11 日	粤港澳大湾区文化旅游融媒体传播联盟
2019 年 11 月 18 日	粤港澳大湾区动漫促进会
2019 年 12 月 1 日	粤港澳大湾区视觉艺术产业联盟
2020 年 9 月 25 日	粤港澳大湾区（广东）文创联盟
2021 年 3 月 29 日	粤港澳大湾区智慧视觉产业联盟
2021 年 3 月 29 日	粤港澳大湾区港澳青年创新创业基地联盟

（二）"文化 +"趋势日趋明显

在大湾区城市文化产业发展过程中，"文化 +"趋势日益明显，"文化 +"即整合联动其他相关产业及文化产业，推动相关产业与文化及文化产业融合，不断更新文化产业发展模式，打造文化产业发展新业态，产生新的经济增长点。具体表现为"文化 + 科技""文化 + 创意""文化 + 金融""文化 + 旅游"等方面。

"文化 + 科技"是将文化与科技相融合，为文化产业注入更多科技及技术因素。广东省的《关于促进广东省文化和科技融合发展的意见》及广州市的《广州市人民政府办公厅关于促进我市文化与科技融合的实施意见》等文件先后颁发，为"文化 + 科技"即科技因素和文化及文化产业的融合发展提供了政策引导和支持。文化与科技的融合发展方面，粤港澳大湾区核心城市成果较为显著。如广州正积极推动人工智能、虚拟现实、5G 通信、

4K/8K 超高清视频等先进技术矸发与应用，广州市 5G 产业园区将在广州市构建"3 + 2 + 6"产业布局，推动 5G 产业集聚发展。深圳作为现代信息技术手段的孵化所，涌现出一大批文化科技公司，例如腾讯、华为、华强方特等以高新技术为依托的文化企业。

在"文化 + 创意"方面，香港文创产业包罗万象、融会中西，不仅有元创方、大馆、星光大道、动漫海滨乐园等创意地标，而且开展诸如香港书展、香港影视娱乐博览、设计营商周等具有国际影响力的品牌活动，巩固和提升香港创意之都的地位和水平。广州市不仅有环球数码、漫友文化、盒成动漫、炫动卡通、张小盒等著名动漫企业，还创办了华创动漫产业园区和从化动漫产业园区，并经常举办中国国际漫画节、萤火虫动漫游戏嘉年华、金龙奖等知名动漫节。此外，广州市还拥有"猪猪侠""喜羊羊与灰太狼"等知名动漫品牌，网易游戏、多益网络、三七互娱、4399、益玩网络等著名网络游戏企业也是广州市"文化 + 创意"的精彩显现。

"文化 + 金融"是指提高金融服务水平，创新金融文化产品。广东省制订了《关于贯彻落实深入推进文化金融合作的实施意见》。大湾区城市也积极出台相关措施促进金融文化的发展，如珠海发布了《关于深入推进文化金融合作的意见》，引导金融机构实行"文化 + 金融"的融合协同发展模式，建立市级"文产贷"融资引资平台，推动解决小微文化企业的融资难问题。

在"文化 + 旅游"方面，广东省颁发《关于促进文化旅游融合发展的实施意见》文件，引导和推进文化旅游示范区和示范园的建设，促进文化旅游产业的转型升级。另外，广东省文化厅和旅游局在 2016 年评选出第一批 8 处广东省文化旅游融合发展示范区：广州北京路文化旅游区、佛山南风古灶文化旅游示范区、韶关珠玑古巷·梅关古道景区、梅州百侯名镇旅游区、东莞寮步莞香文化旅游区、阳江海陵岛大角湾海上丝路旅游区、潮州古城文化旅游特色区、云浮六祖故里旅游度假区。① 大湾区各城市也依靠自身

---

① 《首批 8 处"广东省文化旅游融合发展示范区"出炉》，中国经济网，http://www.ce.cn/culture/gd/201612/22/t20161222_ 18988534. shtml，最后访问时间：2020 年 3 月 18 日。

独特的旅游资源，促进旅游文化产业的发展，例如珠海打造非遗博物馆、史前文化博物馆、葡西文化一条街、民俗一条街等文化旅游园区和载体；打造建成疍家水上集市、近代东西方文化交流历史展览、巴西狂欢节、国际文化艺术巡游等文化活动平台和品牌；开发出具有珠海特色的旅游商品，推出"珠海手信"品牌。佛山市制订《佛山市人民政府关于扶持旅游文化创意产业发展的意见》（2015）、《佛山市旅游文化创意产业"十三五"规划》等文件和政策，促进旅游文化产业的集群发展。惠州是大湾区发展规划中的生态担当，集山、江、湖、海、泉、瀑、林、涧、岛等自然景观与人文景观于一身，也在加快建设现代化绿色山水城市的脚步。

此外，大湾区城市还凭借自身优势，发展独具特色的"文化＋"，如澳门凭借发达的博彩业，建设"以文化旅游为载体，与博彩业相结合"的文化产业结构和文化产业链条；肇庆发布《关于打造"国字号"砚文化基地》的文件，支持建设"国字号"砚文化基地，集砚文化的研发、交流、培训、旅游为一体，弘扬和推进中国砚文化发展；江门则发挥自身特色，打造侨乡文化品牌，以碉楼、名人故居旧址、华侨捐资建造的建筑等进行文化演绎和品牌打造，使之成为江门侨乡文化的载体和实体；中山将以孙中山故居纪念馆为核心，整合中山城、辛亥革命纪念公园等景区，打造以体验孙中山思想文化为内核的旅游路线；东莞依靠扎实的制造业基础，将文化创意与制造业相结合，实现从"东莞制造"向"东莞创造"转变，促进制造业及文化创意产业转型升级。

二 粤港澳大湾区文化产业协同发展的主要瓶颈

粤港澳大湾区文化上的一脉相承为文化产业的协同发展奠定坚实的基础，政策上的倾斜为文化产业及相关产业的协同发展提供强大的动力。谋求粤港澳大湾区文化产业协同发展确实具有重大战略意义和必要性，若要实现大湾区各城市协同发展，必须明确现今存在的瓶颈，才能有针对性地解决问题。

（一）核心引擎城市带动作用不明显

在粤港澳大湾区城市群规划中，香港、澳门、广州、深圳的定位是核心引擎城市，对其他湾区城市起到辐射带动作用。尽管大湾区核心地域对外链接国际城市网络，对内辐射区域腹地的"两个扇面"的区域枢纽职能已经初步形成，① 但实际建设和发展仍需进一步强化。香港、澳门、广州和深圳在城市规模和作用上相近，但又各有劣势：香港是知名度很高的国际金融中心和创意之都，软件、影视业、电脑游戏、出版业、艺术品和工艺品、设计服务业和广告业等文创产业规模大，但近年来随着内地经济的快速发展，香港对内地的影响力减弱；澳门的支柱产业是博彩业，文化产业整体规模不大，本地市场空间比较有限；广州是广东省政治中心，在广东省内的影响力很深很广，但这种影响力只限于国内及华南区域，缺少知名的国际品牌；深圳作为经济特区，是改革开放的试验田，年轻、包容、创新、开放、科技创新能力强，但缺乏深厚的历史文化底蕴。因此，粤港澳大湾区文化产业在发展过程中可能出现核心引擎城市辐射范围和带动能力不足的发展局面，没有"号令"城市，在统筹湾区城市文化产业协调发展时可能带来不便，甚至内耗。

（二）体制机制的差异

粤港澳大湾区是一个国家内三个独立关税区之间的跨区域合作。粤港澳大湾区的"九市二区"包括广东省的九个城市和香港、澳门两个特别行政区，即"一国两制""三关税区"。广东省九市是社会主义制度，香港、澳门实行资本主义制度，而不同政治、法律和经济制度必然导致政治体制、经济模式、法律体系等领域的重大差异，不同关税区下的关税水平、税制管理办法不同，且三地有关文化及文化产业的政策、文化产业发展观念等都存在

---

① 张艺帅、赵民、王启轩、程遥：《"场所空间"与"流动空间"双重视角的"大湾区"发展研究——以粤港澳大湾区为例》，《城市规划学刊》2018 年第 4 期。

差异，这些会直接增加沟通成本，降低效率，拖慢文化产业协同发展的进度。因此必须要做到互相尊重、求同存异，在互惠互利的基础上实现共赢，在文化交流与融合时，能做到"美人之美，美美与共"。并且，在实际合作过程中，有可能出现"城市本位"的现象，过分关注自身或局部利益的得失，过分着眼于细节，为维护小集体利益而使得区域合作出现对立现象。由此造成城市之间虽然签订了合作协议，但区域合作程度仍然不高，信息和资源的共享以及利用率不高，仍存在合作壁垒。

（三）人才缺口较大且流向集中

从湾区科研创新与人才培养情况看，广东和北京、上海等一线城市相比，总体上高水平大学较少，且处在"一国两制"下的粤港澳高校与科研机构大多是"各自为政"，致使科研创新要素分散，很难产生集聚效应。广州和香港是粤港澳大湾区教育资源最集中的两座城市，但仅靠这两座城市培养和输出粤港澳大湾区文化产业发展所需的人才仍不能弥补人才缺口。澳门资金充足，但以博彩业为支柱产业，缺乏科研动力和氛围。深圳创新能力较强，文化创意产业发展迅速，但没有形成高校集聚效应，且缺乏与经济发展水平相契合的文化发展水平，市内高水平大学严重不足。除此之外，《2019年广东省高校毕业生就业质量年度报告》数据显示，广东省高校中培养的毕业生虽大都选择在省内就业但流向分布不均衡，在广东省就业的占已就业毕业生的94.82%，其中到广州市就业的毕业生最多，有17.08万人，占已就业毕业生的36.63%；其次是深圳市，有7.97万人，占17.10%；而粤东、粤西、粤北地区分别吸纳5.99%、3.97%、1.79%的已就业毕业生。[1]从上述数据可以看出，广东省的毕业生流向与当地的经济发展水平基本成正比，而人才作为城市发展的动力之一，人才流入少将不利于当地经济和文化的发展，这种不均衡的状态将产生恶性循环，使得其他城市的高新技

---

[1] 《省教育厅发布〈2019年广东省高校毕业生就业质量年度报告〉》，广东教育网，http：//www.zqtvu.com.cn/jyxw/30539.html，2020年2月20日。

术岗位严重缺乏人才，人才的培育和留住不成正比，"筑巢"成功却无法"引凤"。

（四）区域发展不平衡且同质化严重

湾区城市内部发展不平衡，城市地区之间的发展差异显著，湾区两岸发展极不平衡，"东强西弱"，西岸发展严重滞后，并且三个自贸区（南沙、前海、横琴）和五个"一带一路"的节点城市（广州、深圳、珠海、汕头、湛江）和地理区位优势和政策红利并未完全凸显。大湾区各城市对文化及文化产业的政策支持各有不同。广州虽力度不如深圳，但其凭借着历史沉淀深厚，文化根基强大，亦能促使文化产业发展；深圳的政策最为优惠，对文化产业扶持力度大，科技创新能力强；广东省其余城市的文化产业发展基础薄弱，中小文化企业多但缺乏龙头企业，没有形成产业集群。尽管各城市在自然资源和经济发展程度上存在区别，但文化产业发展仍存在同质化倾向，因此容易出现过度关注区域利益的情况，这将阻碍其协同发展。除此之外，文化产业具有投资大、收益周期长的特点，尽管出台了很多优惠政策助力文化产业发展，但仍然是"杯水车薪"，文化产业的繁荣发展还需要更多时间和资金支持。因此，这种发展极不平衡的格局和状态，必然会极大地影响大湾区文化产业及相关产业的整体实力和对周边辐射力、影响力的提升。

三 粤港澳大湾区文化产业协同发展的路径

"九市二区"在文化产业方面各有优势，但要发挥"1＋1＞2"的集聚效应，必须要克服制约协同发展的瓶颈。笔者认为，湾区城市在文化上同根同源，应不断完善上层建筑，共筑人文基础。此外，在《粤港澳大湾区发展规划纲要》（以下简称《纲要》）中，对"九市二区"的定位有所差异，湾区城市应结合其在大湾区中的定位，寻求差异，合作共赢；并且在人才的培育和引进上，要更加重视才能为大湾区文化产业发展提供源源不断的动力，实现可持续发展；最后，应善于借助互联网的快速发展，将文化产业与其他产业相融合，发展"文化+"，催生文化产业新业态。粤港澳大湾区文化产业的协同发展，将深化三地的文化交流、重构产业区域版图、拓展产业结构类型。①

（一）完善上层建筑，筑造人文基础

大湾区城市人缘相亲、习俗相近，粤语是共同的话语体系。港澳两地虽因殖民地的历史被西方文化渗入，但岭南文化的传统仍然扎根其中且枝繁叶茂。客家文化、潮汕文化和广府文化是岭南文化的主要组成部分，同时也是大湾区城市的主要文化。岭南文化多元开放，兼容并包，发展出了如粤剧、广雕、端砚、龙舟、武术、醒狮等岭南文化精品，这为促进粤港澳文化产业的深度合作奠定了坚实基础。除了传统文化上的一脉相承，现代文化的交流融合也非常频繁。作为曾经的亚洲流行文化中心，香港的音乐、影视、时尚等流行文化风靡一时，对于广东的广播影视产业也产生了很大的影响。香港的武侠小说在广东的报纸杂志上进行连载，港澳的电视节目在广东地区的电视中可以收看到，葡挞、菠萝油、鸳鸯奶茶等港澳美食在广东非常流行，粤港澳三地在文化交流上有着天然的亲近性和熟悉性。三地应以岭南文化为基础，建设多元包容的大湾区文化，增进青年文化认同，共同厚植大湾区人文精神。②《纲要》提出要"共建人文湾区""共同推进中华优秀传统文化传承发展"，推进粤港澳文化产业的融合发展，不仅在经济上为粤港澳地区提供新的增长点，在文化上亦能促进文化共识的形成，有利于中国在团结统一的基础上积极"走出去"。粤港澳大湾区文化产业的协同发展离不开政策的强力推动和支持，完善的制度建设能增强文化传输的行政保障，③因此必须从政策层面强调湾区整体概念；在文化产业的某些领域可以开展实验区，有

---

① 司长强、黄奕：《粤港澳大湾区文化产业发展的环境、策略及价值》，《特区经济》2019年第8期。
② 黎泽国：《岭南文化在粤港澳大湾区建设中的重要作用研究》，《特区实践与理论》2021年第1期。
③ 李磊、顾辰影、张廷君：《"一带一路"倡议下粤港澳大湾区的文化传输：建构主义视角》，《城市发展研究》2019年第11期。

助于促进粤港澳地区间的深度合作与交流。除政策支持和官方正式组织的推动外，还应该发挥"华侨"的桥梁作用，重视民间非正式组织的力量。与正式组织相比，非正式组织具有高度的弹性和强大的吸引力。

（二）寻求差异，合作共赢

在《纲要》中，对"九市二区"的定位各有不同，在文化产业未来的发展方向中，大湾区应联动资源互补，挖掘文化产业发展新动能，[①] 各地应善于运用自身优势的自然资源和现有产业，实现错位发展，从而减少过度竞争导致的资源浪费。深圳作为国际科技、产业创新中心和金融综合生态圈，应注重"文化＋科技""文化－金融"的发展。东莞的文化产业以制造业为主，拥有电子信息、纺织服装、家具玩具、包装印刷等制造业优势，东莞正努力推动传统制造型文化企业向研发型的创新文创企业转变，如唯美陶瓷、智高文创等企业，从单一的产品生产制作转变为集研发、生产、销售为一体的创新型文创企业。除此之外，动漫也是东莞的特色产业，拥有智高文化、漫彩文化、虹虹动漫等行业龙头企业。惠州作为现代化绿色山水城市，是粤港澳大湾区的生态担当，应充分利用自身良好的自然资源，在打造绿色城市吸引游客的同时促进文化产业的发展，如龙门县农民画。珠海作为全国唯一与港澳相连的陆地城市，应充分发挥"中转站"作用，加强与港澳地区的合作。追求合作的前提是明确自身特色，各城市通过寻求差异，找准自身的定位，减少同质化带来的不良竞争造成的损失；与此同时，把握时代要求，顺应文化产业发展潮流，追求区域协作，打造合作共赢的新局面。

（三）重视人才，可持续发展

文化产业要实现可持续发展，离不开对创新人才的培育和引进。目前，粤港澳大湾区"九市二区"都在培育人才、吸引人才和留住人才等方面做出重大努力。不管是安家落户政策还是高端人才引进的资金支持，都

---

① 单婧：《粤港澳大湾区文化产业协同发展策略研究》，《广东经济》2021年第1期。

在自觉主动汇聚可持续发展的软实力。如广州在 2016 年推出的 "1 + 4" 政策文件,《中共广州市委 广州市人民政府关于加快集聚产业领军人才的意见》（穗字〔2016〕1 号）及《羊城创新创业领军人才支持计划实施办法》《广州市产业领军人才奖励制度》《广州市人才绿卡制度》《广州市领导干部联系高层次人才工作制度》4 个配套文件,全方位落实人才奖励和支持政策。

未来的城市争夺将是有关人才的争夺,人才储备的多少将直接关系到城市未来发展源动力是否充足,城市对人才的吸引力不仅取决于城市现今发展水平,还受国家发展规划、城市发展规划、人才政策支持等多种因素影响,粤港澳应充分借助大湾区这一规划的影响力,自身人才政策的辅助力,增强对人才的吸引力。应明确的是,"筑巢引凤"固然重要,丰满自身羽翼亦不能落下。湾区城市应更加重视学术的力量,推动"文化沙漠"向"文化绿洲"转变,培育具有区域特色和优势的学科,鼓励学术创新,营造"百家争鸣,百花齐放"的学术氛围。此外,应重点建设科技教育中心,建立学界与业界合作发展平台,促进产学研联合发展,将学术研究与现实问题相结合,关注学术研究的落地实施。与此同时,敢于并善于吸纳全球艺术和文化人才,尊重文化和艺术的多样性,为湾区文化产业的发展输送新鲜血液,进而促进文化产业的创新。

（四）推动"文化 +",发展新业态

互联网的发展打破了时空的限制,粤港澳大湾区的文化产业应积极利用互联网技术,弥合湾区城市之间的地理距离,搭建资源共享平台。此外,借助互联网的发展催生文化产业新业态,形成新的经济增长点,推动文化制造业向附加值更高的文化设计、文化创意等方向转变,促进文化产业结构的调整与完善。如深圳市文化产业形成了"文化 + N"的多元产业模式格局,积极与科技、旅游、时尚、生态等领域进行创新融合,培育了一批新的文化业态。在深圳的文化产业发展大潮中,先后涌现出腾讯、华侨城、华强方特、环球数码等一批全国领军企业,产业发展涉及动漫游戏、影视演艺、文化旅

游、创意设计等多个创意领域。

具体来看，在"文化＋科技"方面，目前粤港澳大湾区文化产业面临创意与科技融合程度不高、传统产业亟须升级换代的问题，[①] 因此应鼓励企业积极参与有关国际技术标准制订，加强国际交流，走出舒适圈，对标世界一流水平，培养国际视野；并且注重"引进来"，积极引进国外先进文化产业技术与理念，同时反思自身不足，致力于转化科技文化产业成果，追求自身的进一步发展。"文化＋科技"的新模式，有助于发展文化创新，对文化产业进行规范化管理。[②] 在"文化＋金融"方面，发展文化金融特色机构和产品，同时加强湾区城市的合作，并在资金上进行扶持。在"文化＋旅游"方面，湾区城市在发展海洋文化旅游产业方面具有地理优势，在进一步加强区域合作的基础上开发多样的旅游产品。

粤港澳地区的合作，从最初探索珠三角区域合作新模式到现在涵括广东省九市及港澳两个特别行政区，国家对于粤港澳大湾区发展的重视不言而喻。文化产业是推动粤港澳大湾区发展的重要产业，文化资源的利用和创意文化的生产具有很高的经济价值，文化与商业的结合成为地区综合竞争的重要因素，文化产业的发展规模和发展程度也是一个国家的文化软实力和文化形象的重要体现。粤港澳大湾区在地理环境上山水相承、紧密相连，在文化上同根同源，拥有共同的岭南文化基因，这为大湾区文化产业的协同发展打下基础，并且"共建人文湾区"战略的提出为其营造了良好的政策环境。然而大湾区的文化产业发展仍存在核心引擎城市带动作用不明显、湾区内机制体制差异较大、人才储备不足、区域发展不平衡等制约因素。因而，必须在把握文化产业未来发展趋势的前提下，综合运用完善上层建筑、共筑人文基础，在明确自身定位的同时寻求合作，重视人才的价值、追求可持续发展，催生文化产业新业态等多种路径推动文化产业的协同发展。这是在

---

① 周翔、秦晴:《智能化:粤港澳大湾区文化产业发展的基点和方向》,《深圳大学学报》(人文社会科学版) 2019 年第 6 期。

② 刘懿璇、何建平:《后现代空间视域下文化创意产业集群发展研究——基于粤港澳大湾区文化创意产业实证数据分析》,《哈尔滨师范大学社会科学学报》2019 年第 5 期。

"一国两制"背景下响应建设"人文湾区"号召的切实举措，是"一带一路"倡议的重要组成部分，是提升中国文化形象、向世界讲好"湾区故事"的有利时机。粤港澳大湾区文化产业的协同发展，有助于对标世界湾区，形成文化产业发展的新高地。

B.4
打造城市文明典范的内涵、意义与路径

唐霄峰*

摘　要：　《中共中央、国务院关于支持深圳建设中国特色社会主义先行示范区的意见》要求深圳率先打造城市文明典范，这是党中央、国务院对深圳在城市文明和文化领域的新要求、新期待。本文拟在界定城市文明典范内涵的基础上，对深圳打造城市文明典范的意义予以进一步揭示，并就深圳如何打造城市文明典范从现实路径上提出一些建议。对城市文明典范的内涵、意义与路径进行研究，可以从理论上深化城市文化研究，为深圳更好地打造城市文明典范提供理论借鉴，从实践上加快深圳城市文明典范打造进程。

关键词：　城市文明　典范　深圳

　　自1980年以来，深圳经济特区已经走过40年光辉历程。在此期间，深圳经济特区在经济、政治、文化、社会和生态环境各领域都创造了一系列辉煌成就，取得了巨大发展。特别值得一提的是，深圳在经济和科技快速发展的带动下，在城市文化和城市文明领域发生了天翻地覆的变化，实现了从昔日"文化沙漠"到今日"文化绿洲"的华丽蜕变，创造了世界城市文化发展史上的奇迹。在深圳经济特区即将迎来40周年庆典之际，为表彰深圳经济特区取得的巨大成就，激励深圳在未来有更多作为，党中央、国务院发布

＊ 唐霄峰，深圳市社会科学院助理研究员，哲学博士，研究方向为城市文化。

了《中共中央、国务院关于支持深圳建设中国特色社会主义先行示范区的意见》（以下简称《意见》）。《意见》一发布，很多学者就《意见》中有关城市文明典范问题展开了一系列研究，并提出了一些有价值的观点。本文拟重点对城市文明典范的内涵和意义予以进一步揭示，并就深圳打造城市文明典范的路径提出一些建议。

一　城市文明典范的内涵

《意见》为未来的深圳确定了五大战略：高质量发展高地、法治城市示范、城市文明典范、民生幸福标杆和可持续发展先锋。这五个目标，分别对应中国特色社会主义"五位一体"总体布局中的经济、政治、文化、社会和生态文明，其中，"城市文明典范"对应"文化"。

按照《意见》要求，城市文明典范包括三方面内涵：第一，践行社会主义核心价值观；第二，构建高水平的公共文化服务体系和现代文化产业体系；第三，成为新时代举旗帜、聚民心、育新人、兴文化、展形象的引领者。具体来看，第一点是"软实力"方面的任务，第二点是"硬实力"方面的任务，第三点是目标性要求。

第一，在党的十九大报告中，习近平总书记明确指出，"社会主义核心价值观是当代中国精神的集中体现，凝结着全体人民共同的价值追求"。[①] 社会主义核心价值观的重要性显而易见。2014 年 5 月 4 日，在北京大学师生座谈会上的重要讲话中，习近平指出，我们"倡导富强、民主、文明、和谐，倡导自由、平等、公正、法治，倡导爱国、敬业、诚信、友善，积极培育和践行社会主义核心价值观"。[②] 这些内容，就是社会主义核心价值观的主要内涵。党中央、国务院要求深圳率先打造城市文明典范，最基本的要求就是率先行动，培育和践行好社会主义核心价值观，按照习近平总书记的

---

① 习近平：《习近平谈治国理政》第三卷，外文出版社，2020，第 33 页。
② 习近平：《习近平谈治国理政》，外文出版社，2014，第 168 页。

明确要求，建立起包含富强、民主、文明、和谐，自由、平等、公正、法治，爱国、敬业、诚信、友善在内的价值观体系，为全国培育和践行社会主义核心价值观树立榜样。

第二，构建高水平的公共文化服务体系和现代文化产业体系。中国特色社会主义文化发展的目标和任务从根本上讲就是为亿万中国人民大众创造和提供更多更好的精神文化产品和服务，更多更好地满足人民大众在精神文化生活方面的新需求、新期待，具体体现在两方面：一方面是在公共文化服务领域形成高水平体系，另一方面是在现代文化产业领域构建高水平体系。前者要求深圳率先做到以下几点：在现有基础上，坚持社会效益第一，社会效益与经济效益相互统一，继续深化文化体制改革、健全公共文化服务机制，建设更多高质量的现代化城市文化设施，开展更多富有时代性、民族性、创新性、城市个性的群众性文化活动，提供更多贴近市民生活的文化产品或服务，不断健全公共文化服务体系，更好地实施文化惠民工程，让全体市民群众都享受到现代化的城市文化公共服务，不断提升市民精神文化生活水平。后者要求深圳扎实立足现有城市文化产业体系，以市场为导向，以文化企业为主体，兼顾效率与公平，率先构建起现代文化产业体系和文化市场体系，积极创新文化生产经营机制或模式，创新形成符合新时代特点和市民精神文化新需求的文化经济政策体系，创新形成更多富有新时代特点和符合市民精神文化新期待的文化业态，在不断满足市民群众精神文化生活需要、更好体现社会效益的前提下，持续增强城市文化经济总量，加快提高城市文化综合竞争力。

第三，做新时代举旗帜、聚民心、育新人、兴文化、展形象的引领者。举旗帜，就是高举马克思主义旗帜，高举习近平新时代中国特色社会主义思想伟大旗帜，这是对于深圳打造城市文明典范在政治站位上的最高要求。深圳要以习近平新时代中国特色社会主义思想为指导，熟练运用马克思主义立场、观点和方法去思考和解答深圳在新时代新征程中遇到的重大理论问题和现实问题。聚民心，即以习近平新时代中国特色社会主义思想为指导，始终坚持正确舆论导向，积极弘扬新时代主旋律，宣传放大正能量，持续壮大主流思想舆论力量，号召全体深圳市民凝聚共同追求、鼓舞奋进的斗志、振奋新时代精神，团结一心、众志成城，朝着建设中国特色社会主义先行示范区、创建社会主义现代化强国的城市范例奋力前行。育新人，就是以习近平新时代中国特色社会主义思想为指引，坚持立德树人、以文化人原则，踏实践行社会主义核心价值观，在广大市民中间树立先进思想觉悟、较高道德水平、深厚文明素养，培养更多用习近平新时代中国特色社会主义思想武装头脑、有先进文化素养、能够自觉践行社会主义核心价值观的新时代新市民，并使其成为有时代精神、能够担当民族复兴大任、能够担当中国特色社会主义先行示范区建设使命的新市民。兴文化，即以习近平新时代中国特色社会主义思想为指导，把马克思主义文化观同当代中国实际相结合，根据深圳经济社会发展实际，积极发展壮大反映深圳经济特区作为中国改革开放排头兵特点的特区文化、城市文化，凝聚全体市民智慧和力量，激发广大市民群众文化创新创造活力，加快建成与现代化国际化创新型城市相匹配的文化强市。展形象，就是在习近平新时代中国特色社会主义思想指导下，率先构建起现代化传播体系，全面提升国际传播能力，成为新时代中国社会主义文化对外传播的窗口，向世界讲好中国故事、传递中国好声音，让世界看到中国特色社会主义道路不仅走得通，而且走得好、走得赢、走得漂亮，让世人看到并信服中华文化的强大精神及软实力。

总而言之，中国特色社会主义先行示范区战略目标下的深圳城市文明典范建设，既包括培育和践行社会主义核心价值观这一软实力任务，又包括创新完善城市文化治理体制机制、构建符合新时代要求和全体市民日益增长的精神文化新期待的公共文化服务体系和现代文化产业体系这些硬实力任务，还包括了率先成为新时代中国特色社会主义发展进程中举旗帜、聚民心、育新人、兴文化、展形象的引领者这一总的全面发展目标任务。

二　深圳打造城市文明典范的重要意义

习近平总书记在党的十九大报告中指出："文化是一个国家、一个民族的灵魂。文化兴国运兴，文化强民族强。"① 这是从国家和民族高度来讲的。对于一个城市而言，道理同此：文化和文明同样是城市的灵魂，文化兴则城市兴，文化强则城市强。新时代，深圳打造城市文明典范，具有以下三个方面的重要意义。

第一，深圳率先打造城市文明典范，能够为深圳建设中国特色社会主义先行示范区提供智力支持和思想保证。深圳打造城市文明典范，率先成为全国践行社会主义核心价值观的标兵，率先构建起高水平的公共文化服务体系和现代文化产业体系，成为新时代举旗帜、聚民心、育新人、兴文化、展形象的引领者，创新出既符合新时代要求又合乎全体市民愿望的现代化文化治理体系和治理能力，构建起发达的公共文化服务体系和现代文化产业体系，培养出新一代有理想、有思想、有道德、有文化、有纪律、有时代精神，能够担当民族复兴大任、担当中国特色社会主义先行示范区重任的市民群体，实现城市文化各方面在量和质上的全面进步和繁荣，实现城市文明在"硬件"和"软件"上的全面加强和创新，成为在高举习近平新时代中国特色社会主义思想伟大旗帜、凝聚全体市民思想智慧和力量、培育富有新时代精神的市民群体、弘扬中国特色社会主义先进文化、代表中国向世界展示新时代中国形象等各方面的引领者，深圳建设中国特色社会主义先行示范区的伟大实践就拥有了强大的思想保证和智力支持。

第二，深圳率先打造城市文明典范，能够为中华民族实现伟大复兴的中国梦提供先进文化引领和强大精神力量支持。习近平总书记强调："实现中国梦，必须弘扬中国精神。"② 实现中华民族伟大复兴中国梦，不是一句空洞的口号，要靠十几亿中国人民的实干，也要靠全民族强大的精神力量。深圳打造城市文明典范，可以率先在改革开放前沿培育起包含改革开放精神、经济特区精神等在内的中国特色社会主义文化精神，作为新时代中国精神的代言引领中国发展前进，朝着中华民族伟大复兴的中国梦奋勇进发。在党的

---

① 习近平：《决胜全面建成小康社会，夺取新时代中国特色社会主义伟大胜利》，《习近平谈治国理政》第三卷，外文出版社，2020，第 32 页。

② 习近平：《习近平谈治国理政》，外文出版社，2014，第 56 页。

十九大报告中，习近平总书记明确指出："没有高度的文化自信，没有文化的繁荣兴盛，就没有中华民族伟大复兴。"① 有了文化的繁荣发展，有了文明的兴盛进步，文化自信也就能够得以确立，中华民族伟大复兴中国梦的实现指日可待。中国地域广阔，各个地方、各个民族、不同城市在文化发展方面情况不同、条件不同、禀赋不同，发展速度也不同，需根据各地、各民族、各城市实际情况分类规划、协调部署。深圳经济特区经过 40 多年积淀，实现了经济总量的巨大跃升，在此基础上，通过打造城市文明典范，构建符合新时代经济社会发展特点、满足市民精神文化新需求、新期待的城市文化和城市文明，深圳就能够成为展示新时代中国特色社会主义文化优越性的典范，更好地在确立中华民族文化自信方面率先发展，从而为实现中华民族伟大复兴中国梦提供精神文化引领。

第三，深圳率先打造城市文明典范，能够为世界城市文明发展进步繁荣提供深圳范本、深圳方案、深圳智慧和深圳力量。自从城市出现以来，城市文明随着城市自身的发展进步日益丰富发展、进步和繁荣。按照马克思主义哲学的基本观点，城市文明是具体的、历史的，在人类历史上的不同时期，都有一些城市因为在文化上抓住了时代精神的脉搏、赶上了时代对文化艺术的要求、满足了本地或本区域人们的精神文化生活需要而成为那个时代世界城市文明的翘楚，为世界城市文明发展、进步、繁荣做出了不可磨灭的历史性贡献。

公元前 5 世纪的雅典，在政治上实现了从传统贵族式寡头政体到民主政体的转变，在经济上经历了从小农经济到商贸经济的转型，在文化上出现了西方理性主义的发轫，并凭借哲学、喜剧和艺术等方面的标志性成就，特别是以苏格拉底、柏拉图、欧里庇得斯、阿里斯托芬等杰出人物和《理想国》《伊利亚特》《奥德赛》等作品为代表，雅典塑造了堪称当时世界典范的城市文明。15 世纪的佛罗伦萨，依托作为意大利当时最富有城市的优势，在

---

① 习近平：《决胜全面建成小康社会，夺取新时代中国特色社会主义伟大胜利》，《习近平谈治国理政》第三卷，外文出版社，2020，第 32 页。

文艺复兴的浪潮中冲破了中世纪的羁绊,复兴了古希腊自然主义艺术,以人类个体的解放为标志,确立了新的人文主义秩序,取得了文学、绘画、建筑、雕刻等领域的辉煌成就,并以但丁、乔托、奥卡尼亚、阿尔贝蒂、达·芬奇、米开朗琪罗、吉贝尔蒂、瓦萨里等杰出人物和《神曲》《乔托是画家》《蒙娜丽莎》《最后的晚餐》等为标志,在城市文明上奏响了文艺复兴的"第一小提琴"。16世纪末的伦敦,领导了当时世界上最有影响力的经济变革之后,成为欧洲最伟大的城市之一,是富裕、有权势、有野心、有知识、有空闲的人口的聚集地,在一场艺术家主导的创意革命中创造了全新的戏剧艺术,以莎士比亚这位在那个时代最能孕育智慧的人物及不管是数量还是质量都令人惊叹的戏剧作品为标志,成为16世纪末至17世纪初世界城市文明星空中最灿烂的一颗星星。

19世纪以后,巴黎、纽约、洛杉矶、东京等城市都曾在特定的历史背景条件下塑造了自己的辉煌文明,形成了自身在文明上的黄金时代,成为特定时期的城市文明典范。

新时代的深圳,肩负着建设中国特色社会主义先行示范区的伟大使命。经过40多年积累,深圳在物质文明领域获得了长足进步,接下来的任务是在继续发展繁荣物质文明的同时,促进城市精神文明持续进步,率先打造城市文明典范,为中国特色社会主义先行示范区提供强大智力支持和思想保证。深圳要塑造的城市文明典范,势必与雅典、佛罗伦萨、伦敦、巴黎、纽约、洛杉矶、东京不同,因为深圳打造城市文明典范的背景是在新时代建设特色社会主义的中国发生的,其性质是中国特色社会主义的,因而,既要符合科学社会主义基本原则又要切合新时代中国发展实际,既要符合中国特色社会主义的新时代发展要求,又要切合深圳市民群众的现实生活,同时还要最大限度地彰显中国特色社会主义文化自信。深圳打造城市文明典范,必将在世界城市文明大花园中增添一朵社会主义城市文明的璀璨之花,为世界城市文明发展、进步、繁荣提供深圳范本、深圳方案、深圳智慧和深圳力量。

三　深圳打造城市文明典范的主要路径

打造城市文明典范，是深圳城市文化和城市文明实现新突破、跃上新台阶的重大机遇。在实践路径上，深圳必须坚持在城市文明建设和城市文化发展各方面全面进步的前提下，突出重点，把握主要任务，争取更快更好地实现打造城市文明典范的战略目标。具体来说，要重点做好以下几方面工作。

第一，坚持遵循高标准、全面、细致、深入、扎实的工作原则，在全体市民中培育和践行社会主义核心价值观。党中央、国务院支持深圳建设中国特色社会主义先行示范区，要求深圳在城市文化方面打造城市文明典范，为全国城市文化和文明建设提供精彩样本，担当中国特色社会主义先进文化引领者，更好地彰显中国特色社会主义文化自信，为此，深圳在打造城市文明典范实践进程中，一定要高标准培育和践行社会主义核心价值观，只有在培育和践行社会主义核心价值观方面树立、贯彻并达到国内最高标准，才有资格称得上城市文明典范；如果标准不够高，深圳的城市文明建设就达不到"典范"要求，就撑不起"典范"这个称号。社会主义核心价值观涉及国家、社会和公民个人三个层面，其培育和践行实践过程涉及党委、政府、企业事业单位、非政府组织、市民个人等各类群体，必须遵循全面、细致、深入、扎实的方针有序推进落实。在具体思路上，以争创全国文明城市为抓手，以高标准为基本要求，坚持大处着眼、小处着手，以培育市民爱国、敬业、诚信、友善的道德规范为基础，从小事抓起、从点点滴滴抓起、从日常工作和生活抓起，从我抓起、从娃娃抓起、从今天抓起、从现在抓起，利用一切机会、一切手段、一切形式、一切媒介、一切载体，从城市的经济建设、政治建设、文化建设、社会建设和生态文明建设等各个领域、各个方面、各个过程、各个环节、各个步骤抓起，循序渐进、稳扎稳打、注重实效、久久为功，积极在全社会营造尊重自由、讲求平等、恪守公正、遵守法制的良好氛围，争取早日率先成为经济上繁荣富强、政治上民主进步、全社会文明和谐的典范，率先成为培育和践行社会主义核心价值观的先行者和典范城市，为深圳打造城市文明典范奠定坚实基础。

第二，坚持以市民为中心，构建高水平、全覆盖的现代化公共文化服务体系。经过 40 多年的积累，深圳在城市公共文化服务体系建设方面取得了很多成就，打造城市文明典范具备了一定基础和有利条件。但是，客观上讲，深圳公共文化服务体系建设与打造城市文明典范的标准和要求还有明显差距。作为城市文明典范，在公共文化服务体系方面需要达到三个方面要求——高水平、全覆盖、现代化，而深圳现有的公共文化服务体系在这三个方面都有差距。具体来说，一方面体现在公共文化设施方面。城市公共文化设施是城市市民参加文化活动、开展文化生活、实现文化权益的基本载体，是发展和繁荣城市文化的基本条件，不仅要在量上适应市民需要，更要在质上满足市民需求，"量"主要包括公共文化设施的种类、数量、规模、建设速度、内部构造等指标，"质"主要指公共文化设施的标准、品质、品位、档次、层次、空间布局等方面。目前，在公共文化设施基础方面，深圳经历了从"老八大文化设施"到"新八大文化设施"两个阶段，构建了包括博物馆、音乐厅、大剧院、图书馆等在内的设施体系，并且已经或即将开工建设包括深圳歌剧院等在内的"新时代十大文化设施"，相信在"新时代十大文化设施"建成投入使用之后，深圳的公共文化设施体系能够更好地满足深圳市民精神文化需求。但是，与 2000 多万市民人口规模相比，这些文化设施还显得不足；而且，即便是这些文化设施从量上能够满足市民需求，能否在品质方面满足市民日益增长的精神文化需要，特别是"新时代十大文化设施"建成之后能否在城市公共文化设施建设方面成为国内城市之典范，还要在未来等待检验。另一方面是公共文化活动。目前来说，深圳文化活动不管是门类、数量还是开展频次、辐射广度和深度都有很大进步，但在国内城市体系中具有突出竞争力和影响力的文化活动不多，特别是在国际城市体系中有竞争力和影响力的国际性品牌文化活动太少，因此深圳要打造城市文明典范，必须尽快补齐在城市文化活动上的短板。要在发挥党委宣传系统、政府文化机构、政府财政机构等部门智慧和力量的基础上，放手发动广大市民群众，开放思路、大胆创意，设计、开发有利于进一步树立深圳城市文化形象、提升深圳文化竞争力和影响力的高水平文化活动品牌，在不断健全深圳文化活动体系、更好满足市民精神文化生活需要的同时，进一步提升深圳文化竞争力和影响力。

第三，加快构建现代化的文化产业体系。文化产业是展示城市文明进步和城市文化发展繁荣的精神载体，同时也是实现城市全面发展和繁荣的物质基础。构建完善的现代文化产业体系，可以更好地满足市民文化日益增长的精神文化需求，进一步提升市民文化获得感和幸福感。经过 40 多年的发展，深圳在现代文化产业体系方面已经有了较好的基础。为更好更快打造城市文明典范，深圳要把目光放得更高更远，要主动向纽约、伦敦、巴黎、东京等世界文化中心城市看齐，立足现有文化产业基础，积极培育符合世界文化发展趋势、符合现代大众精神文化需求的新兴文化业态，大力发展有较强国际竞争力和影响力的现代文化产业，尽快培育能支撑现代城市文化产业体系的核心文化产业，着力扶持能引领现代文化产业发展方向、形成规模化影响力的大型文化企业，加快形成现代文化产业体系建设方面的独特优势。在具体实践中，深圳要进一步加大创新力度，在更加高效集聚和利用现有文化创意产业资源，大力发展文化创意产业、数字文化产业、文旅融合产业等优势产业的基础上，进一步加强文化创意与科技创新、市民日常工作与家庭生活、行业发展与部门创新等的融合创新发展，持续在文化业态上实现创新，进一步丰富和完善现代文化产业体系，更好地满足市民在精神文化领域的新需求、新期待。

文化产业发展与研究

Developments in Cultural Industries and Relevant Research

B.5

深圳市文化产业统计分析报告*

——基于全国第四次经济普查深圳市文化及相关产业数据

胡鹏林 何勇 叶斌**

摘 要： 2020年3月，深圳市公布了第四次经济普查文化及相关产业数据，深圳市文化及相关产业17个小类营业收入超100亿元，其中有6个小类超过500亿元，包括珠宝首饰及有关物品制造，首饰、工艺品及收藏品批发，互联网其他信息服务，互联网游戏服务，电视机制造，广播影视设备批发，这些行业在全国乃至全球都处于行业领先水平。

---

* 本文系国家社会科学基金艺术学重大项目"习近平总书记关于文化建设重要论述研究"（项目编号：18ZD01）、深圳市哲学社会科学规划重点项目"深圳建设全球区域文化中心城市研究"（项目编号：SZ2019A005）的阶段性研究成果。

** 胡鹏林，博士，深圳大学文化产业研究院副教授，研究方向为文化产业新兴业态等；何勇，硕士，深圳市文化广电旅游体育局文化产业发展处副处长，研究方向为文化产业政策；叶斌，本科，深圳市统计局社会科技和新兴产业统计处干部，研究方向为文化及相关产业统计。

关键词： 文化产业数据　第四次经济普查　深圳

2018 年，国家统计局修订了文化及相关产业的层级和类别，正式发布《文化及相关产业分类（2018）》，分为 9 个大类、43 个中类、146 个小类，全国第四次经济普查按照最新的文化及相关产业分类执行。根据全国第四次经济普查统计，深圳市文化及相关产业 17 个小类营业收入超 100 亿元，其中有 6 个小类超过 500 亿元，包括珠宝首饰及有关物品制造，首饰、工艺品及收藏品批发，互联网其他信息服务，互联网游戏服务，电视机制造，广播影视设备批发，这些行业在全国乃至全球都处于行业领先水平。

一　总体概况

深圳市文化产业发展保持较高增速，资产和营业收入远高于全国同类城市平均水平，文化产业增加值总量及其占 GDP 比例均位于全国城市前列。

（一）纵向发展

2018 年第四次经济普查，深圳市规模以上文化及相关产业法人单位是 2776 个，资产 10990 亿元，营业收入 7982 亿元，增加值 1560 亿元，相比较 2013 年第三次经济普查数据，增速分别为 104%、182%、75%、92%，远超同期全国平均增速。与此同时，2018 年规模以上文化及相关产业的从业人员 53 万人，较 2013 年增速仅 6%，人均产值实现大幅增长。

表1　2013~2018 年深圳市规模以上文化及相关产业数据

指标＼年份	2013	2014	2015	2016	2017	2018
法人单位（个）	1359	1721	1695	2070	2339	2776
从业人员（万人）	50	52	48	51	51	53

年份 指标	2013	2014	2015	2016	2017	2018
资产（亿元）	3891	5363	6587	10093	14451	10990
营业收入（亿元）	4556	5173	5174	6534	7408	7982
增加值（亿元）	813	955	1010	1463	1529	1560
占 GDP 比重（%）	5.61	6.04	5.77	7.51	6.81	6.44

资料来源：深圳市统计局。

（二）横向对比

1. 全国横向对比

2018 年深圳市文化产业数据，与全国、北京市、上海市同期文化产业数据，横向对比如下。

（1）全国文化及相关产业法人单位 210 万个，从业人员 2055 万人，资产 22.6 万亿元，营业收入超 14 万亿元。实现文化及相关产业增加值超 4 万亿元，占 GDP 比重 4.48%。深圳的法人单位、从业人员、资产、营业收入、增加值指标数值占全国的比例分别为 4.8%、5.0%、5.8%、6.8%、4.9%。可见，深圳各项数据占全国比例约为 5%，其中营业收入占比最高，说明深圳市文化生产力在全国处于领先地位。

（2）与北京比较，深圳仍然有一定的差距。北京市实现文化及相关产业增加值 3075 亿元，占 GDP 比重 9.3%，深圳市文化及相关产业的资产、增加值、营业收入、人均营业收入分别占北京市的 48%、65%、66%、78%。可见，深圳文化产业资产规模不到北京的一半，但是总产值相对较高；此外，从宏观层面来讲，深圳需要向北京学习打造全国文化中心的经验，加强规划、夯实举措，以文化产业为抓手，推动深圳建设全球区域文化中心城市。

（3）与上海比较，深圳有望超过上海。上海市实现文化及相关产业增加值 2193 亿元，占 GDP 比重 6.09%，仅比深圳高 197 亿元，占 GDP 比重、增速均低于深圳。上海在资产、营业收入、增加值等三个方面稍高于深圳，但是其法人单位、从业人员数远低于深圳，从发展趋势来看，深圳有望短期内超过上海。上海以不到深圳一半的法人单位数量，创造了比深圳多1000多亿元的营业收入，深圳需要向上海学习如何做大做强文化企业。

表2 2018年全国、北京、上海、深圳文化及相关产业数据

指标 地区	法人单位 （万个）	从业人员 （万人）	资产 （万亿）	营业收入 （亿元）	增加值 （亿元）	占GDP 比重（%）
全国	210	2055	22.6	140000	41171	4.48
北京市	15	121	2.7	14351	3075	9.30
上海市	4.5	68	1.4	11080	2193	6.09
深圳市	10	102	1.3	9488	1996	7.90

资料来源：国家统计局及北京市、上海市、深圳市等统计局的全国第四次经济普查数据。

2. 粤港澳大湾区横向对比

（1）广东省是全国文化产业总量最高的省份，2018年实现文化及相关产业增加值5787亿元，占全国总量的14%，占广东省GDP比重5.79%。广东省文化及相关产业法人单位29万个，从业人员336万人，资产2.7万亿元，营业收入2.2万亿元。深圳市文化产业法人单位、从业人员、资产、营业收入、增加值等数据均列广东省首位，总量分别为10万个、102万人、1.3万亿元、9488亿元、1996亿元，占广东省的比例分别为34%、30%、48%、42%、34%。

（2）与广州比较，深圳将拉开差距。广州文化及相关产业的法人单位、从业人员、增加值等数据均占深圳的七成左右，但是文化企业的资产、营业收入均不到深圳的一半，资产规模和文化生产力不足，将助推深圳拉开与广州的差距。从规模以上的三大行业来看，文化制造业营业收入不到深圳的1/3，文化批发零售业营业收入不到深圳的一半；文化服务业营业收入接近深圳，但是规上企业数量、从业人员均超过深圳，深圳需要加强发展文化服务业。

（3）与香港比较，深圳需要拓展文化贸易。深圳在法人单位、从业人员、增加值、占GDP比例等方面，全面超过香港，从业人员是香港的近5倍，随着文化生产力的提高，营业收入和增加值将会拉开差距。但是，香港文化及创意产品的进口6688亿港元、出口6180亿港元，文化贸易居全球前列。深圳在文化"走出去"、文化贸易等方面应向香港学习，进一步拓展国际市场，加强文化出口，也要逐步规范文化进口，保持文化贸易均衡，使国内消费者享受国际文化产品。

表3　2018年广东省、深圳、广州、香港文化及相关产业数据

地区 \ 指标	法人单位（万个）	从业人员（万人）	资产（万亿）	营业收入（亿元）	增加值（亿元）	占GDP比重（%）
广东省	29	336	2.7	22424	5787	5.79
深圳市	10	102	1.3	9488	1996	7.90
广州市	7.4	67	0.6	4820	1369	6.52
香港	/	22	/	/	1178	4.40

资料来源：广东省、深圳市、广州市等统计局的全国第四次经济普查数据，以及香港特别行政区统计处的文化及创意产业数据，香港文化及创意产业增加值数据的单位为港币。

（三）行业总体发展

（1）从总体营业收入来看，统计局的九大统计类别中，深圳市有五大类别的营业收入超千亿元，其中内容创作生产超两千亿元。文化娱乐休闲服务、文化投资运营的营业收入不足百亿元，虽是非重要行业，也需要政府和市场共同推动文化金融、文化消费以促进一步发展。

（2）从总体运营效率来看，深圳市文化产业人均营业收入为92万元，人均营业收入超百万元的行业大类有新闻信息服务、文化传播渠道、内容创作生产、文化装备生产等四类，这些行业主要利用互联网、信息技术等科技创新方式发展文化产业，提升了文化产业运营效率。

（3）从总体就业人口来看，文化消费终端生产、创意设计服务、内容创作生产等三个行业大类，占文化产业就业总人口的60%，需要重点做好

这三个领域的就业人口的配套服务。文化娱乐休闲服务、文化辅助生产和中介服务、文化投资运营等三个领域人均产值最低，需要提升这三个领域的产业附加值和就业人口的文化生产力。

表4 深圳市文化及相关产业九大类别数据

类别	法人单位（个）	从业人员（人）	资产（亿元）	营业收入（亿元）
新闻信息服务	2740	41516	1966	890
内容创作生产	12429	166979	3716	2384
创意设计服务	33572	222317	1530	1081
文化传播渠道	13062	82371	1273	1163
文化投资运营	802	2734	1324	8
文化娱乐休闲服务	2075	22252	154	49
文化辅助生产和中介服务	19277	155149	937	521
文化装备生产	3067	113326	905	1528
文化消费终端生产	15304	222723	1971	1864
合 计	102328	1029367	13776	9488

资料来源：深圳市统计局。

二　行业分析

从三大行业、九大类别等分类标准来看，深圳市文化及相关产业呈现如下特征。

（一）文化产业三大行业

按照文化制造业、文化批发零售业和文化服务业的行业分类，深圳市文化及相关产业数据如下。

（1）文化制造业。法人单位1.1万个，从业人员43万人，资产3972亿元，营业收入3571亿元，人均营业收入83万元。营业收入超百亿元的行业有7个，分别是珠宝首饰及有关物品制造996亿元，电视机制造742

亿元，影视录放设备制造 287 亿元，音响设备制造 259 亿元，复印和胶印设备制造 212 亿元，包装装潢及其他印刷 208 亿元，智能无人飞行器制造 186 亿元。

（2）文化批发零售业。法人单位 2.7 万个，从业人员 13 万人，资产 1718 亿元，营业收入 2282 亿元，人均营业收入 176 万元。营业收入超百亿元的行业有 4 个，分别是首饰、工艺品及收藏品批发 968 亿元，广播影视设备批发 581 亿元，家用视听设备批发 240 亿元，文具用品批发 208 亿元。

（3）文化服务业。法人单位 6.5 万个，从业人员 47 万人，资产 8087 亿元，营业收入 3635 亿元，人均营业收入 77 万元。营业收入超百亿的行业有 7 个，分别是互联网其他信息服务 823 亿元，互联网游戏服务 821 亿元，工程设计活动 453 亿元，应用软件开发 425 亿元，互联网广告服务 200 亿元，其他广告服务 193 亿元，专业设计服务 193 亿元。

可见，文化制造业行业集中度最高，法人单位占比仅 1/10，但是规上企业数、营业收入占比均超 1/3，每个小类行业营业收入中规上企业贡献率超九成；文化批发零售业运营效率最高，人均营业收入是其他行业的两倍左右，集中于高端工艺品、文化类电子产品 2 个行业小类，总产值都接近千亿元；文化服务业行业分散，人均营业收入最低，法人单位总数占比超六成，但其中规上企业比例不到 2%，规上企业从业人员占文化服务业从业人员总数的比例仅为 38%，远低于文化制造业（72%）。

（二）文化产业九大类别

按照国家统计局《文化及相关产业分类（2018）》分类，分为文化核心领域、文化相关领域两个板块，共九大类别。

1. 文化核心领域

（1）新闻信息服务。法人单位 2740 个，其中规上企业 87 个。从业人员 4.2 万人，人均营业收入 212 万元，资产 1966 亿元，营业收入 890 亿元，占比 9%。其中互联网信息服务营业收入 858 亿元，具体包括网上新闻、网上软件下载、网上音乐、网上视频等互联网相关信息服务。

（2）内容创作生产。法人单位12429个，其中规上企业533个。从业人员16.7万人，人均营业收入143万元，资产3716亿元，营业收入2384亿元，占比25%。其中数字内容服务营业收入1299亿元、工艺美术品制造1030亿元，具体包括互联网游戏服务、多媒体、游戏动漫和数字出版软件开发、珠宝首饰及有关物品制造等小类。

（3）创意设计服务。法人单位33572个，其中规上企业578个。从业人员22.2万人，人均营业收入49万元，资产1530亿元，营业收入1081亿元，占比11%。其中设计服务营业收入686亿元、广告服务393亿元，具体包括建筑、室内装饰、风景园林等工程设计，时装、包装装潢、多媒体、动漫及衍生产品等专业设计，以及互联网广告和其他广告服务。

（4）文化传播渠道。法人单位13062个，其中规上企业403个。从业人员8.2万人，人均营业收入142万元，资产1273亿元，营业收入1163亿元，占比12%。其中工艺美术品销售营业收入1038亿元，具体包括首饰、工艺品及收藏品批发。

（5）文化投资运营。法人单位802个，其中规上企业9个。从业人员0.2万人，人均营业收入40万元，资产1324亿元，营业收入8亿元，占比不足0.1%。其中文化投资与资产管理营业收入6亿元，具体包括国有文化资产管理机构和文化行业管理机构的投资活动，以及其他相关文化投资活动，但不包括资本市场的投资。

（6）文化娱乐休闲服务。法人单位2075个，规上企业33个。从业人员2.2万人，人均营业收入22万元，资产154亿元，营业收入49亿元，占比0.5%。其中娱乐服务营业收入33亿元，具体包括游乐园、歌舞厅、网吧、电子游艺厅等文化娱乐服务。

2.文化相关领域

（1）文化辅助生产和中介服务。法人单位19277个，其中规上企业297个。从业人员15.5万人，人均营业收入34万元，资产937亿元，营业收入521亿元，占比5%。其中印刷复印服务营业收入323亿元、会议展览服务 54 亿元，具体包括包装装潢及其他印刷、装订及印刷相关服务、会议展览服务等。

（2）文化装备生产。法人单位 3067 个，其中规上企业 320 个。从业人员 11.3 万人，人均营业收入 135 万元，资产 905 亿元，营业收入 1528 亿元，占比 16%。其中广播电视电影设备制造及销售营业收入 689 亿元、摄录设备制造及销售 553 亿元、印刷设备制造 233 亿元，具体包括影视录放设备、应用电视设备、复印和胶印设备、智能无人飞行器等文化装备制造及销售。

（3）文化消费终端生产。法人单位 15304 个，其中规上企业 516 个。从业人员 22.3 万人，人均营业收入 84 万元，资产 1971 亿元，营业收入 1864 亿元，占比 20%。其中信息服务终端制造及销售 1443 亿元、文具制造及销售 285 亿元、玩具制造 129 亿元，具体包括电视机、音响设备、家用视听设备、文具、玩具等制造及销售。

3. 小结

从上述分析中，可得如下结论。

（1）内容创作生产、文化消费终端生产两个大类的产值最高，营业收入分别为 2384 亿元、1864 亿元，占深圳文化产业总营业收入的比重分别达到 25%、20%，两个大类产值占深圳文化产业总产值的 45%。

（2）新闻信息服务、内容创作生产、文化传播渠道三个大类的运营效率较高，人均营业收入分别为 212 万元、143 万元、142 万元，远超全行业人均营业收入 92 万元。

（3）信息服务终端制造及销售、数字内容服务、工艺美术品销售、工艺美术品制造等四个中类的产值最高，分别达到 1443 亿元、1299 亿元、1038 亿元、1030 亿元，这四个中类产值占深圳文化产业总产值的 51%。

（4）珠宝首饰及有关物品制造，首饰、工艺品及收藏品批发，互联网其他信息服务，互联网游戏服务，电视机制造，广播影视设备批发等六个小类的产值最高，分别为 996 亿元、968 亿元、823 亿元、821 亿元、742 亿元、581 亿元，均超 500 亿元，这六个小类产值占深圳文化产业总产值的 52%。

三　不同类型企业分析

（一）按企业规模划分

1. 大型企业

法人单位 137 个，从业人员 217124 人，资产 5701 亿元，营业收入 4148 亿元。可见，大型企业数量占比仅为 0.1%，但是资产占比高达 41%，营业收入占比高达 44%，人均营业收入近 200 万元，约全行业平均水平的两倍，充分说明企业规模化发展带来的聚集效应，行业资产占有率、市场占有率较高，并且在国际文化贸易中发挥龙头作用。

2. 中型企业

法人单位 776 个，从业人员 200068 人，资产 2335 亿元，营业收入 2441 亿元。中型企业基本是规上企业，数量占比超过 0.7%，但是资产占比 17%，营业收入占比 26%，人均营业收入 122 万元，比全行业平均水平高 33%，说明中型企业发挥了重要的中坚作用。

3. 小型企业

法人单位 9748 个，从业人员 328393 人，资产 3708 亿元，营业收入 2040 亿元。可见，小型企业数量占比为 9.5%，却容纳了最多的从业人员，从业人员占比 32%，人均营业收入 62 万元，比全行业平均水平低 33%，说明小型企业运营效率有待提升。

4. 微型企业

法人单位 91667 个，从业人员 283782 人，资产 2031 亿元，营业收入 858 亿元。可见，微型企业数量占比约 90%，资产占比 15%，营业收入占比仅为 9%，人均营业收入 30 万元，仅为全行业平均水平的 1/3，运营效率较低，但企业数量基数大，保持了文化产业发展的活力。

（二）按企业登记注册和控股划分

1. 国有或集体所有制

从登记注册类型来看，国有企业 174 个，集体企业 42 个，共占比仅 0.2%。其中国有企业资产 244 亿元；营业收入 51 亿元，占比 0.5%；从业人员 1.1 万人，人均营业收入 46 万元；产值总量、运营效率都很低，对全行业影响很小。集体企业资产 0.7 亿元，营业收入 0.2 亿元，几乎可以忽略不计。

从企业控股类型来看，国有控股企业 219 个，集体控股企业 81 个，共占比 0.3%。其中国有控股企业资产 1799 亿元；营业收入 377 亿元，占比 4%；从业人员 3.3 万人，人均营业收入 114 万元，产值总量较低，运营效率处于中等水平。集体控股企业 157 亿元，营业收入 38 亿元，行业影响力较小。

2. 私营企业或私人控股

从登记注册类型来看，私营企业 8.5 万个，占比 83%；资产 5194 亿元，占比 38%；营业收入 4045 亿元，占比 43%；从业人员 57 万人，占比 55%，人均营业收入 71 万元。可见，私营企业占比非常高，资产、产值、从业人员占比都比较高，但是运营效率偏低。

从企业控股类型来看，私人控股企业 9.6 万个，占比 94%；资产 7191 亿元，占比 52%；营业收入 5600 亿元，占比 59%；从业人员 70 万人，占比 68%，人均营业收入 80 万元。可见，私人控股企业占比极高，资产、营业收入占比也都超过一半，提供了文化产业七成的就业岗位，对文化产业具有强大的影响力，但是运营效率有待提高。

3. 港澳台商投资或控股

从登记注册类型来看，港澳台商投资企业 2039 个，占比仅 2%；资产 2900 亿元，占比 21%；营业收入 1855 亿元，占比 20%；从业人员 17 万人，占比 17%，人均营业收入 109 万元。可见，港澳台商投资企业占比较低，但是资产、产值、从业人员占比相对较高，运营效率也高于全行业平均水平。

从企业控股类型来看，港澳台商控股企业 2003 万个，占比 2%；资产 3148 亿元，占比 23%；营业收入 2164 亿元，占比 23%；从业人员 18 万人，占比 17%，人均营业收入 120 万元。可见，港澳台商控股企业占比较低，资产、营业收入、从业人员占比相对较高，运营效率比全行业平均水平高 29 个百分点。

4. 外商投资或控股

从登记注册类型来看，外商投资企业 345 个，占比仅 0.3%；资产 968 亿元，占比 7%；营业收入 1001 亿元，占比 11%；从业人员 5.7 万人，占比 6%，人均营业收入 176 万元。可见，外商投资企业占比很低，但是营业收入相对企业数量来说占比较高，运营效率比全行业平均水平高 90 个百分点。

从企业控股类型来看，外商控股企业 284 万个，占比仅 0.3%；资产 486 亿元，占比 4%；营业收入 653 亿元，占比 7%；从业人员 5.2 万人，占比 5%，人均营业收入 126 万元。可见，外商控股企业占比极低，资产、营业收入、从业人员占比较低，但是运营效率比全行业平均水平高 35 个百分点。

四 区域分析

深圳市十个行政区的文化产业发展各不相同，此处将按三大行业、九大类别、十大领域等划分标准，从法人单位、从业人员、资产、营业收入等方面剖析深圳市十个行政区的文化产业发展特色。

（一）区域文化产业综合数据分析

（1）从法人单位数量来看，第一梯队是龙岗区，法人单位 2.2 万个，但营业收入、规上企业数并不高，均排第五名，说明龙岗区文化产业创业热情高，但以小微企业为主。第二梯队是宝安区、福田区、南山区、罗湖区、龙华区，法人单位数均超 1 万个，其中南山区法人单位效益最高，法人单位平均营业收入超过 2000 万元；龙华区法人单位质量最低，法人单位平均营业收入仅为 390 万元。第三梯队是光明区、坪山区、盐田区、大鹏新区、深汕合作区，五个区的法人单位总数仅 5282 个，占全市的 5%，属于文化产业创业不活跃地区。

（2）从规上企业数量来看，第一梯队是南山区，规上企业 747 个，占比 27%，规上企业营业收入总额 2386 亿元，平均营业收入 3.86 亿元，企业效益非常高。第二梯队是罗湖区、福田区、宝安区、龙岗区，四个区的规上企业数占全市的 59%。第三梯队是龙华区、光明区、盐田区、坪山区、大鹏新区、深汕合作区，六个区的规上企业数占全市的 14%，属于企业规模较小地区。

（3）从从业人员数量来看，第一梯队是宝安区、南山区、龙岗区，均为 20 万人左右，三个区的从业人员数占全市的 60%，其中南山区的人均营业收入达到 154 万元，全市最高，且远超其他区。第二梯队是福田区、罗湖区、龙华区，分别为 14.2 万人、9.9 万人、9.7 万人，三个区的从业人员数占全市的 33%。第三梯队是光明区、盐田区、坪山区、大鹏新区、深汕合作区，五个区的从业人员数占全市的 7%，属于文化产业就业人口较少地区。

（4）从营业收入来看，第一梯队是南山区，营业收入 3223 亿元，占全市的 34%，属于文化产业超级发达地区。此外，南山区的资产规模也较高，占全市的 48%。第二梯队是福田区、罗湖区、宝安区，营业收入均超千亿元，分别为 1422 亿元、1354 亿元、1326 亿元，三个区的营业收入占全市的 43%，属于文化产业发达地区。第三梯队是龙岗区、盐田区、龙华区，营业收入分别为 927 亿元、527 亿元、486 亿元，三个区的营业收入占全市的 20%，属于文化产业较发达地区。第四梯队是光明区、坪山区、大鹏新区、深汕合作区，四个区的营业收入仅占全市的 2%，属于文化产业欠发达地区。

表5　深圳市各区文化及相关产业数据

区域	法人单位（个）	规上企业（个）	从业人员（人）	资产（亿元）	营业收入（亿元）
罗湖区	14512	458	99256	1542	1354
福田区	16115	433	142163	1652	1422
南山区	15515	747	208852	6552	3223
宝安区	16292	414	216876	1403	1326
龙岗区	22128	338	190541	1164	927

续表

区域	法人单位（个）	规上企业（个）	从业人员（人）	资产（亿元）	营业收入（亿元）
盐田区	900	61	20127	722	527
龙华区	12484	189	97521	399	486
坪山区	1635	46	17803	174	85
光明区	2243	77	31717	142	127
大鹏新区	441	12	4144	17	8
深汕合作区	63	1	367	9	0.3

资料来源：深圳市统计局。

（二）区域文化产业的行业分析

1. 文化制造业

文化制造业强区是宝安区、龙岗区、盐田区，营业收入均超五百亿元，分别为 1106 亿元、614 亿元、503 亿元，三个区的营业收入占全市的 62%。其中盐田区的规上企业规模最大，规上企业平均营业收入 12 亿元。

第二梯队是南山区、罗湖区、龙华区，营业收入均超两百亿元，分别为 458 亿元、341 亿元、266 亿元，其中南山区的规上企业规模最大，规上企业平均营业收入 8 亿元。

第三梯队是光明区、福田区、坪山区、大鹏新区，四个区的营业收入占全市比例仅为 8%，其中福田区是文化制造业外迁地区，光明区、坪山区是文化制造业不发达地区，大鹏新区是文化制造业限制发展地区。

2. 文化批发零售业

文化批发零售业强区是罗湖区、福田区，营业收入分别为 903 亿元、776 亿元，两个区的营业收入占全市的 74%。其中福田区的限额以上批发零售业企业规模最大，平均营业收入达到 7 亿元。

第二梯队是南山区、龙华区、龙岗区、宝安区，营业收入分别为 212 亿元、144 亿元、123 亿元、94 亿元，其中龙华区的限额以上批发零售业企业规模最大，平均营业收入为 3 亿元。

第三梯队是光明区、盐田区、坪山区、大鹏新区，四个区的营业收入占全市比例仅为 1.4%，是文化批发零售业不发达地区。

3. 文化服务业

文化服务业强区是南山区。营业收入远超其他区，达到 2553 亿元，占全市的 70%。规上企业 628 个，占全市的 52%，规上企业平均营业收入达到 3.6 亿元。

第二梯队是福田区，营业收入达到 546 亿元，占全市的 15%。规上企业 312 个，占全市的 25%，规上企业平均营业收入为 1.2 亿元。南山区和福田区的营业收入占全市的 85%，规上企业数占全市的 77%。

第三梯队是龙岗区、宝安区、罗湖区、龙华区，营业收入分别为 190 亿元、126 亿元、110 亿元、76 亿元，四个区的营业收入占全市的 14%，是文化服务业欠发达地区。

第四梯队是盐田区、光明区、坪山区、大鹏新区，四个区的营业收入占全市比例仅为 1%，是文化服务业不发达地区。

五　现状总结

1. 文化产业支柱地位凸显

文化产业被列为深圳市支柱产业之后，经过十余年的重点支持和发展，夯实了支柱产业地位，缩短了与北京的差距，有望短期内超过上海，成长为全国文化产业发达城市，进而提出打造具有全球影响力的创意之都。2018 年，深圳市文化产业营业收入 9488 亿元，增加值 1996 亿元，占 GDP 比重达 7.9%；2019 年，《中共中央、国务院关于支持深圳建设中国特色社会主义先行示范区的意见》，明确提出将深圳打造成为具有全球影响力的创新创业创意之都，文化产业是创意之都的重要支撑。

2. "互联网＋"文化产业全国领先

深圳市"互联网＋"文化产业高度发达，互联网信息服务内容、互联网游戏服务、文化软件、互联网广告等类别都处于全国领先水平，也是粤港澳大湾区数字文化产业中心。2018 年，互联网信息服务内容、互联网游戏服务、文化软件、互联网广告等类别营业收入 2200 多亿元，占深圳市文化产业营业收入的比例达到 24% 。目前，互联网正在以直播、电竞、短视频、国产设计软件等新方式推动珠宝首饰、游戏、影视动漫、创意设计等产业的发展，形成各类新兴业态和融合发展模式。

3. 文化制造及销售体系完善

深圳市依托制造业基础，发挥商贸服务和物流优势，打通文化制造业的全产业链，在影视设备、视听设备、无人机、印刷包装等领域打造全国文化制造业高地，并在珠宝首饰批发、影视和家庭视听设备批发等领域具有绝对优势，建成了中国最大的文化制造基地和销售网络。

4. 文化产业品牌影响力提升

深圳市已经在文化产品、文化企业、文化产业园区形成全国知名的品牌，熊出没、王者荣耀等成为国际知名的文化 IP，腾讯、大疆、华强方特等成为具有行业影响力的文化企业品牌，华侨城、水贝、大浪、李朗、F518 等成为国内知名的文化产业园区及聚集区品牌，深圳文化产业品牌的数量和影响力位居全国前列。

六　趋势研判

（一）数字文化产业爆发式发展

在全球疫情影响下，文化产业的数字化、网络化及各种新兴形态仍将高速增长。

（1）互联网相关文化产业进入新的机遇期。2000 年前后，中国互联网产业首次爆发式发展，出现了第一代互联网企业；2010 年前后，中国互联网产业因 3G 普及进入第二次爆发式发展期，之后在 4G 普及潮流中得到进一步发展；随着 5G 时代的到来，互联网领域将出现第三次颠覆性变化，与互联网相关的文化产业形态将迎来新的巨大发展机遇，深圳将在网络视听、游戏电竞、人机互联、文化软件等领域出现新的文化经济增长点。

（2）传统文化产业数字化进入新的阶段。全球新冠肺炎疫情暴发，传统文化产业遭遇各种困境，当防疫常态化之后，传统文化产业将进入新的数字化阶段，人们的文化生活方式将越来越依赖数字化系统，深圳将在文物博览、文化旅游、影视演艺等领域利用数字化技术规避突发事件风险，并催生各种微创新的新型文化产业模式。

（二）高端文化制造业集聚式发展

随着科技进步和新兴文化消费需求的提升，高端文化制造业将迎来新一轮发展。

（1）传统文化装备和消费终端加速更新迭代。放映机、电视机、音响、相机、手机、显示屏等传统文化装备及各种具有文化消费功能的终端产品，随着新技术的研发和应用，更新迭代的速度越来越快，深圳将会利用文化制造业基础，进一步发挥规模效应和市场灵活机制的优势，在上述领域形成更加完备的产业链和更加强大的企业和品牌。

（2）新兴文化消费终端进一步抢占市场。在无人机、柔性显示、虚拟现实、可穿戴设备、大数据、8K高清、5G等领域，深圳已有较强的技术储备和较高的市场占有率，目前已有华为、大疆、中兴、康佳、创维、柔宇等进入新兴文化消费终端领域，未来市场规模将会出现大幅提升，深圳将在品牌、技术、渠道等方面努力拓展市场占有率。

（三）特色优势产业和新兴产业集群式发展

深圳已有较多优势文化产业业态，未来将在特色产业和新兴产业方面形成众多产业集群。

（1）在珠宝首饰、创意设计、时装眼镜等特色优势产业领域进一步提升品牌影响力。深圳在上述领域已经形成了数个千亿级的产业集群，产业链较为完备，但是文化品牌的国际影响力不足，未来在深圳建设具有全球影响力的创新创意之都的战略下，必将形成具有全球影响力的国际文化品牌。

（2）在游戏电竞、无人机、网络视听等新兴产业领域进一步扩大产业规模。深圳在上述领域已有较多知名产品，如王者荣耀、大疆无人机等，但是在电竞、直播、短视频及各类新兴产业业态方面与北京、上海等城市相比仍有差距，未来深圳将在这些新兴领域抢抓机遇，打造千亿级产业集群。

（四）文化和科技、旅游、金融等融合创新发展

深圳在融合创新发展方面已有较强基础，未来在文化和科技、文旅体、文化金融等融合创新方面将有更大发展。

（1）文化和科技深度融合创新发展。深圳已有3个国家级文化和科技融合示范基地，分别是科技园、南山、华强方特，雅昌、华侨城文旅科技等企业正在积极申报，借助国家级示范基地的引导效应，进入国家文化和科技深度融合的战略布局，未来将出现更多实力雄厚的文化科技企业和文化科技产品。

（2）文旅体融合创新发展。文化和旅游部成立以来，文旅融合成为重点发展方向；深圳市成立文化广电旅游体育局成立以来，文旅产业与体育产业协同及融合发展成为新的市场机遇。未来深圳将在文化、旅游、体育等领域催生更多融合发展的业态和企业，成为全国文旅体融合创新发展的典范。

（3）文化金融融合创新发展。文化金融是深圳金融创新的重要领域，文交所已经建立，知识产权交易中心正在筹备，深创投、天健、华侨城、招商蛇口、万科、佳兆业等企业纷纷成立文化集团或文化投资部门，投资新兴文化业态企业的股权、文化产业园区、文化管理运营企业等，政府也出台政策支持文化创投基金，文化金融创新发展将进入新阶段。

B.6
推动深圳文化产业高质量发展的若干政策建议[*]

毛少莹^{**}

摘　要： 本文根据中央对深圳开展综合改革试点、先行先试的要求，充分考虑深圳文化产业高质量发展的总体定位及政府文化产业管理的职能定位，依据质量监督管理基本理论，围绕"如何进行文化产业发展质量的评估、监测与管理"这一核心问题，提出以研制《深圳文化产业发展质量评估指标体系》为突破口，探索建立文化产业发展质量的"深圳标准"；发挥数字技术优势，推动深圳在我国文化产业"新基建"中先行先试；构建产业质量评估管理体系，推动产业管理制度综合改革创新；分行业、分领域开展文化产业质量评估，切实提升深圳文化产品与服务质量等四大方面的若干政策建议。

关键词： 文化产业高质量发展　深圳标准　新基建

---

* 本文为深圳市政府文化部门委托课题"深圳市文化产业'十四五'规划专项调研项目：推动深圳文化产业高质量发展对策研究"的部分研究成果。其中，深圳文化产业的"历史""成就""经验"等内容已陆续发表于毛少莹《深圳文化产业 40 年发展历程及主要成就》等文，见《深圳社会科学》"庆祝经济特区建立 40 周年专辑"2020 年第 5 期。

** 毛少莹，硕士，深圳市特区文化研究中心学术总监、研究员，研究方向为公共文化政策及文化产业。

一 高质量发展与文化产业的高质量发展

2017 年党的十九大报告指出，我国进入社会主义建设新时代和社会主要矛盾发生变化的新判断，围绕"高质量发展"提出了新要求、新部署。"我国经济已由高速增长阶段转向高质量发展阶段，正处在转变发展方式、优化经济结构、转换增长动力的攻关期，建设现代化经济体系是跨越关口的迫切要求和我国发展的战略目标。"同年 12 月召开的中央经济工作会议明确提出，"推动高质量发展，是当前和今后一个时期，我国确定发展思路、制定经济政策、实施宏观调控的根本要求"。并部署了关于"高质量发展"的 8 项重点任务。2018 年两会的政府工作报告对"高质量发展"做出了进一步的具体要求，提出要"按照高质量发展的要求，统筹推进'五位一体'总体布局和协调推进'四个全面'战略布局，坚持以供给侧结构性改革为主线，统筹推进稳增长、促改革、调结构、惠民生、防风险各项工作"。

无疑，高质量发展是我国新时代发展战略的重大调整。这一重大调整，既与十九大前后中央提出的"可持续发展战略""包容性增长战略"等一脉相承，同时又更准确地把握了我国面临的问题。高质量发展战略的提出，既是着眼于经济发展质量、适应经济发展新常态的主动选择，符合我国经济已由高速增长阶段转向高质量发展阶段的客观规律，也考虑了社会文化发展水平不均衡带来的人与人之间，物质文明与精神文明之间，工具理性与价值理性之间，经济与政治、文化之间发展失衡的问题。"高质量发展"的新目标、新要求，适应了新时代我国社会主要矛盾的新变化，符合我国决胜全面建成小康社会的需要，是贯彻创新、协调、绿色、开放、共享新发展理念的根本体现，更是我国推动经济、政治、文化、社会、生态文明"五位一体"建设，走向全面可持续发展、实现中国特色社会主义现代化、推动中华民族复兴的必由之路。

众所周知，文化产业是一个涵盖众多产业门类的庞大产业群，其形态是产业，但其核心价值则是文化。文化产业兼具"文化"与"产业"（经济）

的双重属性。这种双重属性可以归结为以下四个方面。①文化产品既有一般产品具有的经济属性，同时还具有一般产品没有的文化观念等意识形态属性。②由于体现文化创造、承载文化内容，文化产品具有知识产权属性，文化产业在很大程度上可以称为"版权产业""内容产业"。知识产权的保护、文化内容的创造在文化产业发展中具有十分重要的意义。③文化产品与服务主要满足人的精神心理需求，因此具有很强的个性化特征，难以统一化、标准化。④文化产业政策具有不同于一般产业政策的特殊性。

自2000年以来，我国文化产业20年来的发展可以大体分为两个阶段，即"规模型（数量）扩张阶段""提升质量效益的阶段"，前一阶段主要指2000~2010年，"我国文化产业在文化体制改革的生产力释放和国家积极的文化产业政策推动双重作用下，实现的一个'超常规'的高速发展期。这一时期，文化产业主要依靠增加生产要素量的投入来扩大生产规模，实现经济指标增长（带有粗放式经济增长的种种特征，如消耗大，成本高，产品质量不佳，综合效益较低等）；后一阶段主要指2010年至今，在改革的阶段性任务基本完成，与改革配套出台的政策效应递减，宏观经济形势发生复杂改变，科学技术条件发生深刻变化的情况下，文化产业发展方式开始进行转换，文化产业从内容到结构等发生的一系列变化"①。可见，我国文化产业整体发展也和其他产业一样，普遍面临如何"高质量发展"的问题。2018年，习近平总书记在全国宣传思想工作会议上讲话强调："要推动文化产业高质量发展，健全现代文化产业体系和市场体系，推动各类文化市场主体发展壮大，培育新型文化业态和文化消费模式，以高质量文化供给增强人们的文化获得感、幸福感。"

适当的产业政策是推动产业发展，包括"高质量发展"在内的重要推手和制度保障。近年来我国密集推出了大量文化产业政策，包括《文化产业促进法》等在内的高层级法规也即将出台。2019年12月，广东省委宣传

① 张晓明等：《总报告：拥抱变化，谋划未来》，《中国文化发展研究报告（2017~2020）》，社会科学文献出版社，2020，第4页。

部、省文化和旅游厅联合出台了《广东省关于加快文化产业发展的若干政策意见》。为推动产业高质量发展，先后推出了《广东省人民政府关于促进高新技术产业开发区高质量发展的意见》《广东省降低制造业企业成本支持实体经济发展的若干政策措施》《关于促进民营经济高质量发展的若干政策措施》《广东省进一步扩大对外开放积极利用外资若干政策措施》等政策文件。深圳市也先后推出了：深圳市委、市政府《关于开展质量标准提升行动推动高质量发展的实施方案（2019－2022年）》、《深圳市市场监督管理局关于进一步优化营商环境更好服务市场主体的若干措施》、《关于加快深圳文化产业创新发展的实施意见》（深办发〔2020〕3号，2020年1月18日颁布）、《深圳市文化产业发展专项资金资助办法》（深府规〔2020〕2号，2020年1月19日颁布）、《深圳加快建设区域文化中心城市和彰显国家文化软实力的现代文明之城实施方案》（深文改〔2020〕1号，2020年8月12日颁布）、《深圳市加快推进重大文体设施建设规划》（2018年12月）等。2020年，在经济特区建立40周年之际，中共中央办公厅、国务院办公厅于10月11日发布了《深圳建设中国特色社会主义先行示范区综合改革试点实施方案（2020－2025年)》，明确在中央改革顶层设计和战略部署下，赋予深圳在重点领域和关键环节改革上更多自主权。2020年10月14日，习近平总书记出席深圳经济特区建立40周年庆祝大会，发表重要讲话，对深圳发展寄予厚望。深圳未来的发展有了更加明确的顶层设计和历史使命。

上述重大政策调整，尤其是深圳正式发布的文化产业政策，既有总体政策意义，全面涵盖了未来5～10年深圳推动文化产业发展的目标、策略、路径，也有关于专项资金补贴、财税优惠、设施建设等的具体专项政策。这些政策充分运用产业政策工具，明确提出了未来深圳文化产业的发展任务、策略、产业布局、产业结构、产业组织、产业技术、产业投融资等，其中包含了大量详尽的具体要求，如直接列出了工作任务的实施方案、具体分工、时间进度安排等。显然，综合来看，短期内深圳不大可能推出新的文化产业政策，下一步"十四五"文化产业规划也将以上述政策为重要依据，因此，本文不便再就深圳文化产业下一步的发展提出系统的产业发展对策建议（很多原本拟建议的内容与现有政策高度重合、重复），而是基于对深圳文化产业高质量发展的历史逻辑、理论逻辑和实践逻辑的综合认识和思考，结合贯彻中央对深圳开展综合改革试点、先行先试的要求，充分考虑政府文化产业管理的职能定位，围绕"如何进行文化产业发展质量的评估、监测与管理"这一核心问题，提出更具质量监督与管理性质的政策建议。相信这将有利于上述深圳已经颁布的产业政策的补充、完善和贯彻实施，也有利于为政府部门推动文化产业高质量发展提供基于现代数字技术支持下的"总抓手"和突破口，有利于推动实现深圳文化产业高质量发展的长远目标。

二　推动深圳文化产业高质量发展的若干政策建议

（一）以研制《深圳文化产业发展质量评估指标体系》为突破口，探索建立文化产业发展质量的"深圳标准"

在研究过程中，课题组深感缺乏相关行业资料和数据的支持以及传统研究方法难以把握好日新月异、不断扩张、融合众多产业门类的文化产业。由于缺乏质量标准及相关数据，为分析问题尤其是量化分析判断带来很大的困难。综观全国乃至全球，由于文化产业特有的双重属性，关于文化产业发展质量的测评有很大的难度，尚未出现权威指标体系，甚至"文化产业发展质量"这一概念也未达成共识。目前，中国传媒大学等机构主持开展的《文化产业发展质量指数》进行了一些积极的探索，但与其他行业相比，甚至与公益性文化事业相比，文化产业中各行业的产品和服务质量都缺少必要的质量标准和质量管控措施，尤其是以国家文化及相关产业分类指标为基础，针对地方文化产业以及不同行业开展的分行业发展质量测评指标体系均付诸阙如。目前国内部分城市出台的文化产业高质量发展对策，如北京、上海，更多地类似于一般的产业规划或产业政策，均未按照质量管理的规范要求进行相关评估工作。鉴于此，课题组建议深圳发挥先行先试的精神，率先在全国组织研制科学的《深圳文化产业发展质量评估指标体系》，并以此为突破口推动建立文化产业、文化行业的"深圳标准"，进而推动全国文化行业质量标准的逐步建立。

1. 研制《深圳文化产业发展质量评估指标体系》、尝试建立"深圳文化产业基础数据库"

文化产业生产与管理具有高度复杂性，只有建立了科学的指标体系，才能开展相关测评，也才能科学判断、监测深圳文化产业发展质量，为文化产业的质量评估、管控与提升提供"抓手"。另外，科学测评的结果，既可为深圳文化产业质量提升制订目标体系，为"十四五"时期文化产业规划提供较为精准的目标，也可弥补现有产业政策涉及产业发展目标时量化指标的不足。总之，它有利于对文化产业发展质量进行常规监测、准确研判，科学决策。

考虑到文化领域的特殊性，研制文化产业发展质量评估指标体系不同于一般的产业领域，最重要的指导思想是：坚持党的领导，坚持"以人民为中心"的文化高质量发展理念，坚持"四个自信"，以社会主义核心价值观和中外优秀文化内容引领和满足人民群众多层次、多样化的文化需求。

具体设计可以围绕价值观导向、创新性、文化内涵、社会效益、经济效益、核心竞争力等多个维度展开，包括文化产品与服务的文化艺术含量、知识信息含量等内容层面，技术创新、技术集成等科技层面，也可包括投出产出效益、管理绩效等经济层面。

完整的指标体系可由"1 + n"的形式构成，其中，"1"表示一个总的关于深圳市文化产业整体发展质量的评估指标体系；"n"表示多个分行业的质量评估指标体系，即根据不同的行业特点制订适合不同行业质量评估的指标体系。指标的选取标准：一是可以充分利用现有文化产业统计的传统行业分类及统计口径来源，建立评估指标；二是根据行业统计，建立分行业质量评估指标；三是应该充分考虑文化产业与其他行业的融合发展趋势以及随着数字经济的发展，文化生产主体与消费领域不断扩大的趋势，尝试发挥深圳高科技优势，利用大数据开发等技术手段，结合深圳智慧城市建设等，开展新型统计及监测评估的探索尝试。

总之，应聚焦高质量发展，以创新精神弥补传统统计不足，将传统统计指标与大数据等新型统计指标相结合，进行文化产业发展质量的指标开发，并在此过程中整理原有资料数据、挖掘新数据，逐步建立"深圳文化产业基础数据库"。数据库应进行长期积累、动态管理，为持续开展系统研究提供技术支持。最终，在科学研发的基础上，出台《深圳文化产业发展质量评估指标体系（试行）》，并不断与时俱进、动态完善，为深圳推动文化产业高质量发展提供基于客观数据采集与现代数字技术之上的、较为科学客观的评估工具，为文化产业高质量发展提供真正有利于发挥政府宏观管理职能的"尺子"。

2. 建立文化产业高质量发展的"深圳标准"，为国家文化产业高质量发展标准化工作先行先试

在"深圳文化产业基础数据库"及"指标体系"初步建立的基础上，可以进一步研究探索建立文化产业高质量发展的"深圳标准"。基于文化的特殊的意识形态属性、精神心理属性、民族特色属性等，文化产品和服务十分强调价值观导向、文化内容的多样性和创造性，在这种情况下，文化生产长期缺乏标准，文化的标准化也引发了不少质疑或批评的声音。但是，文化产品和服务与其他产品和服务一样，客观上同样也需要一定的品质保证，否则何来"高质量"一说？因此，适度的标准化是必要的。正是基于这一原因，近年来我国在文化行业标准化方面做出了很多新的探索。如 2015 年国家推出了《国家基本公共文化服务指导标准（2015－2020 年）》，2016 年《中华人民共和国公共文化服务保障法》再次纳入标准化的要求。根据这些要求，各省、区、市相应地出台了地方标准，如《广东省基本公共文化服务实施标准（2015－2020）》。① 此外，分行业看，国家相继出台了《公共图书馆建设标准》《文化馆建设标准》《乡镇综合文化站建设标准》《公共美术馆建设

---

① 参见 http：//news. sina. com. cn/c/2015－07－08/053932083868. shtml。

标准》等。基本公共文化服务的"标准化"包括设施建设与管理的标准化、服务与产品供给的标准化、服务绩效考核评价的标准化等，标准化为确保基本公共文化服务质量起到了很好的作用。

由于文化产业涉及庞大的行业群，生产主体多为企业，提供的产品与服务十分多样，我们可尝试先选取某些行业或某类较为容易进行质量监测的产品为对象，以"试点"的方式进行标准化探索。总的来看，可将对文化特殊性的考虑与借鉴其他产业领域的标准化经验相结合。质量标准可涉及产品品质检测、设施建设运营、产业园区服务、团体或行业协会建设、文化项目或活动运营等各个方面。在充分考虑行业特点、产品特点、评估对象特性，充分开展相关比较研究的基础上，进行反复试点。在这一过程中，要充分重视现代技术手段（如使用大数据开展文化市场测评等）的运用。"标准"可以成熟一个纳入一个，动态发展，用 3～5 年的时间逐步形成文化产业质量评估的"深圳标准"。这一标准的建立，也将为深圳《关于开展质量标准提升行动推动高质量发展实施方案（2019－2022）》提出的"高质量发展标准体系"建设做出来自文化产业领域应有的贡献。

当然，这些工作富有开创性，也必然具有挑战性，各种困难是难免的。但是，如果能够发扬深圳"敢闯敢试"的精神，努力尝试，克服困难持续推进，则不仅可为深圳提升文化产业发展质量提供客观依据，也有望为我国文化产业发展质量的标准化测评提供典型范例，为国家开展文化产业高质量发展评估工作提供先行先试的经验，做出深圳带有创新意义的研发成果贡献。

（二）发挥数字技术优势，推动深圳在我国文化产业"新基建"中先行先试

当下，我国经济发展正处于"三期叠加"的关键时期。所谓"三期叠加"，是指"增长速度换挡期、结构调整阵痛期、前期刺激政策消化期"。[①]

---

① 参见百度百科"三期叠加"，https：//baike. baidu. com/item/% E4% B8% 89% E6% 9C% 9F% E5% 8F% A0% E5% 8A% A0/13128991？fr = aladdin，最后访问日期：2020 年 12 月 23 日。

在这一关键时期，我国经济增长速度放缓，经济结构亟待调整优化，投资对经济的刺激效应减弱。在此背景下，推动"新基建"（新一代基础设施建设）成为热点，"新基建"的显著特点就是"数字基建"。上文提出的建议中，研制文化产业发展质量指标体系以及开展相关评估的过程，有望成为发挥深圳科技优势，尤其是数字技术方面的优势，推动深圳在文化产业"新基建"中先行先试的突破口。

1. 积极参与我国文化信息基础设施建设，争取再建新的国家级文化产业平台，即国家文化信息基础设施平台

新一代信息技术演化生成的信息基础设施是"新基建"的重要内容。所谓"新基建"，主要包括："以5G、物联网、产业互联网、卫星互联网为代表的通信网络基础设施；以人工智能、云计算、区块链等为代表的新技术基础设施；以数据中心、智能计算中心为代表的算力基础设施等。"① 我国在互联网信息技术领域已经成为仅次于美国的第二强国，在互联网新兴技术领域，如人工智能、5G、物联网、云计算等领域形成了相对领先的态势。深圳在这方面有相应的技术发展优势，但从文化产业领域看，由于文化内容、文化量化指标、文化数据等的缺失，文化信息基础设施建设与其他行业相比仍较为滞后。从全国的情况看也是如此。深圳正全国率先全面进入5G时代，在探索建立文化产业发展质量评估指标体系、文化产业数据库以及开展产业质量评估的过程中，可以考虑与以"腾讯"等为代表的深圳互联网文化企业合作，加强文化创新和技术创新；在搭建深圳文化产业信息基础设施的同时，积极参与国家文化信息基础设施建设，参与搭建文化信息技术的国家级平台。深圳将在已有文博会、文化产权交易所、中国文化产业投资基金等五个国家级平台之外，再参与建立第六个国家级文化产业平台，即国家文化信息基础设施平台。大批国家级文化产业平台的建设，在服务文化产业

---

① 参见百度百科"新基建"，https：//baike. baidu. com/item/% E6% 96% B0% E5% 9E% 8B% E5% 9F% BA% E7% A1% 80% E8% AE% BE% E6% 96% BD% E5% BB% BA% E8% AE% BE/24528423？fromtitle = % E6% 96% B0% E5% 9F% BA% E5% BB% BA&fromid = 24522518&fr = aladdin，最后访问日期：2020 年 12 月 23 日。

高质量发展的同时，也必将更好地发挥协同效用，大大提升深圳的文化资源凝聚力、综合文化影响力和竞争力。

2. 积极参与产业融合型基础设施的建设，进一步提升文化产业在促进产业融合中的综合贡献率

当下，文化与科技、文化与传统行业正在进行深度融合，"促进文化和科技融合，发展新型业态，提高文化产业规模化、集约化、专业化水平"成为推动文化产业高质量发展的重要内容。在具体的产业融合过程中，"以文化为魂、以技术为本、以产业为载体"成为方向。事实上，在多层次的文化与旅游、文化与教育、文化与其他传统产业等的深度融合中，大都体现了这一发展方向。产业融合体现了文化产业的服务功能、赋值功能，也正成为当代文化产业发展的重大趋势。以文化产业发展质量评估为突破口，深圳可以引导文化科技企业，积极参与智慧城市、新媒体产业融合新平台等建设。目前，智慧城市建设已经成为各地进行基础设施融合的重要抓手，华数传媒、腾讯等知名企业，努力抢占发展先机，都已不同程度地参与到各地智慧城市建设当中。深圳应因势利导，积极支持文化企业参与搭建产业融合技术基础设施，提供基于互联网技术的信息、产品、服务、投融资、市场等的智慧服务，为传统产业和企业转型升级赋能，为文化与科技、文化与旅游等的融合发展服务，在不断推动产业融合发展中提升深圳文化产业的综合贡献率与影响力。

3. 积极参与文化创新基础设施建设，进一步凸显深圳文化科技创新发展的良好态势

创新是深圳文化最重要的特质，也是深圳文化产业高质量发展最重要的抓手，深圳颁布的文化产业政策也将创新当作发展的重中之重。历史经验表明，文化企业，尤其是互联网文化企业，一直在创新创业中扮演着主力军和领跑者的角色，它们的研发投入通常占整体收入较高比例，不少互联网企业还建有自己的研究院、创新试验室等，如腾讯研究院，其"新文创"等理念，就为企业产品、技术和服务的创新提供了重要的智力支持。深圳在这方面具有无可置疑的技术优势，但是由于高端文化人才缺乏，深

圳对国家级文化创新基础设施建设参与度不高，重大文化科技创新工程参与度不大。① 建议以推动文化产业高质量发展为契机，加强文化科技创新，建立健全深圳关于文化共性关键技术的研发机制和合作创新机制。支持各文化企业探索应用大数据、云计算、增强现实、虚拟现实、人工智能等先进技术，引导推动深圳数字文化产业快速发展。与此同时，积极参与国家文化创新技术工程、文化创新设施建设，提高重点文化领域的技术装备水平。努力培育以企业技术创新中心、技术创新战略联盟、专业孵化器、大学科技园、工程（技术）研究中心为核心的文化科技创新体系。加快建设具有深圳特色的国家级文化和科技融合示范基地。培育若干本土文化与科技融合型领军企业及一批文化与科技的复合型人才，进一步营造深圳文化科技创新发展的良好态势。

4. 积极参与国家文化大数据体系建设，以文化科技优势参与国家重大文化资源、文化数据的搜集、编制、整理、开发

目前，由于信息社会的快速发展，各行各业的大数据已经成为一种重要的战略资源，蕴含巨大价值，这引起了产业界、科技界和政府部门的高度重视。从文化产业来看，文化产品与服务的生产和消费，也产生了大数据。文化大数据正成为文化市场生产和资源配置的重要依据。要推动文化产业高质量发展，必须重视文化大数据体系的建设。"文化大数据是指文化生产者、文化经营者、文化消费者在文化实践过程中所产生的，与文化产品或文化服务的创作生产、推广传播、市场运营、最终消费过程相关的，以原生数据及次生数据形式保存下来的图片、文本（包括文字、数字和图表）、影像、声音等文件资料的总称。"② 从应用角度来看，文化大数据即针对文化行业海量数据的计算处理需求应运而生的一套新的数据架构的理论、方法和技术的

---

① 如2019年，人民日报社－人民网、新华通讯社新媒体中心、中央广播电视总台与中国传媒大学获得科技部批准，分别建设"传播内容认知国家重点实验室""媒体融合生产技术与系统国家重点实验室""超高清视音频制播呈现国家重点实验室""媒体融合与传播国家重点实验室"。

② 参见高书生《国家文化大数据建设》，https：//baijiahao.baidu.com/s？id = 1685327077 764457974&wfr = spider&for = pc，最后访问日期：2020年12月24日。

统称。① 我国国家文化大数据体系建设正在开展之中。《文化产业促进法（草案）》第五十三条"资源数字化"明确提出，"国家推动文化资源数字化，分类采集梳理文化遗产数据，标注中华民族文化基因，建设文化大数据服务体系"②。科技部、中宣部等六部委发布的《关于促进文化和科技深度融合的指导意见》将"加强文化大数据体系建设"列为促进文化和科技深度融合重点任务之一。2020 年 5 月中宣部文改办下发了《关于做好国家文化大数据体系建设工作通知》，明确提出，"推进文化和科技深度融合……建设物理分散、逻辑集中、政企互通、事企互联、数据共享、安全可信的文化大数据服务及应用体系"③。由于文化的复杂性等，国家文化大数据体系建设在探索之中。建议深圳以文化产业发展质量评估研究和文化产业数据库建设为突破口，发挥深圳科技企业数字技术优势，积极参与"中华文化元素库"等文化原生数据体系建设；积极探索文化衍生大数据体系建设。最终，为国家文化大数据体系建设做出深圳应有的贡献。

（三）以构建产业质量评估管理体系为突破口，推动产业管理制度综合改革创新

1. 以开发《深圳文化产业质量评估指标体系》线上平台为突破口，建设各类评审集成平台，再造行政流程，推动数字政府建设

在指标体系逐渐成熟后，顺利开展评估工作还需要建立数字化的综合工作平台。建议发挥深圳数字技术优势，委托专业机构，设计开发深圳文化产业发展质量评估线上平台，并以此平台建设为突破口，建成文化产业各项评估评审的集成平台。集成平台的建设将有利于建设数字政府、再造行政流

① 参见百度百科"文化大数据"，https：//baike. baidu. com/item/% E6% 96% 87% E5% 8C% 96% E5% A4% A7% E6% 95% B0% E6% 8D% AE% E7% 94% 9F% E6% 80% 81% E7% B3% BB% E7% BB% 9F/19398433？fr = aladdin，最后访问日期：2020 年 12 月 24 日。
② 参 见 http：//www. npc. gov. cn/npc/c30834/201912/e9c9d9677e444915af5a945a11cdf728. shtml，最后访问日期：2020 年 12 月 24 日。
③ 成琪：《重磅！国家文化大数据体系呼之欲出》，中国经济网，http：//www. ce. cn/2012sy/szzh/wh/202005/26/t20200526_ 34976567. shtml，最后访问日期：2020 年 12 月 24 日。

程，发挥数字技术优势带来的便利性、即时性、集成性和共享性，简化评估流程，提高评估效率以及确保评估工作公平、公正、阳光、透明。除了开展质量评估外，评估平台也可望为每年的产业专项资金评估、文化企业评优、产业园区评估等提供集成服务，有利于简化文化产业各项评审工作流程，降低评审工作的烦琐程度。

2. 深化改革，开展制度创新，形成协调共治的文化产业质量管理体制机制

中共中央办公厅、国务院办公厅发布的《深圳建设中国特色社会主义先行示范区综合改革试点实施方案（2020－2025年）》明确提出，在中央改革顶层设计和战略部署下，以清单式批量授权方式赋予深圳在重点领域和关键环节改革上更多自主权。在推动文化产业高质量发展的新时代背景下，文化产业管理如何适应产业融合发展、文化科技融合、新业态不断涌现，文化生产者与消费者融合等深刻的产业生态变化，提高综合治理水平和推进治理现代化，深化产业管理体制机制改革创新无疑是其中的关键。文化产业发展质量的管理是一项综合而复杂的系统工程，正需要体制改革与机制创新。建议以质量管理为抓手，以政府职能分工为依据，动员各相关企事业单位、行业协会等社会组织，联合开展文化产业发展质量的评估检测与管理工作，打造协调共治的文化产业质量管理体制。

政府相关职能部门是文化产业质量管理工作的领导者，应统筹协调相关工作，要在推动社会共建共享、多方参与中发挥行业主管部门的主导作用。考虑文化产业质量评估的专业性，专业机构的参与应成为质量管理的重要一环。同时，作为市场主体、评估对象的文化产品生产者、营销者、组织者的文化企事业单位及相关行业组织也应该在评估中发挥积极的作用。最后，文化市场监管部门、广大文化消费者的评价也是评估的重要依据。

此外，还应建立文化产业质量的监管机制。探索构建以数字技术为依托的智慧监管平台，充分履行行业主管部门监督职责，发挥新闻媒体、行业组织、消费者等多元主体的社会监督作用，推动文化产业质量监管的共治共享，建立健全覆盖全社会的文化质量守信激励和失信惩戒机制。

总之，以评估管理为抓手，有望形成文化的创造、生产、传播、服务、

保存和消费活动各相关领域、各相关流程评估的闭环质量管理，巩固和发展标准、设计、质量、品牌、信誉五位一体的高质量融合发展之路。完善政府、行业协会、企事业单位、消费者等多方参与形成的、各利益相关方共同治理的"共建共治共享"的高质量保障体制机制。这一协同推进、共建共享的文化产业质量管理体制的构建过程，也有望成为推动文化体制改革不断深化，推动传统文化产业管理模式不断变革的过程。让质量评估和管理成为改革创新、适应数字经济时代新变化，形成体制机制新变革的突破口和总抓手。

（四）分行业分领域开展文化产业质量评估，切实提升深圳文化产品与服务质量

考虑到文化产业是一个庞大的、涉及众多行业门类的产业群，行业差异大，产品与服务各不相同，因此，关于文化产业发展质量的评估，也应该在开展对深圳文化产业发展质量总体评估的同时，开展分行业的评估。建议按照国家统计局关于文化产业中制造业、批发零售业和服务业的三大分类，针对不同类别特点，分别制订不同评估指标体系，开展分行业的试点评估，以期推动全行业发展质量的提升。具体可在本类行业中选择部分重点行业、重点企业或重点产品服务开展评估。

1. 开展"文化服务业"质量提升行动

近年来，文化服务业在深圳文化产业中的占比不断提高，2018 年已经达到 67%，成为占比最高的产业门类。因此，文化服务业的质量高低，在很大程度上影响着深圳文化产业整体质量的高低。然而，服务业与其他行业最大的不同在于服务内容与其他产业产品相比，具有非实物性、不可储存性和生产与消费同时性等特征，其质量的评估管控尤其困难。在前期尽可能研制建立科学的评估指标体系的基础上，一方面，应尽量建立健全文化服务设施包括企业、平台等服务业"硬件"设施的硬性质量评估标准；另一方面，应充分引入大数据、消费者评价等方式，加强服务质量反馈分析；还可综合考虑服务人力资源状况、投入产出效益等综合评估服务业质量。可有计划、

有步骤地选择部分文化服务行业，以试点的方式开展评估、积累经验，以修订完善指标、标准及评估方法，待成熟后逐渐推广。后续可根据评估结果，综合研判其存在的问题，有针对性地以行政调控或专项资金等方式，形成奖励扶持机制，建立文化服务质量提升公共平台和可行机制，有效推动解决质量问题，鼓励创新服务业态，推动线上线下融合，帮助延伸服务价值链，不断提升文化服务质量。

2. 开展"文化制造业"质量提升行动

文化制造业是深圳最早发展起来的文化产业门类，至今已经形成了相当大的规模和影响力。其中部分行业，如印刷、珠宝首饰、礼品、服装等均具有较大的市场份额，有的还形成了良好的品牌效应。制造业产生的是实体的、有形的文化创意产品，是市场化程度较高的文化产业门类，产业质量的评估管理可以较为方便地借鉴其他制造业质量评估管理的办法，选择其中的若干行业，有计划、有步骤地开展质量评估工作。后续可根据评估结果，综合评判其存在的问题，以行政或专项资金等方式，形成奖励扶持机制，建立质量提升公共服务平台，帮助提升文化制造业发展质量。尤其是鼓励文化制造业将产业链向研发、设计、再制造等环节延伸，提高其科技含量和文化含量，加快产业升级，提高深圳文化制造的品牌影响力。

3. 开展"文化批发零售业"质量提升行动

文化批发零售业是文化生产过程的重要环节，在经济运行模式中，批发零售业在很大程度上决定经济运行速度、质量和效益。随着时代的发展，由于网络经济等的快速崛起，批发业的重要性有所降低，但零售业正以线上线下组合、批量生产与个性化定制等方式，形成新的业态。从 2018 年的数据看，深圳文化产业结构中文化批发零售业占比不高，但从整体来说，文化批发零售业的质量是文化产业发展质量的重要组成部分，关联着众多文化产品制造业的发展。建议根据深圳文化产业发展实施方案、政策等，选择其中的若干重点行业领域，有计划、有步骤地开展质量评估工作。后续根据评估结果，综合评判深圳文化批发零售业存在的问题，以行政或专项资金等方式，形成奖励扶持机制，建立其质量提升的公共服务平台，推动其解决存在的问题，帮助文化批发零售业不断提升发展质量，助力文化产业整体质量提升。此外，也可试点开展若干重点企业、重点产品、重点展会、重点活动等的质量评估与提升工作。

总之，以文化产业质量评估指标体系为抓手，推动开展基于数字技术的文化产业基础研究及文化产业"新基建"建设；以文化产业质量评估与监测体系建设为抓手，推动文化产业管理体制机制改革创新，深入推进文化领域综合改革试点；以文化行业及产品、服务的质量评估及管理，提升文化产业发展质量水平，这是一条还没有其他城市全面探索过的新路子、新做法。肩负"双区"建设的历史重担和先行先试，示范、范例的新使命，"敢为天下先"的深圳完全有条件、有必要先行先试，拥抱新时代，为数字经济背景下我国文化产业发展质量的科学管理和有效提升，做出深圳探索，提供深圳经验。

B.7
深圳都市圈文化产业区域协同发展研究

高小军*

摘　要： 在粤港澳大湾区、深圳建设中国特色社会主义先行示范区等
国家战略的驱动下，特别是在"十四五"期间都市圈建设进
入政策层和规划层的背景下，如何顺应都市圈产业链上下游
协同与辐射溢出效应；在都市圈建设战略框架和空间布局
下，创新文化产业发展治理机制，推动都市圈不同城市在文
化产业发展政策、重点领域、关键环节、重要平台的协同合
作中具有重要现实意义，同时也是推动区域文化产业规模
化、集群化、高端化、融合化、国际化发展的必由之路，更
是强化产业内容创新、业态创新、模式创新、机制创新，实
现区域文化产业高位发展、空间集聚、价值提升、产业融合
等高质量发展要求的关键支撑。

关键词： 深圳都市圈　文化产业　粤港澳大湾区

近年来，城市群内部以超大、特大城市和辐射带动功能强的大城市为中
心，推动现代都市圈建设，已经成为国家战略。2018 年 9 月，习近平总书
记第一次提出要培育现代都市圈。① 2019 年 2 月，国家发展改革委出台了

---

* 高小军，硕士，深圳市特区文化研究中心副研究馆员，研究方向为文化产业及公共文化服
务体系。
① 《习近平在东北三省考察并主持召开深入推进东北振兴座谈会》，新华网，http://www.
gov.cn/xinwen/2018 – 09/28/content_ 5326563. htm。

《关于培育发展现代化都市圈的指导意见》（发改规划〔2019〕328号）（以下简称《意见》），作为现代都市圈建设的纲领性文件，进一步明确了都市圈建设的目标、任务和路径，强化城市间产业分工协作，推动都市圈内各城市间专业化分工协作、错位发展、协同发展成为都市圈建设的重要目标和关键任务。都市圈成为我国新兴产业集聚中心和技术创新中心，以都市圈为核心的产业链条延伸及其引发的市场化产业协同，构成了都市圈产业发展的基本特征；都市圈核心城市与外围城市基于产业链上下游共生共长则构成不同产业类型的空间集聚特征。

文化产业作为深圳都市圈核心城市的重要支柱性产业，现已与互联网、科技、工业、金融、会展等领域形成深度融合发展态势。随着产业规模和竞争力不断提升，数字文化产业、创意文化产业各种新业态、新模式不断涌现，深圳成为引领全国文化产业发展的重要标杆型城市，优越的地理位置、发达的社会经济以及良好的内外部环境为其文化产业的协同发展奠定了扎实的基础。2018年度经济普查数据显示，深圳都市圈区域内5个城市，文化及相关产业法人单位数146772个，从业人员约174万人，营业收入12682亿元，占广东省文化及相关产业总收入的56.5%，其中深圳占比最高，约占都市圈总额的75%。

与此同时，在都市圈范围内与周边东莞、惠州等临深片区在高端文化装备制造、智能文化消费终端制造等先进制造业，以及印刷包装、玩具服装制造等传统文化制造业高端化发展方面初步形成了协同互补、错位发展的产业趋势，以"深圳创意－莞惠制造"的文化产业核心辐射、圈层集聚的特点逐步显现。

一 加快深圳都市圈文化产业区域协同发展的政策背景

（一）加快深圳都市圈建设成为"十四五"时期的重要任务

2020年4月28日深圳市发展和改革委员会在《深圳市发展和改革委员

会 2019 年工作总结和 2020 年工作计划》中明确指出推进深圳都市圈规划编制。2020 年 5 月 8 日，广东省发改委在《广东省建立健全城乡融合发展体制机制和政策体系的若干措施》中指出建立深圳都市圈，推动城乡一体化发展。在此背景下，深圳都市圈正式在政策层形成深莞惠、河源、汕尾"3 + 2"规划建设格局。截至 2019 年底，深圳都市圈范围土地面积为 36292 平方公里，占广东省的 20.2%；人口规模为 3232 万人，占广东省的 31%；GDP 为 4.27 万亿元，占广东省的 40%。①

2020 年 12 月，《中共深圳市委关于制定深圳市国民经济和社会发展第十四个五年规划纲要和 2035 年愿景目标的建议》（以下简称《建议》）公布，将"加快建设深圳都市圈"作为"增强粤港澳大湾区核心引擎功能，携手共建世界级城市群"的重要任务。《建议》明确提出，"制定实施深圳都市圈发展规划，以深莞惠大都市区为主中心，以深汕特别合作区、河源都市区、汕尾都市区为副中心，形成中心引领、轴带支撑、圈层联动的发展格局。协同东莞、惠州强化临深片区产业、基础设施、公共服务等优化布局，共同打造具有全球竞争力的电子信息、人工智能等世界级先进制造业产业集群"。《建议》还强调，充分发挥深圳都市圈中心城市辐射带动作用，全面深化在教育、医疗、文化、旅游、人才、就业、生态等领域的合作发展。

（二）加快深圳文化产业高端化发展的重要路径

培育发展现代都市圈是推动产业专业化分工协作，形成区域竞争新优势的重要举措。都市圈战略重点在于解决城市间分工协作不够、低水平同质化竞争、协同机制不健全等问题。因此，统筹都市圈整体利益和各城市比较优势，强化城市间专业化分工协作，促进城市功能互补、产业错位布局是加快培育现代化都市圈的重要目标。国家发改委在《关于培育发展现代化都市

---

① 《广州深圳都市圈被点名惠州"融湾入圈"》，南方网，http：//economy. southcn. com/e/2020 - 06/11/content_ 19101614. htm，2020 - 6 - 11。

圈的指导意见》中，针对都市圈中心城市和外围中小型城市的产业功能定位，明确提出要推动中心城市产业高端化发展，"加快推动中心城市集聚创新要素、提升经济密度、增强高端服务功能。通过关键共性技术攻关、公共创新平台建设等方式，加快制造业转型升级，重塑产业竞争新优势。以科技研发、工业设计、金融服务、文化创意、商务会展等为重点发展生产性服务业，推动服务业与制造业深度融合，形成以现代服务经济为主的产业结构"①。文化产业是深圳推动产业高端化发展的重点领域。

从深圳文化产业结构来看，2018 年深圳市文化产业营业收入 9488 亿元，增加值 1996 亿，占 GDP 比重达 7.9%。以科技和创意为核心竞争力的深圳文化产业高端化发展趋势十分鲜明，产业规模和竞争力全国领先。特别是以"互联网＋"为代表的数字文化产业高度发达，是粤港澳大湾区的数字文化产业中心。从 2018 年全国经济普查公布的数据来看，深圳在互联网信息服务、互联网游戏服务、文化软件、互联网广告等文化产业细分领域产值领先全国，总营收达 2200 多亿元，占深圳市文化产业营收比例达 24%；此外，以广播电视电影设备制造、摄录设备制造、印刷设备制造、智能无人飞行器制造等为代表的高端文化装备制造领域优势突出，相关领域营收达 1894 亿元，占总营收比例达 20%。② 因此，以深圳都市圈建设为契机，明确各城市功能定位，推进各城市文化产业协同发展，有利于进一步强化深圳作为都市圈中心城市对于文化产业高端要素的集聚和辐射能力，推动深圳文化产业高端化发展，提升都市圈文化产业整体能级和竞争力。

（三）助力莞惠等临深区域建设世界级先进制造业集群

2021 年 1 月，《广东省国民经济和社会发展第十四个五年规划和 2035 年远景目标纲要》公布，进一步明确深圳都市圈建设范围，即包括深圳、

---

① 国家发展和改革委：《关于培育发展现代化都市圈的指导意见》（发改规划〔2019〕328 号）。
② 深圳市统计局、深圳市文化广电旅游体育局：《深圳文化产业统计分析报告（2020）》。

东莞、惠州全域和河源、汕尾两市的都市区部分。强调深圳都市圈要"充分发挥深圳核心城市带动作用，进一步拓展深圳市发展空间，推动深莞惠一体化发展，加强三市基础设施规划建设统筹协调，建设跨区域产城融合组团。推进河源、汕尾市主动承接核心城市功能疏解、产业资源外溢、社会服务延伸，加强吸引现代要素流动集聚，打造具有全球影响力的国际化、现代化、创新型都市圈"①。具体从产业协同上，《深圳市国民经济和社会发展第十四个五年规划和2035年远景目标纲要》则明确提出：推进东莞、惠州临深片区产业、基础设施、公共服务一体化，推动与临深片区共同打造电子信息、人工智能等世界级先进制造业产业集群。

（四）深圳都市圈各城市区域政策协同不断强化

深圳都市圈战略明确进入政策层后，东莞、惠州两市在政策层不断强化协同和配套，在承接深圳创新资源、支持深圳空间拓展、提升临深片区品质等方面，围绕建设深圳都市圈及中国特色社会主义先行示范区做出重要政策部署。2020年9月25日，东莞市委审批颁布了《关于进一步完善区域协调发展格局推动南部各镇加快高质量发展的意见》，提出将东莞市南部临深的虎门、长安、大岭山、大朗、黄江、樟木头、凤岗、塘厦、清溪9个镇高水平对接和融入深圳，与深圳共建"深莞深度融合发展示范区"。《中共惠州市委关于制定国民经济和社会发展第十四个五年规划的建议》明确提出，"立足惠州资源禀赋和发展定位，积极参与粤港澳大湾区建设，全力支持深圳建设中国特色社会主义先行示范区"；强调，"积极参与深圳都市圈建设，探索共建深莞惠区域协同发展试验区，加快形成优势互补高质量发展区域经济布局。主动承接深圳科技创新资源，力争成为粤港澳大湾区科技创新成果转化基地。继续承接深圳优势产业溢出，支持深圳拓展高质量发展空间"②。

---

① 广东省人民政府：《广东省国民经济和社会发展第十四个五年规划和2035年远景目标纲要》。
② 惠州市委：《中共惠州市委关于制定国民经济和社会发展第十四个五年规划的建议》。

二 深圳都市圈文化产业区域集聚特征

（一）以"互联网＋文化"为代表的数字文化产业集群高度集聚于都市圈核心区域，是都市圈文化产业新技术、新业态、新模式策源中心

从行业类别来看，深圳都市圈核心城市深圳文化服务业占据绝对优势，2018 年度总营收达 3635 亿元，占深圳都市圈 5 市文化服务业总营收比例达 95％，超百亿的行业有 7 个。从具体细分行业来看，特别是以腾讯、梦网科技、创梦天地等为代表的互联网其他信息服务 823 亿元，互联网游戏服务 821 亿元，应用软件开发 425 亿元，互联网广告服务 200 亿元，以互联网和数字创意为代表的"互联网＋文化"领域总营收达 2269 亿元（见图 1）。①

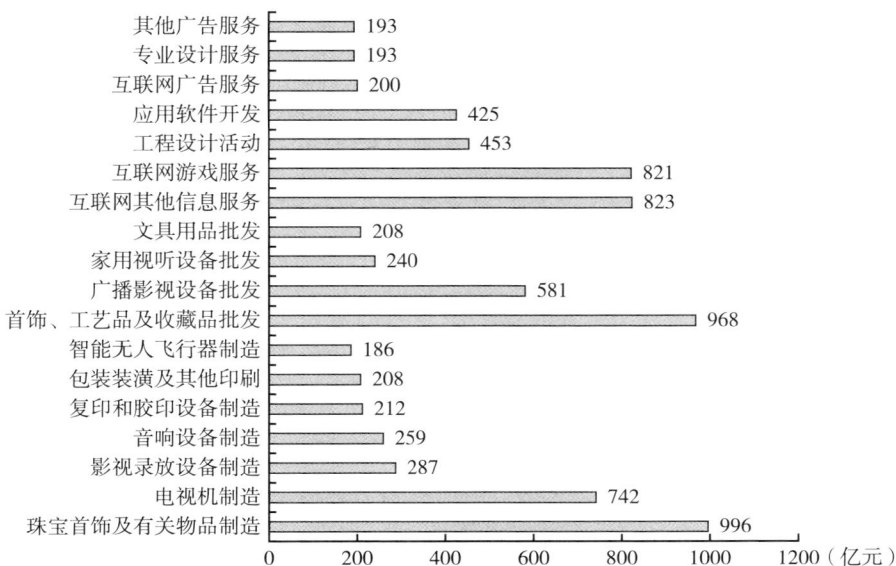

行业	营业收入（亿元）
其他广告服务	193
专业设计服务	193
互联网广告服务	200
应用软件开发	425
工程设计活动	453
互联网游戏服务	821
互联网其他信息服务	823
文具用品批发	208
家用视听设备批发	240
广播影视设备批发	581
首饰、工艺品及收藏品批发	968
智能无人飞行器制造	186
包装装潢及其他印刷	208
复印和胶印设备制造	212
音响设备制造	259
影视录放设备制造	287
电视机制造	742
珠宝首饰及有关物品制造	996

图 1 2018 年深圳文化及相关产业重点行业小类营业收入

---

① 深圳市统计局、深圳市文化广电旅游体育局：《深圳文化产业统计分析报告（2020）》。

从区域空间布局来看，产业集聚优势相当突出，高度集聚在南山、福田等都市圈核心城区，特别是南山区文化服务业营收占全市总营收的比重达70%以上，规模以上文化服务业的利润总额达560亿元，占全市规模以上文化及相关产业利润总额的74%，产业高端化、高附加值特征非常突出，而深圳坪山、大鹏、光明等区及东莞、惠州则在这一领域尚处产业空白。

（二）以工程设计、专业设计为代表的创意设计产业集群圈层分布于都市圈核心区及辐射区，成为都市圈文化产业价值链辐射传导的重要代表

作为中国首个"设计之都"，深圳在创意设计服务领域优势突出。从统计数据来看，在文化服务业大类下，工程设计活动、专业设计服务在2018年度营收分别达到453亿元和193亿元（见图1），具体包括建筑、室内装饰、风景园林等工程设计，时装、包装装潢、多媒体、动漫及衍生产品等专业设计。[①] 同期，东莞在这两大行业领域规模尚处发展初期，但受深圳产业辐射外溢以及东莞发达的制造业基础影响，专业设计服务和工程设计发展迅速，呈现出一定程度的产业集聚趋势。从法人单位数来看，分别达到2226家和2013家（见图2），[②] 分列东莞文化及相关产业法人单位数第三位和第四位，仅次于包装装潢及其他印刷和其他广告服务业。从产业增加值来看，两项领域贡献增加值均过亿元，成为文化及相关产业细分领域中增加值贡献度前十行业。在产业园区方面，深圳形成以华侨城文化创意园、中芬设计园、田面设计之都产业园等影响力较大的创意设计企业集聚区。东莞则初步形成以运河创意公社、泰库文化创意园、万科769文化创意园等中小型创意设计类企业聚集区，企业入驻率高，是园区文化生态氛围培育较好的设计产业集聚区。

---

① 深圳市统计局、深圳市文化广电旅游体育局：《深圳文化产业统计分析报告（2020）》。
② 东莞市统计局：《东莞市文化产业统计报告（2019）》。

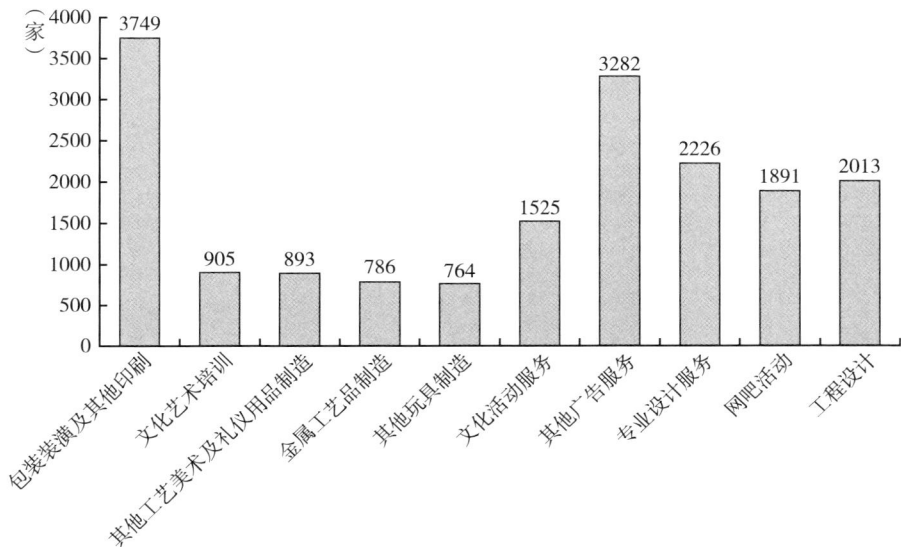

图2　2018年东莞文化及相关产业法人单位数行业分布情况

（三）以文化消费终端制造、文化装备制造等为代表的文化制造业集群分布于都市圈内外连接区，是都市圈文化产业外溢协同的重要载体

深圳宝安、龙岗、罗湖、盐田等区域，中高附加值文化制造业规模优势突出，具有代表性的包括罗湖的珠宝首饰及工业品制造销售，宝安、龙岗、龙华的文化装备及消费终端制造业。2018年，罗湖、盐田文化及相关产业营业收入分别达到1354亿元、527亿元，两区珠宝首饰及工业品制造销售营收占比均超过九成。宝安区文化及相关产业营业收入1326亿元，文化制造业达1106亿元，占比83%，占全市文化制造业的比重超过三成；文化消费终端生产和文化装备生产营收近千亿，占全区文化产业营收达78%，其中电视机制造、影视录放设备制造、音响设备制造三个小类营业收入最高。龙岗区文化及相关产业营业收入927亿元，文化制造业614亿元，占比66%，营收全市排名第二；文化消费终端生

产、文化装备生产分别为 367 亿元、101 亿元，其中电视机制造、珠宝首饰及有关物品制造、工程设计三个行业营收分别达 195 亿元、125 亿元、78 亿元。①

以印刷包装、文化装备制造、文化消费终端制造为代表的文化制造业加速向都市圈外围区域外溢。以包装装潢及其他印刷业为例，作为传统文化制造业重要组成部分，包括广州、佛山、珠海在内的珠三角地区是我国印刷业三大集聚带之一，拥有超过 16 家国家级印刷示范企业、226 家印刷企业以及 46 家荣获"国家级高新技术企业"称号的印刷器材企业。深圳都市圈范围内深圳外围城区及东莞、惠州均具有较强的产业基础，拥有裕同、虎彩、科彩、竞嘉、雅昌等一批行业龙头，随着深圳土地空间成本急剧上升，印刷产业外溢效应凸显，深圳印刷业产值及在全市文化及相关产业占比份额逐渐降低，东莞、惠州印刷包装产业承接趋势进一步加速。2018 年，深圳印刷包装业总营业收入 557 亿元，同期东

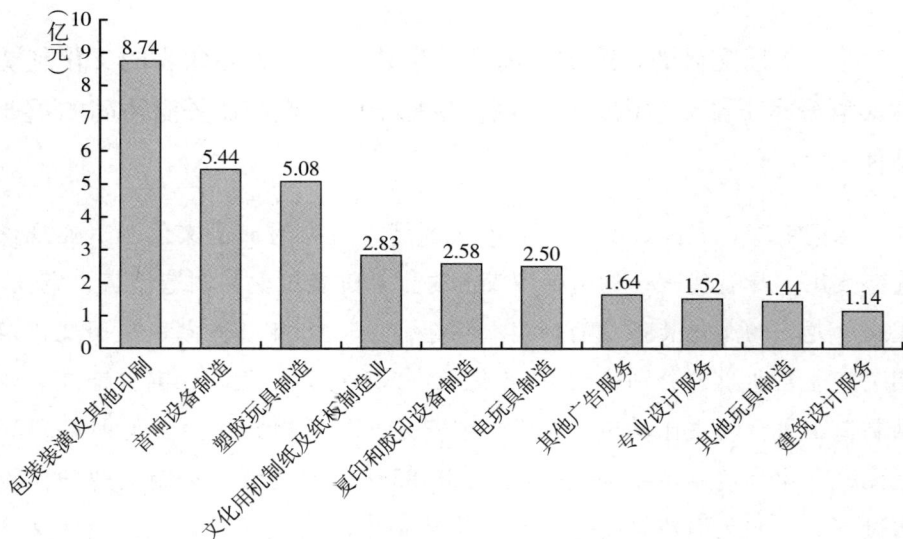

图 3 2018 年东莞文化及相关产业分领域增加值情况

① 深圳市统计局、深圳市文化广电旅游体育局：《深圳文化产业统计分析报告（2020）》。

莞则超过深圳，达 571.39 亿元。2019 年，东莞印刷包装业生产总值达 642.72 亿元，进一步超越深圳，较上年增长 12.48%（见表 1）。东莞的广印展成为全球最大规模的印刷专业展之一，吸引来自 30 个国家和地区的 1300 多家企业参展，来自世界 100 多个国家和地区共 20.5 万专业观众，成交金额达 170 亿元。

表 1　近年东莞市刷包装业增长情况

年份	生产总值（亿元）	利润总额（亿元）	资产投资总额（亿元）	研发投入（亿元）	从业人数（万）
2018	571.39	22.52	770.63	8.19	15.18
2019	642.72	25.65	556.49	14.27	16.46
同比增长(%)	12.48	13.90	−27.79	74.24	8.43

（四）以文旅地产业为代表的文化旅游产业集群主要聚集于惠州、汕尾、河源等都市圈外围区域

以惠州、汕尾、河源等地为代表的深圳都市圈最外层区域，依托自然生态和历史文化资源，通过创意设计赋能旅游度假、健康体育、休闲农业、历史街区、古村落及工业遗产活化等领域，重点在主题乐园、乡村振兴、生态旅游等文旅休闲地产领域集聚发展。东莞则重点围绕历史文化街区、特色古村落及莞香开展文旅产业开发。以莞香为例，围绕莞香种植、制作技艺、交易历史，采用"文化＋旅游＋产业"的经营模式。惠州现有文化产业项目载体主要以文旅地产项目为主（见表 2）。

表 2　近年来惠州代表性文旅项目

文旅产业类型	代表性项目
创意产业园区	读者文化公园
文旅街区	野岛文化生活区(酒厂创意园)
乡村文旅	碧桂园秋长谷里、罗洞田园综合体、罗浮山周边村落、龙门农民画、瑶寨文化等

文旅产业类型	代表性项目
海洋文旅	巽寮湾、大亚湾滨海旅游产业带
红色文旅	叶挺故居周边
健康生态文旅	浮山健康养生休闲产业、南昆山森林温泉休闲产业
工业文旅	大亚湾、仲恺工业旅游

四　加快深圳都市圈文化产业区域协同存在的主要问题

（一）文化产业协同合作机制尚不健全

2009年2月，深莞惠首次召开三市党政主要领导联席会议，截至目前已成功举办了十一次党政主要领导联席会。在区域一体化方面，基本形成了市场驱动、政府有为，兼顾市场、社会、政府三大主体的都市圈协作关系网络；但存在区域合作组织的架构仍相对单薄，目前主要以"党政主要领导联席会议"为决策机构，缺乏日常推进区域协调和项目实施的常设机构等问题。从"十四五"期间规划来看，当前都市圈规划重点主要在交通互联互通等领域，深层次产业合作，特别是文化旅游领域的产业合作以及文化旅游公共服务功能一体化建设尚未全面展开。

（二）文化产业"全产业链"政策协同不足

协同东莞、惠州共同打造具有全球竞争力的电子信息、人工智能等世界级先进制造业产业集群已经明确成为深圳都市圈未来产业协同的核心目标与重点目标。因此，立足都市圈产业资源禀赋及未来产业定位，从延伸和完善文化产业链条、推动都市圈文化产业协同互补的角度来看，推动文化产业与电子信息、人工智能等先进制造业发展也应成为三地文化产业发展的重点。

这就必然要求从根本上补齐和延伸文化及相关产业链条，推动产业链上下游及关键资源要素合理配置，推动都市圈城市在文化产业及相关领域错位互补发展。

从现状来看，文化产业政策及相关制度设计仍然缺乏文化全产业链思维，存在部门、区域协同不足的问题，表现在以下两个方面。一方面，文化产业政策缺乏与电子信息及珠三角传统优势制造业的政策衔接匹配；另一方面，区域文化产业政策目标定位脱离制造业规模基础及城市公共服务配套基础，片面追求文化产业热点领域与独立产值目标。以动漫电竞产业为例，深圳及下辖各区、东莞、惠州等地都将动漫电竞产业作为重点政策支持产业，且都将电竞赛事、游戏研发等作为重点支持领域，但各地资源禀赋和产业基础并不相同，动漫电竞产业发展条件及路径存在显著差异，导致相关政策与产业匹配的精准度不高，政策效能难以发挥。

（三）文化产业重点领域政策协同引导不足

2008 年国务院批复《珠江三角洲地区改革发展规划纲要（2008 - 2020年)》首次提出深莞惠一体化发展概念。此后在产业协同领域，深、莞、惠三地曾先后签署《深圳市、东莞市、惠州市关于产业发展合作的协议》《深圳市东莞市惠州市三地文化联动合作协议》《深圳、惠州、汕尾三市共建海上旅游航线发展粤东滨海旅游框架协议》等文化及相关产业合作机制；但三地在数字文化产业、创意设计、珠宝首饰、文化装备及文化消费终端制造、文化旅游等具有共同发展规模及条件的领域，尚缺乏产业协同政策的引导。

从三地最新出台的支持文化产业发展相关政策及产业资金投向来看，特别是东莞、惠州等地存在产业规划及产业政策与自身空间结构、资源禀赋及产业基础不匹配的情况，深圳都市圈核心区产业存在互补差异性不足、同质化发展的问题。如东莞在印刷包装、玩具制造、文化装备制造等领域产业规模较大，承接深圳产业外溢优势最大，同时与深圳都市圈核心区域高端制造、动漫游戏、文化科技等领域具有显著产业链上下游关系，产业互补依存程度较高，然而这些领域与数字文化产业及创意文化产业相比，在政策规划统筹、产业空间平台建设、资金扶持力度等方面显著不足。

五　推动深圳都市圈文化产业区域协同发展的对策建议

要进一步推动文化产业融入都市圈发展战略，推动文化产业跨城市协同发展，助力产业结构优化，提升深圳都市圈范围内文化产业的整体竞争力。具体要在都市圈区域合作整体制度框架的基础下，对莞、惠等外围节点城市而言，应进一步从传统的行政区经济转向融入都市圈经济，以自身文化产业发展的诉求为基点，依照自身资源禀赋优势和现实发展需求，主动规划、主动参与，从原先的独立发展到融入都市圈产业链发展环节和经济体系中，科学构建都市圈产业政策协同、产业规划协调、产业链条共建等机制。

（一）以深圳为核心推动文化产业高端化发展

强调城市间的文化产业分工合作和优势互补，文化产业政策规划要符合本城市的功能定位和发展条件，不可盲目强调先进性、高技术性和高服务业比重。深圳要以建设全球创新创意城市为目标，以数字文化产业和创意文化产业为重点，强化文化产业相关技术创新、内容创新、业态创新和模式创新，成为都市圈文化产业生态的创新创意集聚区。重点发展基于互联网、大数据、云计算、人工智能的数字文化产业和创意文化产业，以科技创新和内容创意赋能文化产业，推动文化科技融合发展。

（二）以共建世界级先进制造业集群协同莞惠文化产业功能定位

先进制造业集群是指基于先进技术、工艺和产业领域，由若干地理相邻的企业、机构集聚，通过相互合作与交流共生形成的产业组织网络，是产业集群发展的高级阶段。协同莞惠共同打造世界级先进制造业集群是当前以及未来5~10年深圳都市圈产业协同发展的核心目标。从文化产业与先进制造业的融合发展领域来看，深圳、东莞、惠州在高端文化装备、超高清视频、智能文化消费终端制造、传统文化制造业转型升级等领域具有较强的产业基础和完整的产业链。

东莞、惠州与深圳应在共同打造具有全球竞争力的电子信息、人工智能等世界级先进制造业集群的总目标下，以文化产业赋能制造业高质量发展为核心，以拓展都市圈城市发展新空间、产业发展新载体为使命，完善文化产业的顶层设计和政策定位。以东莞为中心重点夯实文化制造业基础，推动文化产业赋能东莞制造高质量发展，强化深圳研究创意与东莞制造间的产业连接，推动文化制造融合发展。以惠州为中心重点发展文化旅游业，推动文化产业赋能城市更新与乡村振兴，推动文化产业与旅游、康养、农业、体育等融合发展。避免产业发展过程中的区域城市同质化竞争和重复建设，提高资源使用和配置效率。对已存在同质化倾向的产业门类，如动漫游戏、创意设计和休闲娱乐等，引导和鼓励各地结合自身特色，提高产业分工和专业化水平，提升差异化程度，着力构建资源互通、利益共享、风险共担、协同发展的良好局面和健康生态。

（三）以产业链协同为重点创新文化产业协同治理机制

习近平总书记 2020 年 4 月 23 日在陕西视察明确提出："要围绕产业链部署创新链、围绕创新链布局产业链，推动经济高质量发展迈出更大步伐。"[①] 积极推动以人才链引领创新链，以创新链提升产业链，以产业链集聚人才链，实现产业链、创新链、人才链三链闭环融合发展。以产业链为重点推动明链、建链、强链、延链、补链，推动产业链协同已经成为"十四五"期间，特别是疫情之后推动产业高质量发展，建设现代产业体系的重要路径。

都市圈受限于产业发展禀赋要素，核心区域与外围区域集聚产业发展要

---

① 《围绕产业链部署创新链 围绕创新链布局产业链》，人民网，http：//scitech. people. com. cn/n1/2020/0427/c1007－31689495. html，2020－4－27。

素的类型和功能各不相同，跨区域协同则成为产业链协同的题中之义。因此，进一步形成区域产业链上下游协同、创新链高低附加值协同、人才链供给网络协同，同时与周边区域形成共同发展、利益共享的产业协同发展机制至关重要。

一是探索文化产业"链长制"模式。重点发挥区域联动协调机制、区域文化产业专业协会、行业龙头企业作为"链长"的功能，积极探索都市圈文化及相关产业"链长制"治理模式。通过"链长制"进行产业精准定位、精准施策，通过区域协同进行多区域互相辐射、人才互通、产业互联，实现区域产业协同化、差异化发展。

二是实施文化产业"明链"行动。联合都市圈城市调研梳理区域文化及相关产业链发展现状，全面掌握产业链重点企业、重点项目、重点平台、关键共性技术、制约瓶颈等情况。研究制订文化及相关产业链图、技术路线图、应用领域图、区域分布图，实施文化产业链"四图"作业。

三是实施文化及相关产业"强链""延链""补链"行动。研究制订做优、做强、做大文化产业链工作计划，统筹推进产业链文化企业及文化产业园区发展、招商引资、项目建设、人才引进、技术创新等重大事项。统筹技术研发、创意策划、内容制作、装备制造、销售营销等关键环节，拓展和延长产业链条，推动都市圈各城市、园区、公共平台间优势互补、统筹协同。重点提高产业链协同性、稳定性和竞争力，推动文化产业链与制造业产业链深度融合，打造大数据支撑、网络化共享、智能化协作的智慧产业链体系；精准帮扶文化产业相关细分产业链协同发展，协调解决重大问题。

四是发掘和发挥"链主"企业功能。链主，即行业龙头企业，往往掌握行业核心技术及自主知识产权，居于整个文化及相关产业链关键环节，是在产业链发展过程中由市场自发形成的，能够协调产业链上各节点活动，在产业链协调中会利用其主导地位实现自身利益最大化，淘汰产业链落后环节，引领产业链发展。要强化以"链主"企业为重点，加强链主文化企业在文化创作生产、传播消费等环节的文化共性关键技术研发，促进关键技术在文化生产领域的创新应用。

（四）协同莞惠共建数字文化产业链和创意文化产业链

一是充分发挥深圳在文化产业与电子信息产业、互联网产业、人工智能等领域融合发展的核心技术与创意优势，强化产业互补配套，重点围绕珠宝首饰、印刷包装、创意设计、文化装备及消费终端制造等规模较大、分布广泛、集聚程度高的优势细分领域和业态进行统筹规划及政策协同，通过强化分工合作、鼓励错位发展，进一步探索出台时尚产业、珠宝首饰、印刷包装、文化装备等都市圈专项产业规划，建立相关产业联盟网络等协同方式，提升区域文化产业整体协同质量水平。

二是引领创意设计和数字文化产业赋能莞惠传统制造业，以高端化、品牌化、IP 化为导向，以文化装备及消费终端制造，纺织服装制造，黄金珠宝，食品饮料加工制造业，家具制造，玩具、文具制造，包装印刷业，都市农业等为重点，着力发展高端产能，以"文化＋科技""文化＋数字化"改进传统产业生产组织方式和商业模式，增强传统产业自主研发和创意设计能力，发展服务型、创意型制造业，提高产品附加值，推动传统优势制造业向先进制造业行列迈进。

（五）以主题游径建设推动都市圈文旅市场协同

都市圈文旅产业发展方面，借鉴浙江在区域文化产业协同方面的治理模式，进一步拓宽主题游径文化符号内涵，串珠成链，全域发展，强化都市圈文旅资源在一体开发、一体生产、一体服务、一体推广、一体市场方面做进一步探索。借鉴浙江"诗路文化带"建设，深圳都市圈应在"粤港澳大湾区主题游径"的基础上，进一步探索以创新文化、改革开放文化、岭南文化、海洋文化、移民文化、工业文化等区域文化资源为重点，寻找和提炼都市圈共有文化元素、文化符号、文化事件及文化记忆。如客家古村落、滨海美食、健康养生、体育赛事、历史建筑等，通过未来科技游、主题乐园游、海岸线旅游、东江纵队红色主题游径、改革开放之路工业主题游径、世界工厂主题工业游等，串珠成链，串联起深莞惠等不同区域的典型区域文化，贯通文化产业与文化事业，构筑都市圈一体化文化空间形态。

B.8
深圳戏剧产业的形态呈现、问题反思与路径构思*

陈仕国　曹静雯**

摘　要： 在"双区"战略发展背景下，戏剧产业成为深圳推进建设全球区域文化中心城市和国际文化创意先锋城市的重要驱动力。深圳戏剧产业呈现粤剧、话剧、音乐剧等形态。然而，其与城市经济发展并不匹配，存在商业运作模式不健全、戏剧专业人才不稳定、戏剧受众群体基础薄弱等问题。建议完善高效的产业运营模式，创建有效的剧场运作方式，建立常态的演出生产机制，助力粤港澳大湾区公共艺术服务体系的构建。

关键词： 戏剧产业　大湾区艺术　粤港澳大湾区　公共艺术服务体系

在"双区"战略发展背景下，城市之间的文化软实力竞争日益激烈，为戏剧产业迎来了前所未有的发展机遇与挑战。作为城市文化软实力的标签，戏剧产业不仅是一座城市公共艺术服务体系完善的硬核表征，且能带来丰厚的社会效益和经济效益。然而，深圳戏剧产业发展仅40年，较之国内

---

* 本文系2020年度广东省哲学社会科学"十三五"规划项目"粤港澳大湾区戏剧产业集聚研究"（项目编号：GD20CYS34）、2018年度深圳市哲学社会科学规划项目"深圳戏剧产业集聚研究"（项目编号：SZ2018C)08）的阶段性研究成果。
** 陈仕国，艺术学博士，艺术理论博士后，深圳大学戏剧影视学院副教授、硕导，研究方向为艺术学理论、戏剧史论；曹静雯，深圳大学戏剧影视学院在读硕士生，研究方向为戏剧史论。

其他一线城市仍存较大差距，尤其是本土原创戏剧创演还处于发展期，并未形成完整的戏剧产业链。因此，促进深圳戏剧产业可持续发展，具有重要理论和现实意义。无论是历史经验还是现实教训，对未来发展的启示都弥足珍贵。换言之，厘清深圳戏剧产业形态呈现的发展历程，对相关问题进行深入反思，并寻求与构思合理的发展路径，对深圳乃至粤港澳大湾区的演艺事业发展意义重大。

一　深圳戏剧产业的发展历程

在某种程度上，一座城市戏剧产业的形成与完善往往与该城市的经济发展水平同步。然而，深圳戏剧产业的发展与城市文化建设在互动发展过程中，彼此步调并非完全一致。作为大湾区文化软实力的重要表征，深圳戏剧产业发展与国内戏剧事业发展的总体态势有关。因此，回顾 40 年来深圳戏剧产业的发展历程显得尤为重要。深圳戏剧产业先后形成了传统性与现代性互融的粤剧、实验性与商业性共谋的话剧、多元化与个性化并存的音乐剧三种艺术形态。

（一）繁盛与式微：传统性与现代性互融的粤剧

20 世纪 80 ~ 90 年代，深圳戏剧形态以传统粤剧为主，兼现代粤剧的创演。作为深圳市首个戏曲表演专业团体，基于宝安县粤剧团组建而成的深圳市粤剧团首次创演大型古装粤剧《鸳鸯泪洒莫愁湖》，并连演 300 余场，创下粤剧剧场最高上座率纪录。[①] 1982 ~ 1983 年间，该团推出的古装粤剧《情僧偷到潇湘馆》先后赴广州、香港、上海演出，均引发剧坛强烈共振。1983 年，该团据吴祖光的同名话剧改编演出的《风雪夜归人》首次使用"电子琴、电中阮、电吉他和电贝斯等电声乐器伴奏"，极具现代化色彩。[②]

---

① 苏伟光：《深圳文化十五年》，海天出版社，1995，第288页。
② 苏伟光：《深圳文化十五年》，海天出版社，1995，第289页。

此外，该团还相继创演大量极具影响力的粤剧剧目。如引入大型魔术的古装神话剧《银瓶仙子》（1984）[①]；融合荒诞、离奇元素的古装剧《阴阳怨》（1988）[②]；运用南派传统武功艺术的古装剧《血溅鸳鸯剑》（1989）[③]。其中，反响最大的是 1990 年以沙头角中英街改革前后变化为素材而创演的，颂扬深圳经济特区改革开放新貌的现代大型剧《中英街传奇》。[④] 该剧于 1995 年更名为《情系中英街》，获文华新剧目奖、文华剧作奖、文华表演奖等。[⑤]

随着改革开放不断深化，深圳市粤剧团为促进粤剧艺术交流，先后 10 次赴境外演出，包括 4 次交流演出，6 次商业演出，总演出场次达 89 场。其中，该团赴香港演出 6 次、新加坡 2 次、澳门和美国各 1 次。[⑥] 深圳市粤剧团赴境外演出的粤剧剧目，如《情僧偷到潇湘馆》《鸳鸯泪洒莫愁湖》等，以演员精湛的演艺、现代的技术与独特的舞台美术深受境外观众的称赞，从而促进双方粤剧艺术的相互交流。这些蜚声海内外的剧目，成为深圳本土原创粤剧艺术繁盛的标志。

步入 21 世纪后，随着全国各地大批移民的涌入，深圳戏剧消费群体形成了新的审美需求，普通话成为民众日常交流的通用语言。由此，绮词丽音的粤剧趋于式微。[⑦] 2003 年 8 月，深圳市出台《深圳市文化体制改革综合试点工作方案》，首次提出由政府以采购剧目的形式，向深圳市粤剧团"购

① 陈寅：《当年今日话深圳（1980～2010）》，海天出版社，2011，第 132 页。
② 安葵：《由〈阴阳怨〉想到粤剧的传统》，《艺林采英：生活·艺术随感录》，海天出版社，1995，第 433 页。
③ 李伟彦：《红豆新曲咏特区——粤剧〈中英街传奇〉观后漫笔》，《艺林采英：生活·艺术随感录》，海天出版社，1995，第 420 页。
④ 李伟彦：《红豆新曲咏特区——粤剧〈中英街传奇〉观后漫笔》，《艺林采英：生活·艺术随感录》，海天出版社，1995，第 421 页。
⑤ 曾文炳：《情寄梨园三十春——记国家一级编剧、深圳市粤剧团团长》，《深圳文明之星》，人民中国出版社，1998，第 551～552 页。
⑥ 参见深圳市地方志编纂委员会《深圳市志（教科文卫卷）》，方志出版社，2004，第 386 页。
⑦ 熊源伟：《新移民城市戏剧文化特征——深圳戏剧现象思考》，《戏剧》2000 年第 3 期。

买"演出剧目，实际上标志着该团完全走向市场。① 从某种程度上说，深圳粤剧艺术在走向市场的十余年历程中，虽注入现代性元素得以发展，却未形成真正的粤剧产业链。随着话剧、音乐剧等艺术形态的相继兴起并迅速发展，粤剧艺术面临前所未有的冲击与挑战。

（二）转向与突破：实验性与商业性共谋的话剧

20 世纪 80 年代后期，为适应知识层、青年层的审美需求，深圳以现代文明与都市文明为题材的小剧场话剧日益兴盛。1986 年春，深圳大学戏剧专业学生与本土戏剧工作者自发组建"粤海门实验剧社"，排演当时火遍京沪的校园无场次话剧《魔方》，不仅在深圳演出，还赴广州、海口巡演，计 10 余场。然而，此次演出后，深圳小剧场话剧转向沉寂。直至 20 世纪 90 年代，随着改革开放的深入以及建设"现代文化名城"② 的意愿愈加迫切，深圳开始重视话剧的创演。1992 年 8 月，在各方力量的推动下，深圳市戏剧家协会成立。该剧协与深圳大学艺术系合作编、导、演本土首台小剧场话剧《泥巴人》，并赴京参加中国小剧场话剧展演，获组委会特别演出奖、优秀编剧奖、优秀导演奖等 6 项大奖。

在时代快速发展的影响及戏剧消费需求的刺激下，深圳尤为注重小剧场话剧的创演，推出了无场次话剧《我爱莫扎特》（1995）、独幕实验话剧《希望》（1996）、大型无场次话剧《贺方军》（1999）、小剧场探索话剧《同居时代》（2004）、多媒体都市话剧《有一种花的语言》（2009）等。在推动本土话剧发展过程中，深圳大学表演系师生起到了重要作用。1995 年，深圳大学设立艺术系（2016 年改设表演系），并开办戏剧表演本科专业，深圳拥有了专业的戏剧创演群体及培养戏剧人才的基地，促使小剧场话剧再度兴盛。

深圳大学表演系师生使本土戏剧获得了长足发展，赢得了极大声誉。而

---

① 廖虹雷：《深圳民俗寻踪》，海天出版社，2008，第 296 页。
② 李容根：《增创深圳文化优势——建设现代文化名城》，《特区理论与实践》1995 年第 4 期。

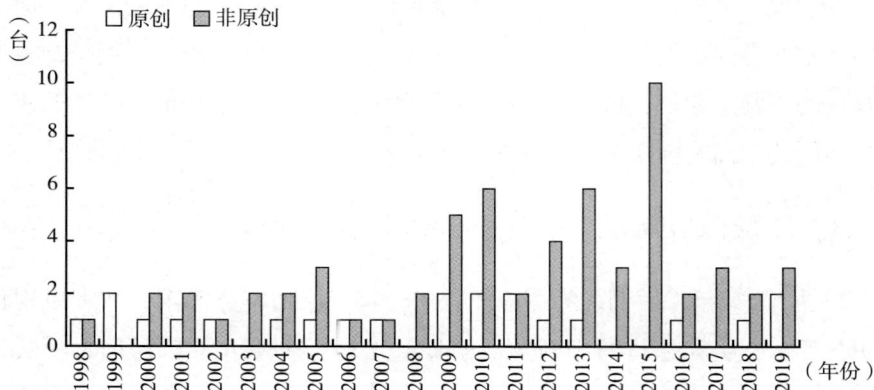

图1　1998～2019年深圳大学表演系师生创演话剧剧目统计情况

由该系师生创办的胖鸟剧团、荔枝青年剧团、甸甸巴士剧团等，则直接推动深圳戏剧产业的发展。此外，深圳还有本土专业化、职业化的剧团。如爪马戏剧、邹晓勇戏剧工作室、小橙堡、泽熙文化传播、锦煊文化传媒、华赣文化传播、八厘米文化传播等。这些由本土发展起来的剧团创演的商演话剧虽不多，但各具特色，可以满足不同层次受众的审美需求。胖鸟剧团注重实验性与先锋性，坚持实验话剧的创演；甸甸巴士主打粤语话剧，拥有固定的受众群体；荔枝青年都市情怀浓烈，重点关注本土的人与事；爪马注重经典作品制作，接近学院派风格；邹晓勇戏剧工作室、八厘米追求戏剧形式的创新；小橙堡致力于儿童戏剧的改编；泽熙、锦煊、华赣则以都市爱情剧为主，关注男女的情感生活。[①]

　　进入21世纪后，随着公共艺术审美需求的日益增长、市场经济的蓬勃发展以及创意人才的不断崛起，深圳话剧的实验性与商业性共谋发展，尤其是以小剧场形式为主的本土原创话剧迅速引爆本土舞台[②]，赢得了不少的观众，对深圳戏剧产业的发展起到举足轻重的作用，并逐渐拥有了大量的受众群体。

---

①　祁琦：《深圳本土戏剧正在火起来》，《深圳商报》2017年11月24日。
②　杨媚：《小剧场戏剧为何"小而美"》，《深圳特区报》2018年8月24日。

（三）探索与实践：多元化与个性化并存的音乐剧

20 世纪 90 年代以来，新兴的音乐剧为深圳戏剧的个性化和多元化发展提供了充足土壤，改变了原有的戏剧结构，逐渐形成粤剧、话剧、音乐剧并存且稳定的艺术形态。1998 年，首部原创音乐剧《新白蛇传》在深圳 21 世纪演艺中心上演，共演出 384 场，观众约 9000 人次。1999 年，第二部原创音乐剧《杨贵妃传奇》在同一剧场演出，共演出 100 场，观众约 3000 人次。① 这两部本土商演性音乐剧，不仅注重制作的质量水平，而且还注重运营规律以及受众的审美需求，从而拉开了 21 世纪深圳音乐剧产业发展的序幕。

深圳音乐剧的发展仅二十年，不要说难以比肩全球音乐剧发达的城市，就连与国内其他经济发达的城市相比，亦存在较大差距。尤其是原创音乐剧，尚处于市场培育期，并未形成音乐剧"全产业链"生态。所有的戏剧艺术形态中，音乐剧是最复杂、综合性最强的现代舞台艺术样式，需要非常专业的制作团队，同时也需建立在高度发达的市场运营基础上，才能获得源源不断的发展活力。深圳原创音乐剧虽在创演、运作层面上进行了大胆突破、勇于创新，努力探索一条彻底走向市场、民间的自娱自乐新路，但原创音乐剧仍处于徘徊发展的阶段。直至 2018 年，国家对外文化贸易基地（深圳）与深圳市盛世立业集团签约，成立国家对外文化贸易基地（深圳）音乐及音乐剧产业中心，为深圳音乐剧产业的发展迎来了新的契机和发展空间。该中心致力"打造以原创音乐剧制作、运营、服务为核心的音乐剧全产业链平台，以音乐剧讲好中国故事……努力让音乐剧渗入市民的生活，成为城市的文化名片"。②

深圳音乐剧的原创力量正在逐步发展壮大。据统计，自 2006 年始至今，深圳原创音乐剧仅 10 余台。然而，这些原创剧目并未实现长久的演出周期，

① 深圳市地方志编纂委员会：《深圳市志·教科文卫卷》，方志出版社，2004，第 341 ~ 342 页。

② 杜翔翔：《让音乐剧成为深圳文化名片》，《深圳商报》2018 年 11 月 10 日。

无法拓展其市场前景，遑论形成产业链。以2019年深圳商演性音乐剧为例，本土原创、本土改编的音乐剧依次为2台、6台，而原版引进的音乐剧则为60台（见图2）。

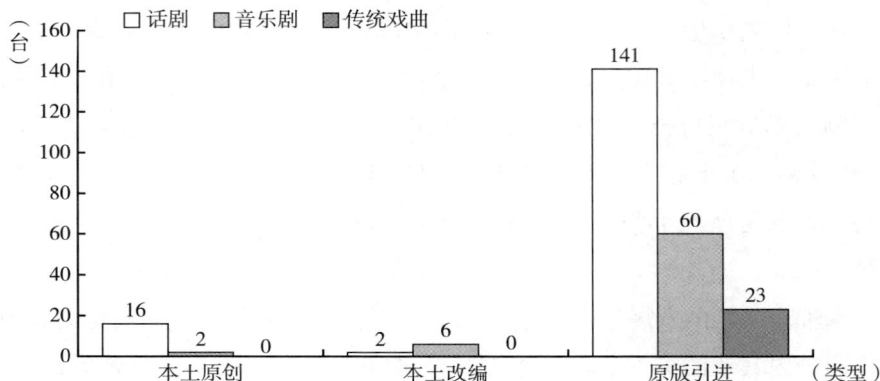

图2 2019年深圳商演剧目统计情况

说明：笔者据2019年度深圳商演戏剧剧目及演出场次统计而成。

可以说，本土原创、改编的音乐剧难以企及原版引进的音乐剧。2019年，深圳原创和改编的音乐剧进行商演的剧目仅有邹晓勇戏剧工作室《野孩子飞》；深圳小橙堡改编演出的儿童音乐剧《飞行学校》《想变成人的猫》等；鼎瀚映画文化制作的中英文儿童音乐剧《我们的糖果屋》。这些剧团虽尝试推出常态商演的音乐剧，但由于对音乐剧的创作与运营经验有限，创演的剧目尚未引起社会较大的反响。

概言之，随着40年的沉淀与发展，当前的深圳已形成粤剧、话剧、音乐剧较为稳定的产业形态。虽然粤剧所占的市场份额优势愈来愈弱，现代的话剧以及新兴的音乐剧又处于探索与发展过程中，尚未形成真正意义上的产业链，但本土原创戏剧呈现大胆突破、勇于创新的态势，尤其注重小剧场话剧的创演，对深圳这座名副其实的科技与创新的城市而言，往往可以成为戏剧产业发展的突破口。

二　深圳戏剧产业的问题反思

40 年来，深圳戏剧起步较晚，发展速度却异常迅猛，取得了一定成就，积累了一些经验。由中国田汉研究会、深圳市文化广电旅游体育局主办的"青年戏剧月"①，连续三年于罗湖区文化馆 09 剧场举办。而深圳原创戏剧在参演过程中呈现积极的发展态势（见图 3）。

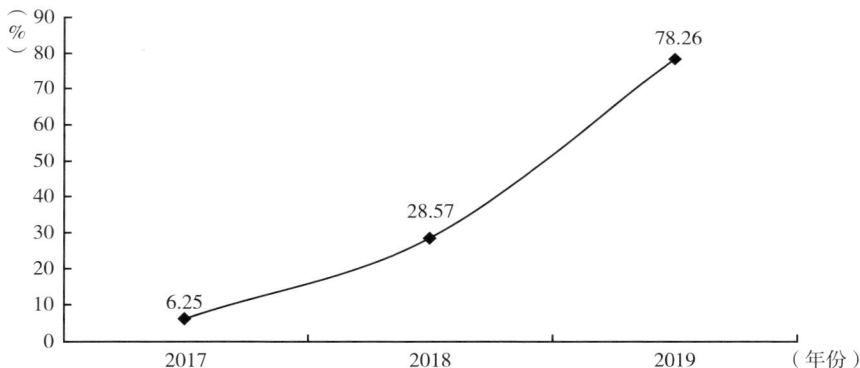

图 3　2017～2019 年深圳市青年戏剧月本土原创戏剧统计情况

由图 3 可知，深圳原创戏剧的剧目数量呈现逐年增长的趋势。2017 年参演的剧目为 16 台，本土原创剧目仅 1 台；2018 年参演的剧目为 7 台，本土原创剧目 2 台；② 2019 年参演的剧目有 46 台，包括 34 个小戏与戏曲演唱节目、5 个小品、4 部话剧、3 个黄梅戏，本土原创则达 36 台。虽然 2019 年参演的剧目以本土原创演出为主，重点关注本土戏剧的发扬和少儿戏剧的推广，但此并非深圳原创的商演剧目。以 2019 年深圳商演性戏剧演出情况

---

① 2017 年为"首届罗湖青年戏剧月"；2018 为"第二届罗湖青年戏剧月"；2019 年起改为"深圳市首届青年戏剧月"。

② 姚辰、谢倩：《2019 首届深圳市青年戏剧月开幕》，《深圳特区报》2019 年 11 月 25 日。

为例，各类的原版引进和本土改编的商演性戏剧则有数百台，而本土原创的商演性戏剧则屈指可数（见图4）。

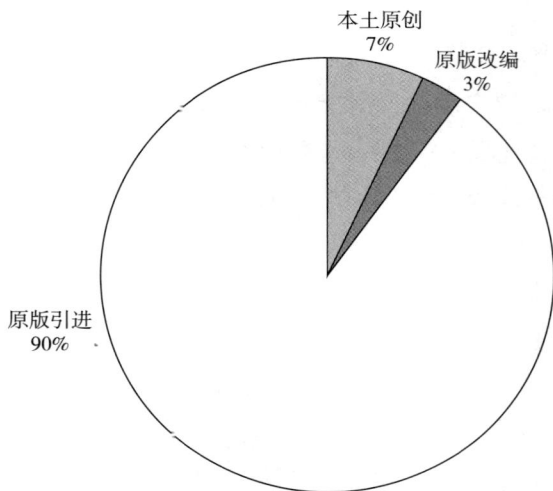

图4 2019年深圳市戏剧商演情况

2019年度深圳商演剧目共有249台。其中，本土原创商演剧目为17台，占商演剧目的7%；本土改编商演剧目为8台，占商演剧目的3%；而原版引进商演剧目为224台，占商演剧目的90%。可见，较之原版引进，深圳本土原创的商演性戏剧鞭长莫及。戏剧产业的生存环境尚不健全，缺乏常态的商演剧目，更不用说形成规模化的产业链。究其原因，在于"本地专业戏剧院团欠缺，与国家级的戏剧院校相距甚远，甚至连戏剧最主力的观众——大学生群体，都为数不多，创作力量和观众群体的缺乏……种种原因造就了深圳戏剧市场上本土原创的缺乏"①。具体而言，一方面由于本土原创戏剧在创作理念、制作水平以及题材选取上，均受市场以外因素的干扰和限制，缺乏有效的商业运作模式；另一方面从专业人才储备、受众群体及其消费习惯来看，均存在不同程度、不同

---

① 《缺乏原创 深圳"戏"路有点窄》，《南方日报》2014年3月19日。

层面的相应问题，不利于戏剧产业的可持续发展。因此，针对戏剧商业运作模式、专业人才、观众群体等问题予以深入反思，以便寻求具体的解决路径。

（一）商业运作模式并不健全

在某种程度上，深圳戏剧并不乏市场，而是缺少如赖声川、孟京辉、北京人艺等专业化剧团有效的发展模式和专业的经营团队。由于本土剧团缺乏有效的运营能力，戏剧产业发展不健全，阻碍了其健康发展。

作为本土代表的剧团，爪马戏剧在运营上极力追求商业性，编剧、服装、道具、舞台美术等部门之间分工较为明确，均由专人负责，形成了较为完整的商业运作模式，但"自筹资金与企业赞助则是爪马文化制作戏剧的资金来源方式"。因此，资金不足已成为爪马戏剧的短板，影响了其原创戏剧的大量演出，唯有通过巡演并将剧目打造成文化品牌，才能使资金流转，继而创演新戏。[1] 以实验性与先锋性为主导的胖鸟剧团虽然"基本上每年推出一部经过再诠释的经典作品，以及一部原创作品"，但其只追求具有艺术水准的商演戏剧。恰如该剧团创始人杨阡所言，"这并不意味着要从戏剧中牟取暴利，因为我们不可能像商业市场上的戏剧一样动辄票价几百上千元，但票价可以是50元，希望更多的人可以来看戏"[2]。荔枝青年、甸甸巴士在追求商业化运作模式过程中，各个部门具体分工并不明确，并非由专人负责，而是由从业人员"身兼数职"完成的。[3] 此外，深圳本土剧团还存在"场馆少、场租高、宣传资源少、无法盈利等问题一直难以解决"[4]。因此，深圳戏剧尚未形成完善的商业运作模式，而戏剧产业取得的经济效益基本上依靠原版引进戏剧的商演。

较之原版引进戏剧而言，本土原创和改编商演的剧目则凤毛麟角，主要

① 祁琦、杜君：《走进坚守中的深圳戏剧人》，《深圳商报》2016年8月4日。
② "胖鸟"：《本土剧团发出深圳声音》，《南方日报》2013年1月30日。
③ 祁琦、杜君：《走进坚守中的深圳戏剧人》，《深圳商报》2016年8月4日。
④ 祁琦：《深圳戏剧正在起步》，《深圳商报》2017年11月24日。

以爪马戏剧、匈匈巴士、荔枝青年、小橙堡、泽熙等本土剧团创演的话剧和音乐剧为主。然而，一方面，较之北京、上海，深圳本土剧团的生存空间显得异常狭窄。"北京、上海已经形成了一个自觉去买票看演出的观众群体，看演出是他们的一种精神需求。有这样的固定观众群，就能够让本地剧团生存下去"，但深圳缺乏如此固定的观众群。另一方面，深圳剧场由于租金过高，"一个剧团在深圳一级剧院演出一场，花费少则七八万元，多则超过十万元"，① 本土剧团不能承担相应的场租而无法进行常态演出。因此，场租过高与观众稀少从根本上凸显了深圳本土剧团商业运作模式的不健全。

（二）戏剧专业人才缺乏稳定

深圳戏剧产业虽取得一定的成绩，但仍处于"拓荒期"。原创戏剧可达商演水平的仍屈指可数，基本处于"藏艺于民"的状态。② 总体上，深圳本土戏剧人才、演出场地等资源并不集中，加上剧团、观众、剧场等部门之间仍处于割裂状态，缺乏有效交流与沟通的渠道，使戏剧演出资源难以共享。但这归根结底在于缺乏本土高效专业的戏剧人才，这也是深圳本土原创戏剧稀缺的重要原因。

深圳大学虽设立戏剧表演专业二十余年，其间持续进行戏剧教育和戏剧创演的输出，更是培养了大量的戏剧专业人才，成为参与深圳戏剧活动和戏剧团体的中坚力量，直接推动了戏剧产业的发展。但较之北京、上海，甚至毗邻的香港、广州，深圳的戏剧专业人才仍旧稀缺，可持续发展力量不足，影响了本土原创戏剧的数量和质量，无法满足已建成剧场的需求。剧场要生存和发展，必须通过大量引进外来的优质音乐剧、话剧以吸引观众。因此，在外来市场冲击之下，本土原创戏剧则变得"内忧外患"，更是无法进行常态演出，从而造成剧团的收入和生存无法得到保障，加之本土原创并进行商演的戏剧有限，缺乏与之相匹配的演出市场。

---

① 祁琦、杜君：《走进坚守中的深圳戏剧人》，《深圳商报》2016 年 8 月 4 日。
② 魏沛娜：《深圳戏剧藏艺于民》，《深圳商报》2019 年 6 月 4 日。

（三）戏剧观众群体基础薄弱

在某种意义上，"深圳人口袋里有钱的不少，深圳的演出票价与北京、上海相比并不高，但吸引深圳人到剧场来消费可不是件容易的事"。[①] 较之北京、上海，深圳并未形成一群自觉去买票看演出，并将观剧作为某种精神需求的观众。只有存在固定的观众群，才能使本土剧团得到滋养，是其生存的基本保障。而深圳缺乏这样固定的受众群体，导致剧团难以维系，造成演员经济前景不佳。

较之欧美、日韩，甚至国内的北京、上海，深圳观众进剧场观剧尚未形成生活常态。究其原因，主要有如下三个方面。第一，深圳人均可支配收入相对比较低。近年来，深圳市民的物质生活水平普遍提高，但来自房贷、入学、二胎等多重的生活压力，使诸多家庭可支配收入不高，直接限制了其文化消费水平，亦影响其对戏剧的消费兴趣。第二，深圳属于移民城市，绝大多数民众来深是为了工作或学习，是由城市的自由与高工资决定的并非被该城市文化所吸引，这是深圳缺乏固定的戏剧观众群体的根本原因。第三，深圳本土原创戏剧的数量和质量不高，无法吸引大量观众，而引进优质原版戏剧的票价虽高昂，却只能吸引少量观众，无法形成稳定的观众群。

三　深圳戏剧产业的路径构思

2019 年 6 月，由深文联、深剧协主办的"深圳戏剧创作与发展座谈会"在梳理深圳戏剧发展历程、分析当前状况及存在问题、探索未来的发展方向时，重点提出一些建议与策略，包括"要培育深圳戏剧土壤，培育戏剧观众，推动深圳本土戏剧发展；要加强戏剧人才培养，抓好剧本创作，关注青年戏剧家成长；要出台文化政策，制订可持续发展的扶持计划，举办高层次

---

① 隗瑞艳：《深圳剧场消费不容易》，《中国文化报》2004 年 6 月 21 日。

戏剧人才培训班；要提升戏剧评论力量，用文艺评论助推戏剧事业和戏剧人才发展"①。由此可见，深圳戏剧要实现产业化必须拥有长远的发展目标，必须要不断探寻新的市场、定位与方向。

（一）完善高效的产业运营模式

1. 推动演艺产业快速集聚

在一个适当大的区域范围内，将戏剧生产各环节上的若干不同类型企业高度密集地聚集在一起，可以短时间内降低戏剧生产的各项成本。同时，不同剧场之间的密切接触与沟通，更有助于行业之间信息互通以及思维碰撞。《关于加快文化产业创新发展的实施意见》中提出了在深圳"建设一批高起点文化产业园区和重大文化产业项目，支持创建国家和省级文化产业（示范）园区、国家文化和科技融合示范基地"。② 这对于推动深圳戏剧产业化发展而言，无疑是重要的助力与契机。因此，深圳戏剧产业发展必须利用粤港澳大湾区关于城市文化总体规划和城市空间布局优化的契机，整合优化剧院文化产业的空间布局，规划和建设"跨越临界规模"的剧院集聚区，形成以深圳保利剧院、华夏艺术文化中心、南山实验剧场等已有传统演艺场所为中心，对胖鸟、荔枝青年、甸甸巴士、爪马戏剧等已有一定发展规模的本土剧团，在税收和剧场的场租费上予以适当优惠或相应补贴，吸引这些剧团向南山区集聚，同时鼓励来自全国乃至世界各地的戏剧表演团体来此演出。

2. 吸引多元主体参与投资

目前，深圳戏剧产业仍处于发展初期，整体呈现投资金额大、回报周期长、投资风险高等特征。深圳戏剧产业若要形成业内的良好循环，打造稳定的资金支持链条，仅依靠政府资金的扶持是无法维持长久的生产与发展，起支柱性作用的仍是多元的融资平台与投资主体。2020年在线发布的《后疫情时代中国城市营商环境指数评价报告》显示，深圳营商环境位居全国第

---

① 刘莎莎：《培育深圳戏剧土壤 推动本土戏剧发展》，《深圳特区报》2019年6月3日。
② 深圳市文化广电旅游体育局：《关于加快文化产业创新发展的实施意见》，http：//wtl. sz. gov. cn/ztzl_ 78228/szl/whcy/whcyflfg/content/post_ 7259614. html。

三，突出了其较强的营商环境综合竞争力，体现了其拥有较好的文化产业融资平台。① 因此，深圳应该借此机遇，在人才引进、税费补贴、降低物业租金等相关政策扶持的基础上，加强戏剧产业与各种企业、非营利机构与组织及社会团体之间的沟通合作与交流，完善城市公共文化服务体系建设，以此吸引诸多投资者参与对表演艺术集聚区的投资，包括剧目运作、宣传等实体机构及剧院的运营、管理等商业机构，逐步促进零售、餐饮、酒店、演艺等行业蓬勃发展，建立相辅相成的产业结构，优化表演艺术产业的消费模式，促使其向健康的市场化方向运作。

（二）创建有效的剧场运作方式

1. 保障戏剧演出上座率

深圳票务系统虽建立了线上、线下诸多销售渠道，包括网络、电话、实体等一系列方式，但很少采用促销、特价、优惠等方式。深圳演艺行业的各类税收、票务代理、剧场租赁等费用负担过重导致票价居高不下，所以诸多受众认为享受现场演出的、高成本的戏剧消费是某种奢侈的行为。因此，深圳务必充分利用线上信息便捷方式，将演出场地、剧团、宣传及观众集中起来，构建戏剧产业的线上核心集聚区，成立"深圳戏剧粉丝团"，使入团的会员享有非会员没有的特殊待遇，包括会员生日优惠票、剧团周年庆活动优惠票等，并对会员开放提前订票，逐步使会员制观众意识到戏剧消费仅为日常生活习惯性行为，以此促进会员制观众数量的增长和观剧频次的增加，培养大量稳固的忠实观众。此外，深圳本土剧团可以与学校、社区、企业等形成良好的合作关系，在剧目即将上演前的宣传阶段，组织剧团、演员进校园、社区或企业，以预演方式设立专场，使演员与观众达成良好的互动，提升戏剧的影响力。对于原创知名度并不高的戏剧，本土剧团可以最先实行免费义演，在义演的过程中逐渐提升知名度，进而迈向常态化商演。

---

① 万博新经济：《后疫情时代中国城市营商环境指数评价报告（2020）》，2020年7月17日，https：//mp. weixin. qq. com/s/7kNq_ halTwyWH7RyspfuRQ？

2. 发挥剧场运营的优势

2020 年深圳第九届儿童戏剧节在云平台进行，参加本届戏剧节共有 17 部国内著名戏剧院团的优秀剧目，通过网络直播的形式，免费为全市中小学生和幼儿园小朋友开放，仅开放的前两个周末，在线观看人数便达到 73 万人次。[①] 这种从线下转移到线上的云端演出方式，虽受不可替代的演出现场体验感制约，但突破了以往现场容量有限、线下演出票价高昂等不足，有效地降低了门槛，对培养潜在观众群体有较大帮助。因此，深圳演艺机构应积极利用互联网平台，组建新媒体公众号和第三方网络平台，共同合作推广剧目品牌，实现有效营销模式；当然，还可以利用融合了大数据和云计算分析手段的第三方网络平台，将观众群进行细分，向特定的文化消费群体精准投放票务信息，以此优化自身服务体系，拓展剧场的市场运营。此外，演艺机构还需发展多层次、多种类的演艺市场，进行多种业态混合的延伸化开发，尤其是以原创剧目的制作和延伸开发为项目，与影视艺术、新媒体技术相互渗透，利用原有的剧作基础、宣传热度、受众基础，快速形成发展态势，孵化出成功的项目，降低剧目推出市场的风险。

（三）建立常态化的演出生产机制

1. 强化小剧场话剧的常态化创演

深圳戏剧产业的发展繁荣，必须建立常态化的演出生产机制。这种演出生产机制主要从剧目创演和剧场运营两条路径予以思考：一方面，要注重戏剧专业人才培养，鼓励小剧场话剧创演，掌握创演运营规律；另一方面，要注重培养专业团队，依靠政府相关文化政策，增加资本的投入，打造戏剧精品。深圳本土原创剧团大多以小型工作室或微型剧团形式存在。"一个剧团想要进行常态化演出，需要大量资金维持。而深圳现阶段的演出市场对本地戏剧作品的接受度极其有限，本地剧团无法依靠票房养活自己，作品只有在

[①] 李果：《暑假，看一部好剧！2020 深圳儿童戏剧节"云观剧"活动启动》，2020 年 7 月 19 日，https://www.dutenews.com/p/690830.html。

拉到赞助或者获得政府资金支持的时候才能登上舞台。"由于"深圳本地戏剧作品几乎都是小成本制作,创作方式也多为集体创作"①,而"小剧场话剧相对于传统大剧场话剧而言,因其表演空间小、演员与观众接近、先锋性较强逐渐成为人们的新宠"②。这类剧目多为一些都市情感生活题材的小成本话剧,与国内的北纬零度、孟京辉工作室等外来的大流量 IP 剧目相比,其占据的市场份额仍然有限。然而,在资金不足的情况下,深圳目前确实不适宜创演大型戏剧,更不应盲目追求舞美奢华的剧目,而是要强化小剧场话剧的创演,重视戏剧"工作坊"和"预演",在走低价路线的前提下,形成长期的常态演出剧目,逐步实现可持续发展的产业效益。如爪马戏剧、华赣文化、八厘米文化等本土剧团,主打都市生活题材的小剧场话剧,走低票价路线,培育稳定的观众群,逐步实现常态化演出。③

2. 推进精品剧目创演与人才生产

从 2012 年的《关于深入实施文化立市战略建设文化强市的决定》明确提出"繁荣文艺精品创作,塑造文化强市品牌"④,到 2016 年《深圳文化创新发展 2020(实施方案)》中的"创作深圳原创文艺精品"⑤,再到 2020 年的《关于加快文化产业创新发展的实施意见》中指出要"加强精品内容生产"⑥,均表明创演大型原创精品剧目已经水到渠成。因此,深圳本土原创剧团一方面应努力挖掘和打造高水平的艺术精品,逐步完成由小剧场话剧到大型精品剧目的迈进;另一方面可以积极整合资源,聚焦现实题材、在剧目主题提炼、内容表达、形式呈现上下功夫,丰富剧目创作类型与题材,逐步与市场大环境完成无缝接轨。然而,制约深圳戏剧产业发展的最大短板则为

---

① 祁琦、杜君:《走进坚守中的深圳戏剧人》,《深圳商报》2016 年 8 月 4 日。

② 秦锦屏:《深圳小剧场话剧如何发展》,《中国文化报》2010 年 7 月 5 日。

③ 祁琦、袁琴:《深圳戏剧舞台力量,谈本土创作苦与乐》,《深圳商报》2015 年 7 月 24 日。

④ 中共深圳市委、深圳市人民政府:《中共深圳市委、深圳市人民政府关于深入实施文化立市战略建设文化强市的决定》深发〔2012〕4 号。

⑤ 《深圳文化创新发展 2020(实施方案)摘要》,《中国文化报》2016 年 1 月 22 日。

⑥ 深圳市文化广电旅游体育局:《关于加快文化产业创新发展的实施意见》,2020 年 4 月 26 日,http://wtl. sz. gov. cn/ztzl_ 78228/tszl/whcy/whcyflfg/content/post_ 7259614. html。

戏剧专业人才的稀缺。因此，一方面，深圳拥有戏剧专业人才培养的院校要加大招生力度，注重复合型专业人才培养，形成相当规模的"人才园"，才能使演员由量化转向质化；另一方面，深圳必须加强剧团与院校之间的紧密合作，使艺术教育与专业实践并驾齐驱，形成良性互动的态势。只有推进戏剧专业人才生产，培养或引进具备整合人才、资源、资金等能力的戏剧制作人，才能实现真正的戏剧产业化。

结　语

国际化、现代化的城市定位和充满活力的城市气质，决定了深圳将成为中国戏剧产业蓬勃发展的地区。然而，深圳戏剧要发展成一条健康的产业链，必须形成一套密如织网的体系，包括资金政策扶持、品牌化经营、观众群培养、跨产业合作等，唯有将这些零星的板块合理组建，才能形成完整而成熟的戏剧产业链。在某种意义上，深圳要实现戏剧产业可持续发展，需要形成"预孵化器＋孵化器＋加速器"的孵化服务链条，即将戏剧专业人才生产作为"预孵化器"，为实现戏剧全产业化提供人才保障；将非营利性剧场作为"孵化器"，提升剧目的影响力和知名度；由政府文化政策的扶持和集团公司的投资作为"加速器"，扩大剧目的规模。因此，打造链条式的孵化服务体系，循序渐进助推深圳戏剧产业健康发展，助力粤港澳大湾区公共艺术服务体系的构建及其演艺事业的快速发展。

B.9
汕尾市文化与旅游融合发展研究

周礼红*

摘　要：　文化是旅游的灵魂，旅游是文化的重要载体。新时代文化与旅游深度融合发展，为全国的文化旅游产业发展迎来了新的历史机遇，也为汕尾革命老区的文化旅游产业发展提供了重要的理论指导。汕尾应依托各旅游区丰富的文化旅游资源，推动主题公园与文化产业园深度融合，突出红色文化旅游产业和海洋文化旅游产业，不断完善汕尾文化旅游配套设施，全力打造独具特色的滨海红色旅游名城。

关键词：　文化旅游融合　红色文化　海洋文化　文化产业园

改革开放 40 多年以来，中国文化与旅游融合发展经历了探索期（1978～1992 年）、成长期（1992～2011 年）、快速发展期（2011～2017 年）、全面发展期（2017 年至今）四个时期。2018 年 3 月，第十三届全国人民代表大会通过国务院机构改革方案，撤销文化部，组建文化和旅游部，为全国的文化旅游产业发展迎来了新的历史机遇。

一　文化与旅游融合发展的机理

中国的文化发展与旅游产业发展是相辅相成、互为表里的统一体。在我

＊　周礼红，博士，深圳市社会科学院国际化城市所研究员，研究方向为城市文化研究等。

国文化与旅游融合发展的进程中,有两个基本判断:一是文化是旅游的灵魂,旅游是文化的重要载体;二是文化旅游是旅游产业的基本产业业态,也是旅游产业的历史和出发点。[①] 文化与旅游融合发展既能产生文化价值,也能产生产业价值。一方面随着改革开放进程的推进,我国在社会生产力和经济建设方面取得重大进步的同时,文化作为综合国力的重要组成部分也在同步成长与发展。20 世纪 80 年代美国学者约瑟夫·奈认为,以支撑着物质生产力发展的价值体系、制度体系和理论体系为核心的整体文化体系就是一国发展的"软实力"。这一概念提出之后,"软实力"迅速风靡全球,成为衡量一个国家(组织、个体)发展水平的重要概念。[②] 习近平总书记也高度重视文化发展。2014 年 10 月 15 日,习近平总书记《在文艺工作座谈会上的讲话》中指出:"一部小说、一篇散文、一首诗、一幅画、一张照片、一部电影、一部电视剧、一曲音乐,都能给外国人了解中国提供一个独特的视角,都能以各自的魅力去吸引人、感染人、打动人。京剧、民乐、书法、国画等都是我国文化瑰宝,都是外国人了解中国的重要途径。"[③] 2015 年 12 月 20 日,习近平总书记《在中央城市工作会议上的讲话中》指出:"要保护前人留下来的文化遗产,包括文物古迹、历史文化名城、名镇、名村,历史街区、历史建筑、工业遗产,以及非物质文化遗产,不能搞'拆真古迹,建假古董'那样的蠢事。既要保护古代建筑,也要保护近代建筑;既要保护单体建筑,也要保护街巷街区、城镇格局;既要保护精品建筑,也要保护具有浓厚乡土气息的民居及地方特色的民俗。"[④] 另一方面,现在旅游产业作为文化发展的重要载体和主体发展方式,借助于积淀深厚、历史悠久的中国优秀传统文化复兴、开放体系下新型文化体系的融合以及中国特色社会主

① 把多勋、彭睿娟、程容:《文脉视角下的区域旅游产业可持续发展研究》,《兰州大学学报》(社会科学版) 2007 年第 1 期。

② 蒋英州、叶娟丽:《对约瑟夫·奈"软实力"概念的解读》,《政治学研究》2009 年第 5 期。

③ 习近平:《在文艺工作座谈会上的讲话》,《十八大以来重要文献选编》,中央文献出版社,2016,第 134 页。

④ 习近平:《在中央城市工作会议上的讲话》,《人民日报》2015 年 12 月 23 日。

义新文化的衍生等途径,也获得了举世瞩目的长足发展。2017 年,在我国平均经济增长 6.9% 的同时,旅游经济增速 15.9%,远远高于整体经济增长速度。①

文化旅游的未来发展趋势,总体上讲是"旅游 + 文化 + 科技",人们开始用文化产业"内容 +"的手法来发展旅游。根据文化旅游的未来发展趋势,针对文化与旅游融合发展的不同版本的商业模式,北京大学陈少峰教授总结出文化和旅游融合发展的"10 个版本":1.0 版本是自然景观 + 观光设施,2.0 版本是文旅地产,3.0 版本是游乐园,4.0 版本是旅游演艺,5.0 版本是活动经济,6.0 版本是创意秀,7.0 版本是城市文化体验中心,8.0 版本是体验中心与文创电商,9.0 版本是具有 IP 内容的旅游目的地,10.0 版本是新文创综合体。②

总之,中国文化与旅游融合发展必将在建设社会主义文化强国、提升国家文化软实力方面发挥重要作用,在乡村振兴和区域协调发展战略中扮演重要角色,成为文化"请进来"和"走出去"战略的重要传播途径,以及构建开放型经济体系的重要产业途径。文旅融合将越来越多地依赖于科技创新的支撑,助力中国经济结构优化、动能转换和高质量发展。

二　汕尾文化旅游资源的特点

汕尾市西北背靠莲花山脉,东南面对南海,境内山川俊美,海岸辽阔,文化旅游资源丰富。红色旅游、滨海旅游、历史景点、乡村旅游、绿色山林生态旅游等旅游资源众多,具有"红""蓝""古""绿""特"等鲜明特色。汕尾目前有 5 个 AAAA 级景区,分别是陆丰玄武山旅游区、城区凤山祖庙旅游区、红海湾旅游区、海丰莲花山度假村、城区铜鼎山旅游区;1 个 AAA 级景区,即陆河罗洞世外梅园旅游区。

---

① 国家统计局:《中华人民共和国 2017 年国民经济和社会发展统计公报》,《中国统计》2018 年第 3 期。
② 陈少峰、黄锦宗:《文化旅游融合趋势与模式创新》,《理论学习与探索》2019 年第 5 期。

三 汕尾文化旅游融合发展存在问题及原因分析

汕尾文化与旅游产业融合发展存在的问题主要体现在以下几个方面。①文化旅游资源分布较广，开发力度不够。汕尾市文化旅游资源数量多、分布广，但是景区景点开发力度不足。一是多数景点未开发，景点开发招商引资困难；二是低层次、无序的开发浪费景区景点资源；三是开发重点不突出，缺少精品景区景点。②文化旅游产业结构单一、整合效率低下。一是旅游与地方传统文化没有很好地结合；二是旅游和现代文化产业没有很好地结合；三是缺乏创新型文化旅游项目，品牌效应不强。③文化旅游配套基础设施不完善，文化旅游配套基础设施不完善主要表现为：交通设施落后，宾馆少、档次低，餐饮设施落后，休闲、疗养、运动设施少，公共配套设施不完善。

汕尾文化旅游融合发展存在问题的原因主要体现在五个方面：一是政府对文化旅游景区缺少整体的规划，二是非公有资本投入比重不大，三是海洋文化带来的传统习俗的负面影响，四是旅游整体形象宣传力度不够，五是旅游专业人才匮乏。

四 汕尾文化与旅游融合发展的原则与目标

（一）汕尾文化与旅游融合发展的原则

汕尾发展文化旅游产业应坚持五个方面原则：坚持重点发展红色文化旅游产业原则，坚持优先发展海洋文化旅游产业原则，坚持文化与旅游融合发展原则，坚持保护与开发并进原则，坚持深圳资本和汕尾文化旅游资源相结合原则。

（二）汕尾文化与旅游融合发展的目标

1. 汕尾文化与旅游融合发展的近期目标

到 2022 年，全市实现旅游总收入年均增长 11.2% 以上，每年新增旅游就业岗位 1000 人以上，旅游产业地位显著提升，成为推动全市经济发展与转型的先导力量和重要支撑力量；建成一批龙头精品旅游景区、一批精品旅游线路、一批旅游节点城镇、一批重点旅游企业，创建珠三角城市东部知名的休闲旅游目的地城市。

2. 汕尾文化与旅游融合发展的长期目标

到 2030 年，全市实现旅游总收入年均增长 13% 以上，旅游业增加值占全市 GDP 的比重提高到 5.8% 以上，每年新增旅游就业岗位 500 人以上，旅游产业地位显著提升，成为推动全市经济发展与转型的先导力量和重要支撑力量；建成红海湾旅游景区和城区品清湖滨海旅游景区等一批龙头精品旅游景区；建成海丰"农民运动大王"红色主题公园和红海湾海上运动主题公园等重点旅游公园；初步建成滨海旅游休闲走廊和山林休闲旅游绿色走廊等一批精品旅游线路；建成陆河螺溪民宿小镇、陆河水唇赏梅小镇及海丰大湖生态滨海休闲小镇等一批旅游节点城镇。创建珠三角城市东部知名的休闲旅游目的地城市，到 2030 年，建成全省乃至国内知名的休闲旅游目的地城市，实现"旅游大市"向"旅游强市"的转变。

五　汕尾文化与旅游融合发展的具体建议

针对汕尾文化旅游产业存在的问题，根据其现有条件和发展前景，重点推进"8、2、3、4"计划，即科学规划 8 大旅游区，突出发展 2 个文化旅游产业，强力打造 3 个主题公园，深度融合 4 个文化产业园。依托汕尾各旅游区丰富的文化旅游资源，推动主题公园与文化产业园深度融合，突出红色文化旅游产业和海洋文化旅游产业，不断完善汕尾文化旅游配套设施，全力打造独具特色的滨海红色旅游名城。

（一）科学规划，优化文化旅游产业整体布局

借鉴纽约合理科学的规划"旅游商务区"、优化旅游产业的整体布局的先进经验，汕尾应合理科学规划八大旅游区，聚焦重点旅游区，优化汕尾文

化旅游产业整体布局。一是建设汕尾市红色旅游区，以海丰红场红宫为汕尾红色旅游中心，建立汕尾红色旅游主题公园，重点规划汕尾市 AAAA 级红色旅游区。二是优化城区铜鼎山旅游区，继续优化 AAAA 级铜鼎山旅游区配套工程建设，重点建设大型机动游戏项目。三是建设城区品清湖滨海旅游区，在品清湖黄金水岸带打造外海内湖"双城"形象，将已经成为 AAAA 级的凤山妈祖庙景区纳入品清湖滨海旅游区。四是优化海丰莲花山度假旅游区，继续整合海丰莲花山度假旅游区内资源，将"绿"、"蓝"和"古"等景点统一规划进 AAAA 级国家旅游区。五是优化陆丰玄武山旅游区，将元山寺、定光寺、清峰禅寺、黄塘嶂、坎钟山、紫龙洞、龙泉寺、华山寺、福山妈祖等宗教景点统一规划进玄武山 AAAA 级旅游区。六是建设陆丰金厢滩滨海旅游区，以金厢洲渚周恩来渡海处为红色景区中心，努力将陆丰金厢滩滨海旅游区建设成为国家 AAAA 级旅游区。七是优化陆河罗洞世外梅园旅游区，尝试以罗洞世外梅园旅游区为基点打造陆河客家文化 AAAA 级国家旅游区。八是优化红海湾旅游区，将遮浪半岛、灯塔岛、神秘岛、施公寮半岛等景点统一规划进红海湾旅游区，尝试将红海湾旅游区打造成汕尾海洋文化旅游示范区。

（二）整合资源，突出文化旅游产业的文化内涵

1. 整合红色文化旅游资源，打造红色文化旅游产业

借鉴井冈山深挖红色文化内涵，着力打造复合型文化旅游产品体系的经验，以海丰红宫红场为汕尾红色旅游中心，带动整体汕尾旅游红色文化发展，弘扬革命文化传统，加强人们的爱国主义教育，将爱国主义教育和旅游产业发展结合在一起。一是积极推进海丰红色旅游中心区建设。启动海丰红宫红场红色旅游服务先进标准体系试点工作和创建 4A 级红色景区工作。二是辐射带动陆河红色文化旅游发展。加强新田镇激石溪革命根据地建设，在风光秀丽、翠峰叠嶂的激石溪兴建大型的会议培训中心、宾馆和高档酒店，为学习人员提供学习和休息的场所。三是辐射带动陆丰红色文化旅游发展。将周恩来渡海处打造成全国爱国主义教育基地。

2.整合海洋文化资源，打造海洋文化旅游产业

以遮浪港、马宫港、汕尾港、碣石港、小漠港、甲子港等港口为中心，实施"依港兴市"、"产业带动"和"临海拓展"战略，以港口建设为突破口，全力建设"海洋文化"。一是发挥优势，提升海洋节庆会展业的影响力。大力开展海洋民俗文化节，挖掘、彰显涉海节庆业的本土优势，应大力开展红海湾沙滩狂欢节、凤山妈祖庙会、品清湖渔歌节、金町湾沙滩音乐节、金町湾沙雕艺术节、龙舟节、美食节、开渔节等海洋民俗文化节会，充分地挖掘自身的海洋文化内涵，努力培育具有特色和发展潜力的会展和节庆品牌。面向国际市场拓展涉海会展业，面向全国展示汕尾的海洋文化、海洋类企业的品牌和产品，吸引国际海洋服务业和海洋产业集聚。二是培育市场，提升海洋休闲体育产业的辐射力。构建全方位、立体化的海洋体育项目体系，逐渐把汕尾市建成全国一流且有一定影响力的海上体育中心。积极推广海洋体育休闲消费理念，广泛开展海洋体育休闲运动技能培训，从而形成良好的海洋体育休闲消费的氛围。三是繁荣创作，发挥海洋文艺产业的创造力。重点建设红海湾、鲘门、小漠等地的"影视之城"和"音乐之岛"。四是开掘历史，提高海洋军事文化的感召力。开掘明朝碣石卫城重要海上火炮防御区的历史军事资源，利用现代科技手段，建立碣石海洋军事文化俱乐部，使游客体验现代海洋军事科技威力。大力培养国民的海洋意识，挖掘碣石古炮台遗址资源，以海权意识凝聚鼓舞民心。五是彰显亲海特色，提升海洋度假产业吸引力。重点发展滨海旅游度假产业，加快推进红海湾、金厢湾、金町湾白安半岛等度假酒店、休闲娱乐、理疗康体、会展影视旅游项目建设，尽快将沿红海湾、碣石湾建成规模化的度假单元，形成汕尾主城区、红海湾、金厢湾、鲘门四大度假旅游集群。

3.整合多种文化资源，建设文化旅游产业园

借鉴杭州重点打造西湖创意谷、西溪创意产业园、湘湖文化创意产业园等文化旅游产业园的成功经验，汕尾应整合非物质文化遗产、名人文化等资源，着力打造汕尾文化旅游产业园，创新文化演出方式。一是整合海丰文化资源，建立莲花山度假村旅游区文化产业园。建立海丰非物质文化遗产产业

园，将白字戏、西秦戏、麒麟舞、五福狮等国家级非遗整合进文天祥纪念公园。每天在固定时间和舞台演出这些传统戏剧与民间舞蹈，集游客的山林休闲度假和享受当地民俗文化于一体，将非物质文化资源转化为旅游经济。建立名人故居文化产业园。全力打造马思聪故居、钟敬文故居、彭士禄故居、黄旭华故居、曾宪高故居、陈炯明故都督府和陈潮故居，形成莲花山度假村旅游区名人故居一日游。二是整合陆河文化资源，建立罗洞旅游区文化产业园。建立陆河非物质文化遗产产业园，将罗洞木偶戏、河田高景等国家级非物质文化遗产整合进陆河文体中心。每天在固定时间和舞台演出这些传统戏剧与民间舞蹈，努力打造客家文化与旅游产业的融合。同时，在陆河非物质文化遗产产业园中加强陆河擂茶、陆河黄酒和陆河青梅酒等非物质文化遗产的纪念品的开发。三是整合陆丰文化资源，建立金厢滩旅游区文化产业园。建立陆丰非物质文化遗产产业园，将正字戏、皮影戏、英歌等非物质文化遗产整合进陆丰剧院定期演出。将钱鼓舞、博美飘色等省级非物质文化遗产整合进陆丰市文化馆定期演出。全力打造非物质文化遗产的纪念品，重点打造陆丰海马酒、甲子贝雕、金属雕、麦秆画、陂洋陶瓷工艺、博美石雕、东海竹雕、纸扎、碣石木雕、陆三盆景等旅游信物，让游客在度假享受音乐的之后还带着精致的纪念品满载而归。四是整合城区文化资源，建立品清湖旅游区文化产业园。建立城区非物质遗产文化产业园，将汕尾渔歌、滚地金龙等国家级非物质文化遗产整合进马思聪艺术中心定时演出。加大力度组织渔民娶新娘等民俗非物质文化遗产的定期演出活动，积极探索"妈祖文化""渔家文化""民俗文化"三个汕尾特色文化融合发展的新路径。

（三）强力开发，打造文化旅游产业的特色品牌

1. 强力推进精品景区建设，打造文化旅游主题公园

打造文化旅游主题公园是推进景区旅游发展的重要手段和措施，汕尾应借鉴深圳重点打造一批以主题公园为代表的知名文化旅游目的地的成功经验，集中财力和物力，采用 PPP 的模式，重点打造文化旅游主题公园，以点带面，逐步推动汕尾文化旅游产业的发展与腾飞。

一是打造海丰"农民运动大王"主题公园。借鉴井冈山以"一号工程"为核心，精心打造红色旅游品牌的成功经验，重点打造海丰"农民运动大王"主题公园。海丰"农民运动大王"主题公园应以彭湃同志一生光辉的革命事迹为中心，纪念在中国革命历史上做出重大贡献的政治家彭湃同志。主题公园主体应包括彭湃故居、彭湃纪念馆、红宫红场纪念馆、革命烈士纪念馆、革命运动旧址等部分。主题公园设计原则应突出红色氛围、强调文化主题、注重产品体验、重视社区参与、力求红绿结合、坚持科学发展。

二是打造红海湾海上运动主题公园。利用深圳对口帮扶汕尾的契机，借鉴珠海打造长隆海洋王国主题公园的成功经验，采用 PPP 的模式，引进深圳华侨城集团重点打造红海湾海上运动主题公园。以田寮湖为核心建立体育运动产业、购物中心、娱乐中心、主题酒店、游艇俱乐部、海洋军事博物馆和国际会议中心。打造国内首个"岛链"深度旅游开发示范区，对灯塔岛、龟龄岛、金屿岛、后屿岛和菜屿岛进行深度开发。以海上运动产业为重点，在东海岸区、西海岸区、南海岸区和中区等地区发展文化娱乐、旅游地产、商务服务、住宿餐饮、教育培训、医药制造、海洋生物科技、港口物流等产业。

三是打造品清湖欢乐海洋世界主题公园。借鉴以珠海长隆海洋王国主题公园为核心，开发海洋文化旅游的成功经验，利用深圳帮扶汕尾发展的机会，采取 PPP 的合作模式，引进深圳华强方特集团，打造品清湖欢乐海洋世界主题公园。充分利用方特集团在自动控制、人工智能、机械设备、影视特技等方面的优势，将汕尾滚地金龙、正字戏、白字戏、西秦戏、皮影戏、麒麟舞、河田高景、甲子英歌、汕尾渔歌、钱鼓舞、南塘吹打乐、紫竹观道教音乐、博美飘色、凤山妈祖庙会、狮舞等非物质文化遗产打造成国内顶尖的主题演艺项目。深度挖掘汕尾传统文化，寻找文化与科技的结合点，合理利用品清湖旅游区"湖海山城"的独特海洋区位优势，研制特种电影形式，华强方特应将品清湖旅游区打造成现代影视基地。在发展文化科技的同时，还应高度重视旅游地产、商务服务、住宿餐饮、教育培训、生态休闲等产业。

2. 推进重大项目招商，加强度假村建设

汕尾应推进重大康养项目招商，加强度假村建设。一是加强海丰莲花山度假村建设，二是加强陆丰雷岛度假村建设，三是加强陆河御水湾温泉度假村建设。

3. 因地制宜，加强特色小镇建设

借鉴杭州重点开发杭州特色小镇，打造文化旅游产业发展新模式的成功经验，汕尾应因地制宜，强力推进特色小镇建设。一是加强陆河螺溪民宿小镇建设。采用"华侨城＋乡贤＋创客"三类主体模式，引发螺溪旅游乡建设动力。选取螺溪富有特色的乡村产业资源，以文创的方式，打造十个不同主题特色的主题庄园。二是加强陆河水唇赏梅小镇建设。以梅花为核心景观资源，在品种、花色、植物搭配、文化内涵等多方面进行丰富和完善，进一步丰富旅游景区的多样性，构建梅园十四景区并设置汽车露营与民宿体验区。打造中高档次集梅花观赏、山地运动、红色教育、滨水游憩、特色民宿体验、大型汽车露营地于一体的梅花特色小镇。

（四）加快建设，完善文化旅游产业配套设施

1. 加强基础设施建设，打造汕尾旅游交通网络

借鉴上海建设城市公交系统、城市轨道交通系统、先进的海上和航空运输系统基础交通网络的经验。汕尾未来三年将大力加快"两网一港一枢纽中心"（公路网、铁路网、港口群和客运枢纽物流中心）建设，不断提高道路通畅标准，进一步完善综合交通旅游体系。

2. 加强星级酒店建设，改善游客住宿环境

汕尾未来三年内城区将建设 3 星级以上酒店 4 个，海丰县将建设 3 星级以上酒店 5 个，陆丰市将建设 3 星级以上酒店 5 个，陆河县将建设 3 星级以上酒店 5 个，红海湾将建设 3 星级以上酒店 4 个，深汕特别合作区将建设 3 星级以上酒店 3 个。

3. 加强娱乐消费场所建设，丰富游客度假生活

以"家"为主旨，提升吃住行游购娱等配套环节服务水平。推出正宗

的"汕尾海鲜大餐"和"风味小吃";加强对旅游景点背后的文化小典故、小故事、小传说的编撰,要通过这些故事使游客有回味,记住汕尾的人和事。开发特色旅游纪念产品,重点推出代表汕尾旅游特色的"可塘珠宝""梅陇金银""甲子贝雕"等系列特色商品,突出体现纪念性、艺术性、实用性,体现汕尾特色,加快可塘珠宝城、梅陇银饰城、城区海味一条街等旅游购物基地建设,打造汕尾旅游商品产业龙头。

(五)广泛宣传,提升汕尾文化旅游产业知名度

1. 区域联动,共同打造区域旅游品牌

借鉴杭州与长三角旅游城市共同建设区域旅游品牌的经验,各部门要通力协作,主动积极配合旅游部门,大力宣传,整合相关资源,区域联动,与珠三角旅游城市共同建设区域旅游品牌。国内市场方面,采取点对点营销战略,对福建、江西、湖南客源市场,主打汕尾"滨海休闲度假·生态美食"之旅;对港澳台市场,主打汕尾"山海休闲·绿色养生"之旅。省内市场方面,以珠三角市场为中心,以广州、深圳、惠州、东莞基本市场为重点,主打"红色教育·度假胜地"之旅。

2. 深化文化旅游产业改革,合力打造金牌线路联盟

借鉴珠海将旅游的空间结构确定为"一核、两翼、一扇面、一条旅游轴带"的发展经验,汕尾应打破区域、体制分割现状,坚持政府推动、企业支持、市场运作,在全市推出并不断强化汕尾金牌旅游线路联盟,将最优秀的企业、最优美的景区、最优惠的政策、最强大的宣传队伍集合在一起,在全省乃至全国叫响汕尾旅游品牌。围绕"一主、二廊、三区"的总体规划布局抓好旅游精品线路。"一主":一个主中心(旅游集散中心),即汕尾城区与红海湾经济开发区。"二廊":二大旅游廊道(旅游休闲走廊、旅游经济走廊),即汕尾滨海休闲旅游蓝色廊道和汕尾山区生态旅游绿色廊道。"三区":三大功能分区,即南部现代新型滨海旅游示范区、北部山区生态文化旅游区、国际重要湿地生态旅游示范区。以红海湾滨海旅游产业示范园区为龙头,着力抓好市区金町湾旅游区、品清湖综合开发,银龙湾养生基

地、赤坑咸水温泉、莲花山综合开发，联安国际湿地生态旅游开发，水底山温泉庄园——水底山综合开发 陆河综合型休闲度假区、金厢滩旅游区等一批精品景区的项目开发。

3. 重视城市形象宣传，开展多种推广促销方式

借鉴香港多渠道宣传推广的成功经验，汕尾将加大宣传力度。一是加强城市旅游形象整体宣传推介，二是全面推进旅游目的地营销系统建设，三是强化旅游公益宣传，四是培育各类旅游品牌。

（六）加强管理，切实提升汕尾旅游服务的品质

1. 重视游客的旅游体验，深化文化旅游企业规范管理

借鉴香港"优质旅游服务协会"推出的"优质旅游服务"管理经验，高度重视游客的旅游体验，深化汕尾文化旅游企业规范管理。一是做好旅游饭店的评星工作。严格评选标准，强化精细化管理，把评星工作做深、做细、做精、做实。提升服务水平，以特色化经营凸显个性化服务，抓好星级饭店餐饮文化宣传营销，组织举办汕尾市旅游美食节。二是推进旅行社等级化管理，制订经营和服务标准，提高服务质量和经营管理水平。严厉打击旅行社违法违规行为，为广大游客打造舒适、安全、愉悦的旅游市场环境。

2. 依托科研机构智力支持，加强文化旅游产业人才队伍建设

借鉴杭州依托科研机构智力支撑、加快人才培养的经验，制订旅游人才队伍建设规划，出台旅游人才队伍建设意见，提升全市旅游发展软实力。依托深圳大学、深圳职业技术学院和暨南大学（深圳）旅游学院，加快旅游人才培养，健全和完善旅游人才培训体系。强化导游队伍建设，严格导游证办理程序和导游员在岗培训。加强旅游人才引进，积极开展旅游从业人员纳入专业技术职称体系试点工作。

3. 推进智慧旅游城市建设，完善文化旅游产业公共服务体系

借鉴东京智慧型旅游交通网络的建设以形成信息化与城市经济社会各方面深度融合发展的经验，建立健全市、县（区）、景区三级游客服务中

心网络。三年内完成汕尾市深汕高速后门服务区、厦深高铁汕尾站场旅游集散中心建设任务。成立旅游巴士公司，开通旅游专线，实现汽车站、火车站、重要景区、游客集散中心的"零换乘"；推进智慧旅游城市建设，建立涵盖景区景点、旅行社、导游员信息、宾馆饭店的数据库，打造旅游信息化体系。

文化设施与公共服务

Cultural Facilities and Public Services

B.10
深圳非国有博物馆发展的现状
与对策建议[*]

杨立青[**]

摘　要：　改革开放以来，我国出现了收藏热潮，深圳的民间收藏与非
国有博物馆也处于方兴未艾之中。但如同全国情形，深圳的
非国有博物馆一方面发展迅速，另一方面也普遍陷入经营困
境，这种现象引起了政府和业界的关注与重视。在未来，通
过法规重新认定非国有博物馆的身份与功能、加大政府和社
会扶持力度、健全管理服务综合配套、不断加强自身建设、
完善社会文化生态等，都是推动深圳非国有博物馆未来更好
发展的举措。

---

　*　本文系深圳市社会科学院 2021 专项科研自选课题 "深圳市博物馆事业发展研究" 的阶段性
成果。
**　杨立青，博士，深圳市社会科学院文化研究所研究员，研究方向为城市文化。

关键词： 非国有博物馆 文化多元治理 博物馆群

"非国有博物馆"是指"以教育、研究和欣赏为目的，收藏、保护并向公众展示人类活动和自然环境的见证物，由社会力量利用或主要利用非国有文物、标本、资料等资产设立，经登记管理机关依法登记的非营利组织"。①改革开放以来，经济社会的发展和人们生活水平、文化需求的提高以及相关文化政策环境的改善，促成了我国"收藏热"的出现和非国有博物馆的发展，进入 20 世纪 90 年代，非国有博物馆发展更是呈现勃兴之势。作为新兴城市，深圳的非国有博物馆发展既与全国基本保持同步，也有其特殊路径，既取得了相当成效，也存在不少问题。因此，以深圳为例探讨非国有博物馆的发展之路，不仅对深圳，同时也对我国未来的文化发展有积极的意义。

一 深圳非国有博物馆发展的基本情况

（一）深圳非国有博物馆的发展背景

在西方，博物馆的兴起是现代文明发展的一个标记，博物馆在促进人们对历史、科学、艺术的追求和民族国家的价值认同等方面发挥了重要作用。而中国不仅有着悠久的文物及艺术品收藏传统，而且伴随现代民族国家的建构，博物馆成为推广文化教育、促进社会变革、建构国家认同的重要载体。自 1905 年张謇创办南通博物苑以来，在国办博物馆之外，社会兴办的博物馆也成为我国博物馆发展的重要力量。1949 年新中国成立后，伴随社会主义改造的完成和公有制的全面确立，国家开始垄断公共文化产品和服务的供给，高度集中统一的文化管理体制抑制了民间文化的活力，而政策上限制文物的流通，则致使民间收藏活动急剧萎缩，发展非国有博物馆几无可能。

---

① 国家文物局：《关于进一步推动非国有博物馆发展的意见》〔文物博发（2017）16 号〕。

改革开放以来，在全球化背景下社会主义市场经济发展，社会力量不断发展壮大，社会文化组织成为我国文化发展的重要驱动力。同时，从政府角度看，转变全能政府的职能，促进社会力量参与文化建设，一方面有利于推动政府职能的转变与转移，另一方面有利于实现政府组织优势和市场社会组织优势的互补，形成文化多元治理结构，缓解以往公共文化产品供给不足、效率低下、资源浪费等"政府失灵"，促进我国文化的繁荣发展。因此，《中共中央关于全面深化改革若干重大问题的决定》强调要"引入竞争机制，推动公共文化服务社会化发展。鼓励社会力量、社会资本参与公共文化服务体系建设，培育文化非营利组织"。公共文化服务的社会化发展，构成了我国非国有博物馆发展的内在动力。

深圳的非国有博物馆的兴起一方面依托于我国的宏观文化政策背景，即国家文物管理法规政策允许民间进行文物收藏，促进了民间收藏热的出现，奠定了社会办博物馆的政策基础，《关于促进民办博物馆发展的意见》等文件积极推动了非国有博物馆的发展；另一方面则与深圳自身的城市社会特点有内在关联。作为新兴的现代移民城市，深圳只有40多年的历史，与其他城市相比，历史文化积淀少、文化基础差一直是深圳文化发展的薄弱环节，标志之一就是国办文化机构数量少、规模小和水平不高。因此，早在20世纪80年代，随着市场化改革的进行，一些体制外文化现象如民营歌舞厅就开始在深圳出现，并自然生长为一个新的以民营企业为主的文化市场。更重要的是，由于深圳的市场经济体制确立较早，不再像传统计划经济时代那样依赖公共资源的投入，而可透过市场行为获得足够的发展资源和自主空间。深圳作为移民城市，有藏艺于民、藏才于民、藏富于民的社会特点，且陌生人社会也形成了互助帮扶、热心公益的传统，是全国义工数量最多的城市。可以说，民营经济的发达、社会力量的强大以及城市人口的结构，奠定了深圳非国有博物馆发展的经济基础和社会条件。

（二）深圳非国有博物馆发展的基本情况

众所周知，博物馆源于收藏，而收藏依赖于资源尤其是资金投入。对于民间收藏及非国有博物馆而言，这点更为突出。相比于历史文化丰厚地区，深圳历史文物资源匮乏，但对于民间收藏而言，深圳却有藏富于民的财富优势：经过40多年的持续繁荣，深圳社会积累了可观的民间财富，在"乱世存金银，盛世兴收藏"的意义上，收藏热在深圳出现是很自然的。按照深圳市收藏家协会秘书长韩昌晟的说法，深圳民间收藏整体实力不弱，部分项目在全国处于领先地位，仅市收藏协会会员收藏的精品，已可组织20个水平较高的非国有博物馆。[①] 在全球化时代文化资源加速流动、收藏品市场开放的情况下，深圳社会的富足无疑是民间收藏和非国有博物馆发展的一大优势，事实上深圳买家近年来成为国内收藏界不可忽视的重要力量之一。另外，深圳的收藏历史虽短暂，在藏品鉴定、收藏研究等方面的总体水平也有待提高，但由于毗邻国际文物及艺术品拍卖重镇香港，其也形成了某种收藏信息的优势。如此等等，均促进了深圳民间收藏的热潮和非国有博物馆的发展。

1997年，深圳市文物管理部门按照法定程序批准深圳玺宝楼青瓷博物馆设立——广东省首家依法登记的民办博物馆。如今20多年过去，深圳各种非国有博物馆陆续诞生，逐渐形成了深圳市博物馆事业发展的特色和优势。截至2020年底，全市登记在册的博物馆有56家，其中非国有博物馆38家（另有2家即将完成备案登记手续），占总数的68%，非国有博物馆占比高于全国平均水平。2020年，除了深圳艺之卉百年时尚博物馆、深圳金石艺术博物馆被评为国家三级博物馆外，更难得的是深圳望野博物馆被评为国家二级博物馆。从类别看，深圳非国有博物馆以历史文化（含民俗）类为主共31家，艺术类3家，自然科技类4家；从展陈内容上，展示国内外历史时期石刻的2家，展示各时期、各地区民俗生活的3家，以红色文化为主题的3家，以历史时期陶瓷器为主题的7家，行业性的非国有博物馆6家（涉及琥珀、沉香、印刷、钟表、红木家具等行业）。此外，深圳还有一

[①] 韩昌晟：《办好民办博物馆是调动社会资源促进国家公共文化服务体系建设的重要内容——积极探索促进民办博物馆持续健康发展的新思路》（未刊稿），2014。

些较具特色、可填补空白的非国有博物馆，如深圳市梵亚艺术博物馆主要展示东南亚地区历史时期佛教艺术、龙岗区龙岭邮票博物馆是在中小学校园里举办的邮票专题博物馆。展馆以中小型为主，展陈面积1000平方米以下的有24家，1000平方米及以上的有14家。①

从经营状况看，深圳非国有博物馆可谓喜忧参半。一方面，社会主体开办博物馆的热情高涨，不仅每年均有新馆开馆，而且不少馆非常有实力，如近年来在深圳乃至整个收藏圈都颇具名气的望野博物馆，馆藏各类文物近万件，标本资料4万余件，其中既有难得一见的稀世遗物，也有世界上独一无二的珍藏，2012、2016年两次定级鉴定后，现馆藏国家一级文物55件、二级文物81件、三级文物68件，其相关展览和宣传研究、社会影响也有较大提高，甚至成为龙华区文化旅游的知名"打卡"地之一。再如位于坪山的以展示历代书画和陶瓷为主的和畅园博物馆，拥有明代董其昌《醉翁亭记》书法十二条屏等自有藏品600余件。但另一方面，深圳的非国有博物馆目前普遍存在经营上的困境，如玺宝楼青瓷博物馆馆长吴克顺表示，该馆自建立到现在十多年，员工工资、水电费、场地费、维修费等各种投入合计2800多万元，均是个人投入，生存相当不易。据他透露，不少民间博物馆大都是靠个人的力量或自办企业的资金在艰难维持，生存状态并不乐观②，如华夏英杰博物馆等目前已闭馆。

（三）政府扶持非国有博物馆发展的举措

从国家层面看，2002年《中华人民共和国文物保护法》修订通过，奠定了民间收藏和非国有博物馆的法律基础，2005年国务院发布《关于非公有资本进入文化产业的若干决定》，博物馆开始受到很多民间资本的青睐。为此2006年针对博物馆的藏品及资质等做出要求的《博物馆管理办法》适时出台实施。2010年国家七部委联合颁发《关于促进民办博物馆发展的意

---

① 深圳市文物管理委员会办公室：《深圳市非国有博物馆发展情况汇报材料》，2021。
② 《深圳民间博物馆，且开且珍惜》，《晶报》2014年5月28日。

见》，为对非国有博物馆发展提供业务指导，同年4月中国博物馆学会成立民办博物馆专业委员会。2017年，国家文物局出台《关于进一步推动非国有博物馆发展的意见》，成为非国有博物馆建设的"顶层设计"和新的政策指引。

从广东省来看，至2020年4月，全省备案登记的非国有博物馆达100家（其中珠三角地区82家，粤东地区4家，粤西地区5家，粤北地区9家）。2019年，全省非国有博物馆举办陈列、展览516个，参观人次716万。① 但由于缺少政府和社会支持，加上大多数非国有博物馆面临法律和政策制约，多半经营困难。为推动非国有博物馆的发展，2014年起广东省财政设立扶持民办博物馆发展的专项资金，至2019年广东省财政共下达资金4000万元推动非国有博物馆发展。

从深圳来看，为进一步调动社会力量参与文化遗产保护的积极性，促进非国有博物馆发展，2012年深圳市委宣传部、市文体旅游局等部门联合发布《深圳市民办博物馆扶持办法》，其中明确"由深圳市文化事业建设费及宣传文化事业发展专项资金给予民办博物馆门票补贴和临时展览补贴"，同时在建馆用地、经费支持、业务帮扶、寄展服务、税收优惠和人才引进等多方面扶持免费开放的民办博物馆。2017年，市政府印发《深圳市人民政府关于进一步加强文物工作的实施意见》，明确提出非国有博物馆发展水平不断提高、努力打造1~2家全国知名的非国有博物馆的任务；2019年，市文化广电旅游体育局编制印发《深圳市博物馆事业发展五年规划（2018 - 2023）暨2035远景目标》，明确建成以骨干型国有博物馆、特色型行业博物馆、活力型非国有博物馆三大部分组成的深圳博物馆体系。而经修订并于2020年7月1日起实施的《深圳市非国有博物馆扶持办法》，对年度接待免费参观1万人次以上的非国有博物馆给予运行补贴，每家博物馆年度补贴总额由原来的不超过50万元提高到不超过100万元，对被评定为国家三级、二级、一级博物馆的非国有博物馆，分别给予一次性补贴500万元、800万

---

① 许晓蕾：《广东：博物馆参观人数12年增长5倍》，《南方都市报》2020年5月18日。

元、1000 万元。此外，该办法还对场馆扶持和其他扶持也做出了相应的规定。相应地，促进非国有博物馆的相关政策在各区也纷纷出台。如《宝安区民办博物馆资金奖励办法》根据民办博物馆的馆藏藏品数量和馆舍面积大小，最高可一次性奖励 50 万元。南山区 2010 年起实施《南山区扶持非国有博物馆暂行办法》，规定列为一级扶持对象的非国有博物馆的建馆补贴最高可达 100 万元，场租补贴最高可达 50 万元，门票补贴可达每人次 15 元；同时实施《南山区博物馆接受民间办馆（展）管理暂行办法》，鼓励国有文物收藏单位以外的公民、法人和其他组织将其收藏品提供给博物馆展览和研究，并对相关社会机构和个人的单独办馆（展）、寄展等给予财政资助。

二　深圳非国有博物馆发展的问题分析

如同全国的情形，深圳非国有博物馆发展的主要问题是一方面方兴未艾，另一方面普遍陷入经营困境：据统计，在 1996～2008 年短短十几年间全国注册的近 700 家民办博物馆，最后生存下来的只有不到 5%。[①] 这种快速发展与经营困境并存的现象，已引起政府和业界的广泛关注与重视。而从深圳来看，非国有博物馆陷入经营困境是表层现象，体制机制与社会环境的制约则是深层原因。整体而言，深圳非国有博物馆发展存在的主要问题及其原因，可概括如下。

第一，功能与身份的悖反是非国有博物馆运营困境的原因之一。非国有博物馆是"以教育、研究和欣赏为目的……的非营利组织"，这是对非国有博物馆的本质性界定，因其"非营利性"而与营利性企业划分了界限，因其是"社会服务机构"，则赋予其服务性、公益性特征。因此，非国有博物馆与国有博物馆存在性质、功能上的一致性，但两者又存在举办主体不同的重大区别，前者为社会主体举办，后者为政府举办。在中国语境下，这种不同首先导致了身份及意识的巨大差异（身份歧视），其次是权利上的不对

---

① 张国超：《我国民办博物馆的发展现状、问题与对策》，《江西社会科学》2011 年第 4 期。

等：国有博物馆是"文化事业单位"，非国有博物馆是"民办非企业单位"，基于"民办"身份，后者在财政补贴、土地使用、规划建设、财务年审等方面难以得到各级政府的支持，社会资本的积极性也无法充分调动。[①] 这个问题当然是全国性的，同样适用于对深圳非国有博物馆发展困境的分析。

第二，资源投入渠道的单一化是非国有博物馆难以维持的"致命伤"。举办博物馆需要大量的人、财、物资源投入，这是维持博物馆正常运转的基本条件。从发达国家的经验看，这种资源投入的渠道必须是多元化的，除了私人投入（包括捐赠与赞助），还有基金会等非营利机构的加持乃至政府资金的资助。而在我国，目前非国有博物馆主要依靠举办者个人的资源投入，或依托企业经营所得维持基本运作。与国有博物馆不同，非国有博物馆的资源获得具有不稳定性，如前面提到的玺宝楼青瓷博物馆十多年来各种投入多达2000多万，这种沉重的负担是不可持续的：对于很多藏家而言，收藏本身已耗尽他们大部分财富，开办、维持博物馆已勉为其难，"人强馆旺、人弱馆衰"在所难免；对于企业办博物馆来说，即使是有实力的企业家办馆，也难保企业百年不衰，因此就出现"厂荣馆荣、厂衰馆衰"的局面。尽管目前深圳政府有意给予非国有馆资金支持，但总量有限的资金补贴对"烧钱"的博物馆而言，无疑是杯水车薪。总之，缺乏政府和社会资源的多元化、多渠道投入成为非国有博物馆的"致命伤"。

第三，政府管理服务滞后乃至不作为是非国有博物馆发展困境的体制因素。在传统文化管理体制中，政府文化部门主要以体制内的文化单位为管理对象。随着市场经济的发展，市场组织和社会组织崛起，包括非国有博物馆在内的社会文化组织开始进入文化部门的管理视野，但这只是"监管"意义上的管理，"服务"意义上的管理依然是相对欠缺的。这体现在非国有博物馆领域相关法规和政策保障缺乏，政府服务非国有博物馆的职能薄弱。如《深圳市非国有博物馆扶持办法》只是部门规章，不是法律，也不是行政法规，其效力主要是行业管理，法律效应整体较弱。其中某些扶持措施也由于

---

① 刘修兵：《民办博物馆的四大尴尬》，《中国文化报》2009 年 11 月 20 日。

可操作性不强而难以落实，如按照参观人数来定财政补贴标准，参观登记证明程序的烦琐不仅让参观者徒烦，也搞得博物馆很尴尬，难以操作。此外，由于现有的法规和政策文件对非国有博物馆的相关规定较少，在日常管理、业务规范、支持保障以及监管工作中，文物行政部门缺少必要的规范和指引文件，往往对其采取"无为而治"的管理思路，全程缺乏监管，这既影响了非国有博物馆的发展，也造成了一定的混乱。

第四，自身建设与发展不足是非国有博物馆经营困难的内在原因。缺乏外部支持是非国有博物馆陷入经营困境的重要因素，但目前非国有博物馆参差不齐的专业化办馆能力和公共服务水平也难辞其咎。2014年，受国家文物局委托，中国博物馆协会和中国文物报社联合以第三方身份开展了全国非国有博物馆规范化建设评估，结果显示合格率仅一成多。① 其中因目标宗旨与博物馆性质不符存在种种乱象："有些借博物馆建设之名，获取政府在政策、土地与其他资源方面的支持，却不干博物馆应该干的事情，而是沽名钓誉，违规经营；还有一些则空有博物馆之名，却既无展览，也无社会服务，等等，不一而足。"② 对深圳的非国有博物馆而言，自身建设存在的问题主要有：文物藏品真假不清、来源不明，藏品品质准入掌控难；基础设施差，文物保管保护、陈列展览等专业化建设难；法人治理结构不健全，理事会形同虚设，规范化管理难；博物馆法人财产和私人举办者财产分割不清，没有持续可靠的经费来源，长期持续健康运营难；缺乏藏品研究、策展宣传、综合利用等专业人才，服务社会功能实现难。③

第五，社会文化生态的不完善是导致非国有博物馆运营困难的环境因素。西方发达国家自工业革命以来大力发展博物馆，不仅形成了数量、种类极为可观的博物馆体系，而且也形成了可持续发展的成熟运作模式，更重要的是，由于博物馆具有促进人们对历史、科学、艺术的追求和国家认同等的

---

① 《评估报告显示：民办博物馆 合格一成多》，《人民日报》2014年4月9日。
② 曹兵武：《谈谈民办博物馆的历史地位与发展问题》，《中国文物报》2013年10月2日。
③ 韩昌晟：《办好民办博物馆是调动社会资源促进国家公共文化服务体系建设的重要内容——积极探索促进民办博物馆持续健康发展的新思路》（未刊稿），2014。

功能作用,参观博物馆成为一种社会文化及个人生活方式。换言之,西方发达国家形成了良好的博物馆文化,它反过来也促进了博物馆的良好发展。而在我国,一方面是博物馆建设不足,除了美国的博物馆数量遥遥领先(2014 年 35144 家)外,2019 年底我国博物馆数量(5535 家)与德国、法国、俄罗斯、日本均处于五六千家的同一量级,但我国人口则为后者的十几倍,可见与发达国家相比还有很大距离;另一方面办馆水平普遍不高,公共服务体制机制不够创新,尤其是人们参观博物馆的意愿不强,习惯尚未养成,这导致我国博物馆文化生态不完善,这种社会文化环境的制约也是非国有博物馆陷入困境的重要因素。如在全国公共文化场馆普遍免费的情况下,深圳玺宝楼青瓷博物馆虽然收取门票,但对学生、军人及 70 岁以上老人免费,同时由于该馆的专业性质,前来参观的普通市民不多,每年门票收入不到两万元,相对于每年 110 万元的日常开支,出现大量亏空。①加上目前非国有博物馆分散设馆、"馆址不好找"也导致"参观人数少、利用率不高"。

三 深圳非国有博物馆未来发展的政策建议

非国有博物馆如同其他社会文化组织一样是促进文化大发展、大繁荣,建设现代公共文化服务体系的重要力量。深圳是改革开放后兴起的特区城市,号称改革创新之城,理应加大非国有博物馆发展的创新力度,为全国非国有博物馆发展探索新路。针对上述存在的问题,我们可就深圳非国有博物馆未来发展提出如下政策建议。

第一,利用深圳经济特区的地方立法权,制订出台《深圳经济特区博物馆促进条例》。重点之一是对非国有博物馆的属性、身份、功能及其相应的法律地位予以重新认定,推出各项促进非国有博物馆发展的举措。在属性与功能认定上,非国有博物馆和国办博物馆一样,基本职能都是服务社会的

---

① 《民营博物馆的深圳式生存》,《南方都市报》2014 年 2 月 11 日。

非营利性文化机构，这是本质身份。而目前民政部门把非国有博物馆与民办教育机构、民办医疗机构等共同列为社会组织（民办非企业单位），这在某种程度上是造成非国有博物馆陷入发展困境的重要原因。非国有博物馆与以上民非企业单位虽都有民间出资创办的共性，但后者可依靠自身经营性收费养活自己，而非国有博物馆只有公益性社会服务，几乎没有或很难有自利性收益，因此非国有博物馆只有定性为"民办法人公益机构"才有生存发展空间。在此基础上，允许非国有博物馆开展多渠道经营筹措运营资金，在接受法律和社会监督的同时，把运营的营利资金再投入博物馆发展中。在法律地位上，明确非国有博物馆与国办博物馆具有同等的法人主体地位，切实保护其作为独立法人的合法权益，使其在政策扶持、税费减免、土地使用、免费开放、职称评定等方面与国有博物馆享受同等待遇，在准入制度、等级评定、人员培训、陈列展览等方面一视同仁。当然，在相关法律尚未完善之前，"一视同仁"的前提是要建立健全一种"契约式管理"，用相对固定的、清晰的契约，包括举办者与博物馆的契约、捐赠人与博物馆的契约、政府与博物馆的契约，以签订法律文书的方式约定各个层级、各个方面的职能、责任及相互关系，作为过渡性的制度安排。①

第二，设立深圳市非国有博物馆专项发展资金，加大对非国有博物馆的扶持力度。在《关于促进民办博物馆发展的意见》的推动下，各地政府积极探索扶持民办博物馆，上海、杭州、成都、西安、北京等地相继设立民办博物馆发展专项资金。与上述城市的扶持力度相比，深圳前些年显得相对落后，如西安市2013年补贴民博馆1600万元，而深圳市该年度市级财政的相应补贴仅为211万元。因此，深圳应着眼于贯彻落实《中共中央 国务院关于支持深圳建设中国特色社会主义先行示范区的意见》，加快建设区域文化中心城市，提升城市文化软实力，塑造城市文明典范的高度，加大对非国有博物馆的资金扶持力度，在"深圳市文化事业建设费及宣传文化事业发展

---

① 李晨：《从身份到契约的转变——关于民办博物馆"契约式管理"的讨论》，《中国博物馆》2014年第1期。

专项资金"中设立"深圳市非国有博物馆发展专项资金",加大资金投入力度,并制订出台《深圳市非国有博物馆(美术馆)发展专项资金管理办法》,专款专用,主要用于非国有博物馆(美术馆)的参观门票、展品展览、文物维护、场馆建设、设备维修、水电费用等补贴项目,切实减轻运营负担。同时,非国有博物馆也可自行筹办相关基金,维持良好运转,如深圳市金石艺术博物馆 2019 年 3 月成立文化慈善类公益基金(深圳市慈善会·文物保护公益基金),一年多来累计向社会募集慈善资金 170 多万元,有效补充了办馆资金,同时还支持了文物修复及大湾区石刻题记文物调查等,为广泛动员社会力量参与文化遗产保护探索出一条新路子。

第三,健全非国有博物馆综合配套设施,推动管理服务体制创新。针对非国有博物馆鱼龙混杂的问题,加强政府对非国有博物馆的规范化监管,重点抓好设立准入条件、执行年检制度、规范藏品退出条件和批准程序等三个环节;加强对非国有博物馆藏品保护、陈列展览、科学研究等的专业指导和业务帮扶;健全以理事会、监事会为核心的法人治理结构,完善章程和发展规划,加强非国有博物馆自身建设,如深圳市金石艺术博物馆成立了由举办方、运营方和社会人士组成的理事会,重大事项由理事会决定,让博物馆从"一个人的热爱"迈向"一批人的执着",实现运营专业化和社会化;加强深圳市博物馆协会等中介组织建设,完善行业规范,鼓励非国有博物馆加入,促进行业自律;鼓励企事业单位、社会团体及个人向非国有博物馆提供捐赠,积极推动国家出台相关的优惠税收政策;根据公平择优原则,以公开招标和政府购买服务等方式,支持非国有博物馆参与公共文化服务体系和国民教育体系建设;开展非国有博物馆进校园、进社区活动,把博物馆列入公交规划和旅游规划,开辟"博物馆之旅"线路,积极组织文化观光者参观博物馆;把博物馆列为爱国主义教育基地、研究性学习基地和社会综合实践基地;充分利用现代媒体,大力宣传政府关于博物馆发展的方针政策,及其在文化建设中的重要地位和作用,形成有利于博物馆健康发展的社会文化氛围。

第四,根据不同类别,形成特色化的非国有博物馆发展思路。张国超认为，我国未来非国有博物馆发展主要有"以物养馆""以馆养馆""以商养馆""民办公助""公馆藏私""博物馆聚落""董事会"等七种模式。① 这几种模式均有可取之处，但也各有问题，如"以馆养馆"是指通过出售博物馆门票及相关纪念品等经营性收入来获得博物馆运营资金，而在国有博物馆全部免费开放的背景下，收门票则无观众，且能收到的票额微乎其微，相对于博物馆开支来说可谓杯水车薪。对深圳而言，不妨根据城市实际与非国有博物馆的不同类别，形成特色化的办馆思路。①村、街道史料馆，由于此类馆一般由村、街道提供馆舍，运营费用不高，可以举办者承担为主，以村、街道财政适当补贴为辅。②工艺、技艺类馆，一般规模不大且以前馆后店、前馆后厂等形式运营，具有一定的产业性质和名人效应，一般情况下产品效益可以支撑展馆运作，不妨用奖励补贴形式扶持发展。③行业类馆，此类博物馆办馆资金来源多元，有行业经济支撑，一般只对少数特定对象服务，公共开放程度较低，可用门票补贴形式调动其开放服务的积极性。④企业类馆，此类馆在深圳非国有博物馆中占较大比例，可根据不同情况予以不同对待，如有些企业馆是为了构建企业文化、营造企业形象，不需要资金支持，可适当享受国家统一优惠政策；有些企业家将投建博物馆作为一种长线投资，只注重收购、不注重展览服务，不愿意登记注册，其出发点与博物馆精神相悖，不是政府扶持对象；有些举办者把博物馆办成文化产业，此类馆则需要整改；有些经过成功改制已形成"理事会"管理体制，此类馆能正常运转，除了享受国家规定的优惠政策之外，无须特别的帮扶。⑤个人办馆。一些个人兴办的非国有博物馆因经费短缺或资金链断裂，影响到博物馆的基本业务甚至不得不闭馆，此类馆应按办馆水平、特色化程度及公共服务情况给予重点资助扶持。②

第五，建设非国有博物馆群，形成政府主导、社团主办、藏家与社会共建的非国有博物馆运营新模式。在资金之外，馆舍、土地是制约非国有博物

---

① 张国超：《我国民办博物馆的发展现状、问题与对策》，《江西社会科学》2011年第4期。
② 韩昌晟：《办好民办博物馆是调动社会资源促进国家公共文化服务体系建设的重要内容——积极探索促进民办博物馆持续健康发展的新思路》（未刊稿），2014。

馆发展的另一重要问题。为此《关于促进民办博物馆发展的意见》提出"布局结构调整后闲置的房产、景区或文化产业园区规划筹建、批地建馆"等三种方式，后两者都需大量土地和资金投入，工期长、见效慢。深圳作为新城市，人多地少，更没有可利用改造的古建筑，除了福田区有在安托山新建博物馆群的计划外，深圳大规模批地建馆的可能性不大，而且分散设馆、批地建馆弊病很多，政府、个人负担都很重，后续管理也困难。因此，在新建非国有博物馆群之外，通过改造政府旧办公楼等公共设施形成非国有博物馆群落的公建民营运营体制，无疑是博物馆群建设运营的可行新模式：以不改变大楼的国有资产权属为前提，在市文物局的领导指导下，由行业协会牵头，组织市文博系统退休老领导老专家，与进楼办馆的收藏家和大楼物业管理部门共同构成四位一体的管控服务网络机制；成立深圳市非国有博物馆群落管理委员会和监事会，负责非国有博物馆群落的管理运行；对展馆物业及配套设施进行统一管理，便于政府统一补贴、统一扶持、统一运营，并保证资金使用上的专款专用；建立以法人治理结构为核心的科学管理运作模式，确保非国有博物馆群落的长期良好运营，让政府满意、藏家满意、社会满意。①

---

① 韩昌晟：《办好民办博物馆是调动社会资源促进国家公共文化服务体系建设的重要内容——积极探索促进民办博物馆持续健康发展的新思路》（未刊稿），2014。

B.11
深圳博物馆的发展历史与现状

刘洪霞*

摘　要：　深圳博物馆新馆与深圳博物馆老馆是两座现代化博物馆，共
　　　　　同收藏了城市的过去、现在与将来。它们经历了开创阶段、
　　　　　发展阶段和提升阶段，这三个阶段记录了中国改革开放史的
　　　　　年轮，从中可以清晰地看到改革开放四十年来城市文化空间
　　　　　的变迁。深圳未来将要建设成为一座"博物馆之城"，因
　　　　　此，对深圳博物馆发展的历史与现状进行细致的研究，对于
　　　　　城市文化的发展具有重要意义。

关键词：　深圳博物馆　改革开放史　城市文化空间

深圳是一座年轻的城市，却拥有新旧两座现代化的城市博物馆。1981
年10月，深圳博物馆老馆建立，1988年正式开馆。2008年，在完全保留
深圳博物馆老馆的基础上，深圳博物馆新馆建立并正式开馆。老馆作为古
代艺术博物馆，新馆作为城市历史博物馆。它们共同收藏了这座城市的过
去、现在与未来，是深圳城市的文化地标，也是深圳城市的文化名片。深
圳经济特区成立的时间是在1980年8月。实际上，深圳博物馆是与深圳经
济特区一起成长起来的，近40年的时间，它们见证了彼此的成长。深圳
博物馆的发展记录了中国改革开放史的年轮，反映了深圳城市文化空间的
变迁。深圳博物馆老馆在20世纪80年代就已经开创了国内博物馆设施现

---

* 刘洪霞，博士，深圳市特区文化研究中心副研究员，研究方向为城市文化。

代化的先河，是深圳市八大文化设施之一。博物馆新馆的常设展包括古代深圳、近代深圳、民俗深圳与改革开放史深圳四个部分。其中改革开放史深圳展览这一部分记录了深圳这座城市在改革开放四十年来的发展年轮。因此从新旧两座博物馆的发展过程来看，经历了开创阶段、发展阶段和提升阶段。从这三个阶段可以清晰地看到改革开放四十年来城市文化空间的变迁。对于未来博物馆的发展，除了新旧两馆"比翼齐飞"之外，深圳共有 25 家博物馆，其中劳务工博物馆是全国第一家以劳务工为主题的专业博物馆。深圳正在筹划建设的有深圳自然博物馆、深圳海洋博物馆、深圳改革开放展览馆、中国国家博物馆·深圳馆，都是深圳"新十大文化设施"的组成部分。深圳未来将要建设成为一座"博物馆之城"。深圳博物馆作为一个巨大的文化空间载体，承载着城市文化的变迁，讲述着不同历史时期城市变迁的鲜活的故事。

开创与发展的历史阶段

深圳博物馆在深圳经济特区建立之初，就已经开始了紧锣密鼓的筹建，它几乎是与这座城市的建设同步进行的。如此的精神魄力和具有前瞻性的目光本就该属于这座朝气蓬勃的改革开放先行城市，深圳也注定不可能是一座文化沙漠，它本就应该是一片文化的绿洲。如今的深圳博物馆已经是拥有两座现代化场馆，接待过两代国家最高领导人，年观众量超过 150 万人次，文物藏品达到 3 万多件（组），建筑面积超过 50000 平方米，属于国家一级博物馆的大型博物馆。然而，当初的艰辛也清晰地被记录在博物馆历史的年轮上。

由于文物博物事业的特殊性，它与城市化建设的过程暂时存在某些矛盾和冲突，但从长远来看其是和谐发展的。在经济特区建设之初，"炸山填海的蛇口开山炮如同惊蛰的第一声春雷"，开启了以城市基础设施为中心的全面基本建设，但是沉睡在地下千年的文物急切地需要被保护和被安置。所以说，深圳博物馆真正的建设是从抢救出土文物开始的。"时间就是生命，效率就是金钱。"在这座城市里，一边是中央军委调遣的两万名基建工程兵进行着城市基础设施的建设，一边是深圳博物馆考古队员们进行着遗址文物的发掘。他们都是在与时间和生命赛跑，争分夺秒地从推土机的车轮下抢救发掘出土文物，保护人类历史的文明。也就是从那一刻起，人们才惊讶地知道这座年轻的城市原来散发着如此迷人的历史光辉，因为它已经拥有了7000年厚重的历史文化。"深圳博物馆从1985年至2004年对咸头岭遗址先后进行了四次发掘，该遗址出土了大批陶器和石器，9个不同层位的碳样标本分别送到北京大学和新西兰维卡托大学进行碳十四测年，测定结果最下文化层的年代距今约7000年。"[1] 2006年，深圳咸头岭遗址被国家评为"全国十大考古新发现"。这样的结果和殊荣无疑是对深圳"文化沙漠论"者最有力量的反击。除此以外，深圳还拥有两千多年的海洋文化，八百多年的广府文化和三百多年的客家文化，深圳博物馆里清晰地记录了这些灿烂的历史文明。

深圳博物馆从1981年开始建设，1988年才正式开馆，拥有博物馆自己的场馆。这七年的漫长时间，深圳博物馆和博物馆人经历了怎样的艰辛。"当时深圳还处在开荒年代，从市委、市政府大楼到上海宾馆的深南中路尘土飞扬，还来不及铺设柏油路；深圳博物馆的土建工程还未完工，我们只能在低矮简陋的临时工棚里办公，与建筑工人一起在工地的临时食堂就餐。"[2] 他们就是这样一边筹建博物馆，一边做考古调查，试图摸清深圳这座城市的文化历史发展脉络。1982年，深圳进行全面文物普查，发现了咸头岭遗、屋背岭遗址、小梅沙、大梅沙、大黄沙史前遗址等，深圳文物保护从此有了自身的保护体系。当时为了配合大亚湾核电站的建设，还发掘并迁移复原了福建水师提督刘起龙墓和广东水师提督赖恩爵墓。博物馆老馆在开馆之前没有一件属于自己馆藏的文物，都是博物馆人一件件征集而来的。目前放置在博物馆老馆门前的那对俏皮生动的石狮子，它们的

---

① 叶杨主编《深圳博物馆》，文物出版社，2008，第13页。
② 叶杨主编《与特区一起成长》，文物出版社，2011，第12页。

来源还有一个感人的故事。当时在赤湾天后庙普查时，在这座有一百多年历史的破庙前发现了这对石狮子，而天后庙被部队驻军占用，博物馆人借来一部十吨卡车，带着市政府的证明前去征集，却被当地的群众和部队的战士阻止了，因为他们认为石狮子是保护他们的神灵。后来，当然经历了一系列的波折，这对石狮子终于在博物馆安了家，成为博物馆门前一道亮丽的风景线。随着文物考古与征集的深入进行，先后申报公布了三批深圳市重点文物保护单位，深圳博物馆攒好了自己的"家底"，也攒足了应有的文化自信，呈现了深圳历史的基本面貌，终于迎来了1988年11月1日深圳博物馆正式开馆这一隆重的时刻。

20世纪80年代，深圳博物馆已经开了国内博物馆设施现代化的先河，与这座年轻的现代化城市相得益彰、相互辉映。然而，接下来深圳博物馆的软件建设仍旧是任重而道远。也就是说，博物馆的开创阶段，尽管艰辛，却也告一段落，接下来的发展阶段又给博物馆提出了新时期的新课题。

历史向前发展，这座注定不平凡的城市迎来了1992年的邓小平南方谈话，这是具有历史里程碑意义的事件，"南方讲话"给中国带来了又一个思想解放的春天。1992年1月19～29日，88岁的邓小平视察广东，寄语深圳"搞快点"。"东方风来满眼春"，深圳博物馆经历了开创阶段的艰难，正快马加鞭地发展建设着城市文化的空间，以使其能够与这座城市飞速发展的经济相匹配。然而，深圳博物馆毕竟建馆时间过于短暂，不可能立刻收藏到高数量高质量的文物，于是深圳博物馆努力通过多种途径征集文物。深圳不愧为经济特区，有专家说文物流走的方向往往是向着经济发达的地区，到开馆十周年时，馆藏文物已经达到24069件（组）。除了征集文物以外，深圳博物馆也是试着调整了自己的办馆方向。将原来的以地方志为主的综合性博物馆，调整为"以地方志为主的综合性、多功能、开放型"的博物馆。全面市场经济后，处在经济特区的深圳博物馆在这一时代背景下也被推向了市场化，那就是"三三制"，即将展场三分之一用于基本陈列，三分之一用于引进展览，三分之一用于工艺品展销。这一实验很快就在1996年结束了，深圳博物馆又转回全额拨款单位。虽然深圳博物馆的"三三制"在今天的全国全面建设公共文化服务体系的时代背景下有待商榷，却验证了"摸着石头过河""实践是检验真理的唯一标准"这一颠扑不破的真理，与这座城市的敢闯、敢试的发展思路相叠合。接下来，深圳博物馆的发展有序、快速、高品质地进行着，这座城市的文化建设与深圳博物馆并肩前行。邓小平说，经济特区是一个窗口，是技术的窗口，管理的窗口，知识的窗口，也是对外政策的窗口。① 而深圳博物馆则是经济特区的窗口，展示文化与文明。

改革开放史的年轮记录

深圳博物馆经过二十年的开创与发展阶段，在城市经济的高度发达与人民日益增长的文化需求的时代背景下，深圳博物馆新馆于 2008 年 12 月 25 日正式开馆，改革不停顿，开放不止步，深圳博物馆重新再出发，从此进入了提升阶段。深圳博物馆新馆的建成是为纪念中国改革开放三十周年献上的一份特殊厚礼。深圳博物馆新馆是中国唯一一个以改革开放史为核心内容的博物馆，是深圳文博发展史上又一个标志性节点，深圳博物馆新馆最突出的特质是记录了中国改革开放史的年轮。每一座博物馆都有自己的特质，故宫是世界上独一无二的，卢浮宫也是世界上独一无二的，它们的特质是历史和城市所赋予的。深圳博物馆新馆的特质是中国改革开放史和深圳这座城市所赋予的。博物馆新馆的"深圳改革开放史"常设展览是这座博物馆的镇馆之宝，相当于湖南博物馆的马王堆大墓，湖北博物馆的曾侯乙汉墓，"深圳改革开放史"展览被评为 2007~2008 年度"全国博物馆十大陈列展览精品奖"。深圳博物馆通过时间的积淀逐渐树立起自己的文化名片和精神地标的地位。

2008 年"深圳改革开放史"展览陈列以中华人民共和国成立后至改革开放前的深圳为铺垫，以改革开放的历史进程为时代背景，按照时间顺序分为四个篇章。首先是改革开放展厅的序厅中放置着拓荒牛的雕塑，底座上仅

---

① 转引自汪玉凯等著《中国行政体制改革 30 年回顾与展望》，人民出版社，2008，第 271 页。

有"拓荒"二字，其余的空间都是留白，如此的表达意味深长，这头拓荒牛象征着深圳敢闯敢拼的精神，而深圳博物馆不也正是一头拓荒牛吗？2008年"深圳改革开放史"展览分为四个篇章：第一篇是经济特区开创阶段（1978～1992年），这是以"杀出一条血路"的精神为改革开放探路的阶段；第二篇是经济特区增创新优势阶段（1992～2002年），这是深圳增创新优势，发展新特色的阶段；第三篇是经济特区实践科学发展观阶段（2002～2012年），这是深圳推动经济、政治、文化和社会建设协调发展的阶段；第四篇是经济特区勇于创新局，迈向新时代阶段（2012年至今），这是不忘初心，牢记使命，深圳沿着党的十九大的开启的新征程，锐意进取，砥砺前行。这四个篇章结构完整地讲述了经济特区的改革开放发展史，从中可以看到经济特区改革开放进程中的点点滴滴。①

2008年的"深圳改革开放史"展览并不是一蹴而就的，实际上，深圳博物馆关于深圳改革开放史的主题展览在建馆的40年的时间里，加上2008年"深圳改革开放史"展览的共有六次，每一次展览不仅记录了当时的时代精神，而且都成为2008年"深圳改革开放史"展览的经验基础。除了这六次展览，还有第七次是2018年深圳博物馆参与筹办"大潮起珠江——广东改革开放40周年展览"。也就是说，经济特区建立的40年中，共举办了七次改革开放史的主题展览，而每一次展览都是以常设展的方式存在。站在今天的视野上，回顾每一次的改革开放史主题展览，不仅可以清晰地看到经济特区发展的时间脉络，还可以看到当时的历史条件下的城市发展的点滴。

1988年，深圳博物馆在开馆之际，推出了"今日深圳"展览，这是深圳博物馆第一次进行深圳改革开放史主题展的践行。深圳博物馆第一次把当代历史纳入深圳历史展览中，这是非常难得的，同时也是非常困难的。因为在改革开放初期，对于经济特区改革开放成绩还没有定论，对于中国改革开放史的理论研究在全国看来几乎处于空白时期；但是，及时总结改革开放初期的经济特区发展的经验，对于促进经济特区的未来发展，有积极和重要的

---

① 叶杨：《深圳博物馆筹备改革开放主题展陈的若干思考》，《文物天地》2018年第12期。

作用。1984 年，邓小平视察深圳并题词，"深圳的发展和经验证明，我们建立经济特区的政策是正确的"。① 这一肯定给深圳带来了莫大的鼓舞，全国上下开展起学习深圳的热潮。1985 年，深圳博物馆成立了"特区研究部"，这个历史重担由深圳博物馆担当，真正开始了深圳当代史的研究。于是就有了 1988 年深圳博物馆正式开馆时"今日深圳"展览的隆重出场。这个展览在深圳博物馆关于改革开放史展示中起着至关重要的作用，这是一个良好的开端，它定下了深圳改革开放史展览的基调，之后陆续出现的其他六个关于深圳改革开放史的主题展览都是在它的经验基础上完成的。

1990 年，距离深圳经济特区的初建，已经发展了十年的时间，经过艰苦创业，深圳人民的物质生活与精神生活水平取得了极大的提高，深圳人民对未来充满了信心，是时候做一个深刻的经验总结，以励志于全国。于是，1990 年 11 月 23 日，深圳博物馆的"深圳经济特区十年成就展"开幕。三天之后，激动人心的历史时刻到来了，也就是 1990 年 11 月 26 日，深圳博物馆隆重地迎来了自己的尊贵的客人，时任总书记江泽民同志莅临深圳博物馆参观。1990 年的"深圳经济特区十年成就展"展示了经济特区的开创和改革实践、经济社会发展成就和经济特区的未来规划，分为"开拓""繁荣""进步""未来"四篇，被誉为"改革的缩影，开放的窗口"。

改革开放在继续，经济特区在发展，深圳博物馆也在砥砺前行。1995 年，"深圳市经济社会发展成就展览"举办，1998 年，该展览获得了"第一届（1996～1997 年度）全国博物馆十大陈列展览精品奖"。1999 年，"深圳市建市 20 周年成就展览"举办。2005 年，"记忆深圳——深圳改革开放史实物资料展"举办，时任总理温家宝参观了展览，高度评价了该展览。

以上的五次深圳改革开放史展览记录了经济特区改革开放的年轮，有各自时间段的特质。重要的是，为 2008 年的"深圳改革开放史"展览奠定了扎实的基础。"深圳改革开放史"的文物展品中，有许多具有很高的文物价

① 邓小平：《邓小平关于建设有中国特色社会主义的论述专题摘编》，中央文献出版社，1992，第 179 页。

值，比如说，土地拍卖的第一槌，是 1987 年 12 月 1 日在深圳敲响的，深圳在全国首次公开拍卖土地使用权，深圳市房地产公司以 525 万元拿下"中国第一拍"，它代表着我国土地使用制度的一次重大变革；1983 年宝安发行的新中国第一张股票；1990 年，新中国证券市场的第一声交易钟声，在深圳证券交易所大厅敲响；还有深圳引进第一家"三来一补"企业合同；邓小平同志在仙湖植物园植树的工具等珍贵的历史文物；工厂里青春洋溢的打工妹们的照片；打工者们的一摞摞的家信和汇款单……都呈现在 2008 年的"深圳改革开放史"展览中，深圳博物馆记录下了深圳人四十年的生活，让人觉得历史文物如此亲切，触手可及，历史如此鲜活和生动，近在咫尺。

2018 年，深圳博物馆再次参与"深圳改革开放史"展览的筹办，这已经是第七次了，虽然经验在身，但仍然是一丝不苟、精益求精。"大潮起珠江——广东改革开放 40 周年展览"被安置在深圳改革开放展览馆内，深圳改革开放展览馆位于深圳市当代艺术与城市规划馆内，面积 6300 平方米。展览分为三个部分，第一篇"敢为人先，勇立潮头"（1978～1992 年）；第二篇"增创优势，砥砺前行"（1992～2012 年）；第三篇"走在前列，当好窗口"（2012～2018 年），全面展示了广东改革开放的历程和成果。广东是展示我国改革开放成就的重要窗口，也是国际社会观察我国改革开放的窗口。因此，"大潮起珠江——广东改革开放 40 周年展览"的重要性就格外突出，中国通过这一展览去展示我国改革开放的成就，国际社会也会通过这一窗口观察改革开放的历史成就。

现在进行时中的博物馆建设

深圳博物馆经历了开创、发展和提升阶段，如果这三个阶段是博物馆的前世，那么，现在进行时中的博物馆建设就应该是博物馆的今生。"博物馆，清楚地标示着一个国家、城市与文化的独特性与优越性。古老欧洲各自竞奇的博物馆，绽放于各大小城市之中，除了对各个城市的文化、经济发展带来重要的提升力量，也为城市塑造了文明舞台上举足轻重的地位。"① 由此看来，深圳博物馆的建设对这座城市的建设有至关重要的意义。

从深圳城市建设的历史来看，发生过两次文化设施建设的高潮。第一次高潮发生在20世纪80年代，这一次建设了包括深圳博物馆老馆在内的八大文化设施。第二次高潮发生在2000年以后，这一次建设了包括深圳博物馆新馆在内的一批文体设施。它们在那一时期有着最辉煌的经历，可是，城市的建设依然在进行之中，深圳将要掀起第三次"新十大文化设施"的建设。深圳自然博物馆、深圳海洋博物馆、中国国家博物馆·深圳馆、深圳改革开放展览馆等文化设施正在筹建之中。未来深圳将要变成一座"博物馆之城"。从不同的时期来看，文化设施的建设改变了城市文化空间的格局，这座城市的文化空间发生了变迁。

在全球化的时代背景下，现在进行时中的深圳博物馆究竟是怎样的状况？深圳博物馆要做出怎样的努力，才能凸显出深圳建设区域化文化中心城市的优势与魅力？

深圳是一座开放、包容的城市，深圳博物馆如同它所在的城市一样，在文化上也有开放、包容的特质。改革开放史展览当然是深圳博物馆的特色，但深圳博物馆从来不是敝帚自珍的，它更能去吸纳世界各地的优秀展览，使其辉煌的文化绽放在这座美丽的城市。近十年来，深圳博物馆策划和引进海内外的临时专题展览达到百余场，出版相关展览图录30余部。这些临时展览可以划分为"中国地域文明系列展览""粤港澳地方历史文化系列展览""中国古代文物艺术系列展览""佛教艺术系列展览""海外文明系列展览""自然标本系列展览"六个类型。② 其中"中国地域文明系列展览"包括"神秘的古蜀王国——三星堆·金沙文物珍宝展""三秦瑰宝——陕西出土周秦汉唐文物展""巴蜀汉风——川渝地区汉代文物精品展""平城·晋阳——山西出土北朝文物精品展""丝绸之路——大西北遗珍"等具有影响

① 刘惠媛：《博物馆的美学经济》，生活·读书·新知三联书店，2008，第8页。
② 蔡明、黄阳兴：《回顾近十年深圳博物馆的临时专题展览》，《文物天地》2018年第12期。

力的展览在深圳展出，得到了深圳市民们的强烈关注。在全球化的今天，深圳博物馆尤其重视文化的交流，不仅是国内范围内的交流，还包括与海外的交流。改革开放以来，中国的文物走出国门，走向世界，让世界更好地了解中国，国外的文物也走进中国，让中国的观众更好地去感知世界。深圳博物馆引进的海外文物展来自各个国家，"海外文明系列展览"里包括许多展览，例如有英国维多利亚及艾尔伯特博物馆的英国水彩画，西蒙基金会藏的西方雕塑与绘画，捷克共和国布拉格国家工艺美术馆的欧洲玻璃器，意大利法恩扎国际陶瓷博物馆的马约里陶瓷，美国洛杉矶郡艺术博物馆馆藏的印度文物、玛雅文物，以及中非的传统兵器等艺术品来深圳展出。[①] 这些从海内外引进的临时专题展览是深圳博物馆常设展的有益补充，同时也是激活博物馆的有效方式。

近年来，非物质文化遗产越来越受到传承和保护，因为民族的才是世界的。深圳博物馆的《深圳民俗文化》展览体现了对深圳非物质文化遗产的传承和保护。"博物馆对非物质文化遗产的开发和馆藏能够使民族文化得到时代传承，通过博物馆的整理和展示，使人们有更多机会了解和感受各民族创造的非物质文化财富，从中更加深切地感受历史对文化的雕琢和塑造，并深刻理解某种文化形成、发展的历史过程及现实意义"。[②] 深圳博物馆展示的粤剧、客家凉帽、客家山歌、大盆菜、辞沙、疍民婚俗、正月舞草龙和渔民娶亲等非物质文化遗产吸引了大批的国内外观众。深圳也是一座科技的城市，博物馆的数字化是全球化的趋势，深圳博物馆对于科技的利用显示出现代化博物馆的特色。深圳博物馆的文化志愿者、教育培训、爱国主义教育、文化创意产品等各个项目都在有条不紊地进行。

对于中国来说，博物馆是一个舶来品，1905 年，中国第一座博物馆——南通博物苑，由实业家张謇创办。而 18 世纪博物馆在欧洲诞生以来，已经有很漫长的历史了。现在世界上以人均拥有博物馆的数字为衡量国家文

---

① 蔡明、黄阳兴：《回顾近十年深圳博物馆的临时专题展览》，《文物天地》2018 年第 12 期。

② 辛儒：《博物馆非物质文化遗产馆藏体系的构建》，《河北大学学报》2008 年第 4 期。

化发展水平的重要标志。与世界发达国家拥有的人均博物馆数目相比，深圳拥有的博物馆还远远不够。但是，深圳对于博物馆之城的目标已经确立，目前正在朝向目的地行进的路途之中。2016 年 11 月，联合国教科文组织国际博物馆高级别论坛在深圳举行，深圳博物馆与英国大英博物馆、美国大都会博物馆、法国卢浮宫、肯尼亚国家博物馆等 30 多家外国博物馆深入交流，并与巴西明日博物馆签署合作协议。这座敢闯敢试、敢为人先的城市，已经创造出了世界闻名的多项奇迹。未来深圳博物馆可以扬长避短、广开思路，挖掘出不同区域的博物馆资源。历史选择了深圳博物馆，深圳博物馆终将无愧于历史。深圳未来将建设成为博物馆之城，续写传奇，谱就华章。

B.12
文化馆全民艺术普及慕课建设研究

曾昶 戴昱 吴永强*

摘　要： 文化馆服务以现场面对面模式为主，覆盖率和受益面难以突破。慕课采用大规模、开放性的线上模式，有望带来全民艺术普及的变革，让有需求者随时随地获得优质课程，使公共文化服务资源最大限度地均等化。目前文化馆系统没有大规模慕课平台，各地文化馆单独开发课程，重复低效建设问题突出，需要统一规划和提高课程质量。本文从顶层设计、课程资源建设等问题入手，探讨文化馆慕课建设的思路和方法。

关键词： 文化馆　公共文化服务　慕课　远程教育

　　慕课（MOOC：Massive Open Online Course）即"大规模在线课程"，是2012年前后出现的一种"互联网＋教育"在线课程开发模式。慕课倡导让任何人在任何时间、任何地方能学到任何知识。慕课的兴起引发了一场深刻的教育革命，正在改变高等教育和全民终身学习的理念、方式和习惯。有人高呼慕课将颠覆传统教育甚至代替高校，有人确信慕课促进了优质资源在更大范围内的共享，有助于促进教育公平。毫无疑问，慕课以独特的模式和强大的优势带来教育的变革，值得文化馆全民艺术普及借鉴。

---

* 曾昶，深圳市文化广电旅游体育局公共文化处二级调研员，深圳市文化馆常务副馆长，研究方向为公共文化；戴昱，深圳市文化馆副馆长，研究方向为剧作技巧；吴永强，深圳市文化馆理论部负责人，研究方向为公共文化。

一 全民艺术普及慕课建设的重要性及意义

文化馆建设慕课旨在利用互联网技术更好地开展全民艺术普及，实现服务模式的变革，提升服务质量，同时扩大覆盖面，让更多老百姓随时随地享受公共文化服务。

（一）文化馆全民艺术普及使命与慕课特性有先天的一致

提供公共服务，开展艺术普及是文化馆基本职责。慕课有三个基本特点：一是大规模性，与传统课堂只有几十个或上百个学生不同，慕课允许成千上万学习者在线上课；二是开放性，学习者只需注册就可以学习慕课平台发布的任何课程；三是在线性，打破面对面授课模式，学习全程通过网上完成，不受时空限制。慕课特别适合文化馆开展公益、均等、便利的普及教育，为更有效地服务公众提供有力支撑。

慕课兴起的另一个重要缘由是推进优质资源共享，实现教育公平。美国慕课 Udacity 的初衷是"重塑 21 世纪教育，实现教育公平，缩小不同阶层的教育差距"。当前，国内很多教育机构探索中小学义务教育阶段的线上线下"双师教学"，通过慕课将城市优质教学资源送到边远贫困地区的乡村学校中去，试图缩小城乡教育差距，并取得了一定成果。

我国公共文化服务水平在东部与中西部、城市与农村、城市中心区与边远郊区存在差距，引入慕课有利于改变不均衡。构建方式更灵活、资源更丰富、学习更便捷的全民终身学习体系（文化馆慕课平台），能有效解决"最后一公里""十分钟文化圈"等问题，缓解公共文化设施和资源不均衡，实现"人人皆学、处处能学、时时可学"，帮助每一个有艺术爱好的人实现艺术梦想。

（二）慕课是文化馆高质量发展的重要方向

"高质量"是"十四五"发展新阶段的关键词。建设"普惠性、高质量"公共文化服务体系是文化馆的共同目标。实现这一目标必须围绕"数字化"线上服务开展。近年来，国家加大了对公共文化服务的数字化建设支持力度，加大了文化馆网络技术人力、物力的资金投入，数字化硬件和软件水平大为提升，涵盖实体文化馆所有服务的"数字文化馆"技术上已经可以实现。

高质量的数字文化馆除具备信息发布、活动票务、场馆管理等功能外，全民艺术普及教育应是重中之重，而慕课课程资源更是核心。可以期待，拥有强大慕课平台的数字文化馆能让大众像进入图书馆一样轻而易举地获取丰富的学习资源，享受基本文化艺术培训。

（三）慕课将带来文化馆全民艺术普及模式的变革

全国文化馆十多年来一直大力推进公益艺术培训。据统计，2018 年，我国县级以上文化馆举办培训班 29.27 万次，参与群众 1721.6 万人次。① 这是举全国 3000 多个文化馆（群艺馆）之力取得的成果，除以 3000，数据则变为：举办培训班 98 班次/馆/年，参与群众 5700 人次/馆/年。再以深圳市文化馆为例：2019 年深圳市文化馆开设 68 个培训班，招收学员 3000 人，每个班平均容量仅 50 人。

全国文化馆每年投入大量人力、物力、财力进行阵地式公益培训，惠及人数还比较少，覆盖面仍需扩大、服务触角需要延伸。人口基数巨大，公共服务难以满足人们日益增长的多样化、个性化需求，这是文化馆长期以来难以破解的难题。通过慕课可以改变传统服务模式，有效解决师资和场地不足等问题，延伸服务触角，最大限度地扩大覆盖面，同时为市民提供更丰富的优质艺术课程选择，一举多得。

由上可见，数字化文化馆必须向慕课领域进军，突破传统服务模式。

---

① 李宏、魏大威：《新时代文化馆创新发展（2017–2018）》，国家图书馆出版社，2019，第 4 页。

二 我国全民艺术普及慕课发展现状及存在问题

我国全民艺术普及慕课远远落后于高校慕课建设。2017年前后，文旅部全国公共文化发展中心、中国文化馆协会联合9个省市级文化馆启动慕课建设，发布《全民艺术普及慕课建设指南》。国家数字文化网、广东省"文化在线"、苏州市文化艺术中心、东莞市文化馆、惠州市文化馆等纷纷启动慕课建设，推出系列课程。这些动作标志着慕课正式走入公共文化服务领域。

国家数字文化网"在线培训"目前提供240多个课程，总时长7万多分钟，涵盖理论学习、基层服务、专题项目及艺术技能培训等；同时推出"U课点播"，有书法、摄影、非遗、国学、音乐、舞蹈、戏曲等内容。广东公共数字文化联盟"文化在线"向上对接国家公共文化云，向下对接全省文化馆公共数字文化服务，上线160多个教学视频资源。东莞市文化馆推出音乐、舞蹈、书画、非遗等慕课课程，文化网络电视上线1000多个视频资源，开展线上＋线下混合教学模式。惠州市文化馆"趣学慕课"发布近百个课程，涵盖各艺术门类。苏州文化艺术中心上线书画、舞蹈、声乐和"苏作手艺"等8门慕课教学课程（吴门古琴、苏绣等为收费课程）。

从上述网站课程来看，全民艺术普及慕课存在的主要问题有以下三个方面：一是课程未形成系统，没有建成具备规模的平台；二是课程建设缺乏标准指导，不严谨规范；三是未引入考试、互动讨论和证书等板块，离真正"慕课"还有差距。究其原因，主要是全民艺术普及慕课起步较晚，缺乏顶层设计，没有统一规划和标准规范，文化馆之间、文化馆与高校和商业机构之间没有深度合作，重复低效建设问题突出，尚未建成有吸引力的高质量慕课平台。

此前数字化文化馆着力于建立艺术资源库，收集优秀文艺作品、晚会演出、展览讲座的音频、视频。这些资源多数是简单录音、录像，很少加工剪辑，能作为学习欣赏用的资料非常少。2020年疫情期间全国文化馆临时推出的"在线学习"，多数是一些简单的教学示范视频，时间仓促，既没有整体规划，也没有经过周密筹备和专业录制，没有剪辑和后期制作。优质的课程资源非常缺乏。

三 中外教育慕课给全民艺术普及慕课建设的启迪

2012 年慕课兴起以来，美国出现了 Coursera、Udacity（优达学城）和 edX 三大慕课巨头[1]，它们旨在通过互联网推送优质课程，让所有人可以获得世界最高水平的教育。2013 年 10 月 Coursera 进驻中国，北京大学、南京大学、复旦大学等高校加入；2016 年 Udacity 正式登陆中国，与行业科技公司合作，以科技教育推动职业发展。此外，较具特色的可汗学院（Khan Academy）是一家教育性非营利组织，收录 3500 多部教学视频，涵盖数学、历史、金融、物理、化学、生物、天文学等的内容，为世界各地人们提供免费的高品质教育。

2013 年国内慕课在教育部大力推动下起步。2018 年教育部认定推出首批 490 门国家精品慕课，2019 年推出第二批 801 门。据《中国慕课行动宣言》，我国已有 12500 门慕课上线，超过 2 亿人次在校大学生和社会学习者学习慕课，6500 万人次大学生获得慕课学分。[2] 经过 8 年的发展和努力，2020 年我国慕课数量和应用规模居世界第一。以中国大学 MOOC 为例：中国大学 MOOC 是由网易与高教社携手推出的在线教育平台，与 700 多所高校开展合作，承接教育部国家精品开放课程任务，向大众提供中国知名高校的 MOOC 课程。截至 2018 年，中国大学 MOOC 平台已开发近 4000 门课程，选课人次超过 5000 万，成为国内在线开放课程平台的引领者。

综观中外教育慕课发展经验可以得到以下几点启示：首先，无论平台是借慕课盈利，还是高校以慕课打响名声，慕课应坚持奉行"优质资源共享、

---

[1] 汤敏：《慕课革命——互联网如何变革教育》，中信出版社，2015，第 18 页。
[2] 《中国慕课行动宣言》，http://www.moe.gov.cn/s78/A08/A08_ztzl/ztzl_zxkf/201904/t20190418_378663.html。

推进教育公平"理念，全民艺术普及慕课尤其如此；其次，要重视合作，强强联合，平台要有强大的优势才能吸引用户；再次，慕课目的是推进"优质"资源共享，要重视课程质量，精益求精。

四 未来我国全民艺术普及慕课的发展对策

文化馆慕课建设要解决"谁建、怎样建、建什么、谁用、能达到什么效果"等问题。

（一）做好顶层设计和科学规划

综观国内国外知名慕课平台，多数是由几十、几百所高校联合创建的，全国文化馆慕课建设也应借鉴这一路线。慕课平台建设是一项长期而复杂的工程，不是单个文化馆能独立完成的。因此，顶层设计工作需要主管部门牵头规划。

1. 成立文化馆慕课建设工作组

慕课平台建设需要一个总指挥，统筹各项工作，包括规划课程内容和类别、制订课程标准规范、设计平台基本框架等。工作组统一规划，省市级文化馆统一行动，联合打造而不是单独重复建设。不是哪个文化馆或哪个老师有兴趣制作慕课都支持，而是主管部门做统一规划，对哪个省馆市馆在哪个艺术门类做得最好、最具实力，做到心里有数。

2. 统一规划课程

文化馆数字资源包括艺术知识理论、精品欣赏、文化活动和技能学习等方面，慕课应侧重知识普及和技能培训，按音乐、舞蹈、美术、书法、戏曲、国学、非遗（地方特色）等门类划分，首批规划发布 50 ~ 100 门基础课程，以打造精品为主，逐年扩充丰富。

3. 与国际技术标准接轨，建立制度规范和评价机制

2017 年发布的《全民艺术普及慕课建设指南》阐明了慕课的定义、特点和应用于全民艺术普及的意义，介绍了艺术慕课制作的整个流程，对文

馆慕课课程建设做出了清晰明确的指引。高标准、严要求才能出精品，要参考国外慕课标准建立一套科学规范的评价机制，对慕课课程进行严格筛选。如果不能保证质，而单纯追求量的话，建成平台后低使用率和高辍学率也是必然的。

文化馆慕课平台建设必须全国统一规划、统一行动，在国家公共文化云的基础上整合现有优质资源，挑选有实力、有经验的地方文化馆合作，逐步建成有全民艺术普及特色的优秀慕课平台。

（二）课程资源建设问题

课程资源是慕课建设的核心，保证质量是关键。

1. 全民艺术普及慕课课程的基本特征

（1）基本性。文化馆是公益性事业单位，慕课课程要体现"基本性"。一方面要注重基础教学，以引导兴趣、普及知识为目的，满足老百姓基本的文化需求；不宜追求高级班、创作班等高层次的课程，因为艺术教学越高级就越注重现场教学的体验、模仿和纠正，越不适宜在线学习。另一方面，开设的课程应为人们喜闻乐见的门类，例如器乐以传统乐器为主，书法开设楷书而不是草书，绘画应是素描、国画，曲艺则以地方传统戏曲为主。

（2）针对性。文化馆慕课学习对象主要是社会艺术爱好者，他们凭兴趣自主学习，目的是自娱自乐、陶冶情操，既不为积学分考学历，也不为应付学科考试，要与学历教育、中小学课外辅导区别开来。因此不必像艺术院校专业教程那样建立一套全面庞大的体系，而是要让爱好者学完一门课程就掌握基础知识和技艺，培养浓厚兴趣进而继续学习。

（3）精致性。慕课教学视频一个最大特点是简短精致，将课程分解成若干个知识点逐一制作短视频，学习者十分钟左右即可以掌握，达到高质高效的学习效果。例如，广东省"文化在线"发布的韶关市始兴县文化馆曾祥荣老师的硬笔书法课，从握笔姿势、基本笔画结构讲起，到欧颜柳赵书法特点介绍，十节课一百多分钟，让学习者基本掌握楷书练习方法。又如，东莞市文化馆推出的手机摄影课程，"以更少的理论，更多的实践"指导如何用手机拍摄日常生活的精彩瞬间。这些课程都简短精致，可作为艺术普及慕课的范本。

2. 精益求精，制作优质精品课程

各高校首推的都是公认的本校著名专业和优秀教师的精选课程，如北京大学2013年启动慕课计划时初订目标是5年内推出100门课程，2013年10月上线第一批仅11门课程。文化馆慕课应慢工出细活，不宜一哄而上造成浪费。

一个优质的慕课课程从立项到推出，要经过全盘考虑和科学设计，是一项复杂系统的工作过程。慕课课程一旦立项就应创建制作团队，技术方面要引入社会机构合作，团队构成包括项目负责人、教学主创（讲师和课程设计）、管理者、视频制作人员、美术设计师、集成人员等。

（1）精选课程。从中国大学MOCC相关课程来看，首页排在菜单最前的热门课程包括外语、计算机、考研、理工实习、四六级、考证就业等。文化馆哪些课程最受欢迎？要针对市民群众的学习需求做充分调查，或通过分析历年公益培训招生报名情况，挑选公众最感兴趣的艺术门类作为第一批课程开始建设，逐步推进。

（2）精选讲师。名师有品牌效应，能吸引广大爱好者学习关注；但不是所有名师都适合面对镜头把一门艺术普及课讲好讲生动。演说能力差、授课平淡的名师对慕课也是硬伤。因此选择擅长演讲的、有魅力的授课老师成为慕课的关键环节。在师资选择上，Udacity平台不追求名人名师和学术研究能力，更注重讲师的教学水平，课程内容也不完全由教师制订，而是注重与微软等公司合作开发，因此Udacity课程都质量上乘，非常精致和受欢迎。全民艺术慕课教师不一定来自文化馆内部，可以与社会、高校合作，精选"会讲课的老师"。

（3）精心制作。视频质量直接影响学习效果。课程制作要重视每一个细节，注重"以学习者为中心"，综合运用多媒体技术构建课堂模式，老师讲解视频、示范视频、音频播放、教材展示、字幕制作、动画特效等手段结合，加强视频后期剪辑合成，让学习者获得比传统课堂更胜一筹的视听效果。这不是讲师个人或单个文化馆可以完成的大项目。建议通过政府采购与商业机构合作，利用专业人才和技术完成高质量课程录制。

3. 慕课课程来源

全民艺术慕课课程要长期积累，逐年增加，形成规模。来源主要有以下三个途径。

（1）文化馆系统征集课程。参照教育部"国家精品在线开放课程认定"工作，文旅部发展中心与中国文化协会启动全国文化馆课程资源征集，发布课程计划，从第一年建设 100 个课程资源起步；地方文化馆根据自身能力申报，包括课程大纲、授课方式和预期效果、技术支持等内容，专家组评审通过立项，给予经费支持，然后开始制作，达到要求方能正式开课。

（2）征集地方特色课程。有条件、有能力的地方文化馆可根据现阶段阵地培训的特色和优势项目制作一批课程；根据当地特有的非遗民俗，配合传承保护工作制作系列慕课。

（3）购买课程。教育部每年评选的"国家精品在线课程"，及各大平台适合全民艺术普及的慕课课程，可以直接购买使用。如中国大学 MOOC 已有中央音乐学院"音乐之旅"系列、清华大学和东北大学相关的艺术课程。

（三）降低慕课辍学率

文化馆慕课从一开始就必须正视最头疼的高辍学率问题。果壳慕课学院曾对全球 6000 多名华人网友进行问卷调查，发布了全球首份针对中文用户的慕课调查，调查显示只有 6% 的用户完成了所有选课，15% 的用户完成了部分课程，绝大部分用户没有完成所有课程，甚至有 67% 的用户连一门课程都没有完成，即使是美国，国外媒体广泛引用的一个数据是"90% 的学生没有完成相应的慕课课程"。[①]

课程质量直接影响学习效果，是影响辍学率的决定因素。从学习者主观角度来说，选课的原动力、学习成就感是关键，而证书（学分）是否被大

---

① 教学设计小师傅：《一篇文章看懂在线教育慕课教育存在的问题》，百家号，https：// baijiahao. baidu. com/s？ id = 1624787255034115307&wfr = spider&for = pc；孟亚玲：《从 "MOOC 中文用户大摸底"看其对中国教育的影响》，《电化教育研究》2014 第 8 期。

学或企业认可（66.6%），是否有奖学金或其他奖励（50.7%），老师或网友的提醒监督（22.7%）和是否签到积分（19.7%）等，则是影响学习者是否坚持学下去的客观因素。[①]

文化馆慕课应综合考量以上因素对用户的影响。

1. 文化馆慕课用户分析

高校慕课平台的主要用户是在校学生和有学历提升需求的职场成人，有较好的用户基础和市场需求。文化馆慕课则不同，选课的初衷是爱好兴趣，既没有学历或职业需求，又没有制度硬性约束，学习者很容易半途而废。分析用户层次，发展用户群和提升平台关注度，是降低辍学率的重要手段。一般而言，根据不同学习对象和重要性，文化馆慕课用户主要分以下三个层次。

第一层次为重点学习用户，如文化馆招聘新员工、公益培训招录新学员、馆办文艺团体成员、阵地培训教师，以及在职职员、文化志愿者等。文化馆应规定新职员、新学员和新教师应学习慕课课程，文化馆职员和志愿者根据需要选修课程。这些对象在文化馆系统内或紧密围绕文化馆，学习动力强，在发展用户和辐射影响过程中起到关键作用。

第二层次为重点培养用户，包括社会文艺社团成员、企业文艺骨干、艺术教育工作者、大中小学生等。这类对象有职业发展和素质教育需求，存在较强的学习动力，是慕课重点发展用户。文化馆在所有阵地服务、流动服务、下基层等活动中，以海报宣传、扫码注册等方式吸引这些用户，将他们发展培养为慕课长期有效用户。

第三层次为重点辐射用户，即广大社会艺术爱好者。这类对象以兴趣为导向，以自娱自乐、陶冶情趣为主要目的，由于没有任务或利益驱动，他们容易受其他因素干扰而中止学习。

第一、二层次是文化馆慕课的重点用户，只要在他们身上实现较好的学

---

① 《2014年MOOC学习者调查报告》，果壳网，http：//www.360doc.com/content/14/0907/20/18679392_407699031.shtml。

习效果，就能有效影响第三层次对象。

2. 线上学习的"任务驱动法"

慕课尽量采用"任务驱动法"，以学习者为中心，提高学习自觉性。对学习进度快、积极参与互动讨论的，增加考核评分。课程设计随堂问答，设置签到积分、交流讨论和评价功能，既督促了用户坚持，又达到了"粘粉"的目的。慕课没有面对面课堂的气氛，缺乏现场交流，加强交流讨论板块建设，活跃学习的互动，有利于提升网络学习者的参与性，摆脱线上学习的孤独感。

3. 收费问题

有人指出，免费是慕课高辍学率的原因之一，因为不收取费用，学习者选课时没有深思熟虑，放弃时也零成本，所以不重视，随意停课；为了加强学习者对慕课的重视心理，平台还可以适当收费。学习者按要求完成课程学习之后，平台方将课程费用返还给用户，否则不返还或折价返还。我们认为，既然文化馆是公益单位，慕课也应全部免费。收费只能让更多学习者望而却步，甚至被拒之门外。文化馆慕课与职业教育不同，应坚持公益原则，遵循慕课的免费公开理念，所有课程都可免费学习。

目前，各大慕课平台均推出收费课程，同时为了"优质资源免费可获取"的承诺，基本保留免费入口。文化馆慕课将来是否针对高端的、个性化的课程实行收费，则另当别论。

课程不收费，没有成熟的赢利模式，而课程制作、平台运营需要源源不断的经费支持。全民艺术普及慕课要维持运营，除了财政保障外，多途径吸引社会参与，引入公益基金和企业资助缓解财政压力，也势在必行。

（四）慕课证书认可问题

如何给学习者提供一个更具优势的证明？这种证明在多大程度上被社会认可？这是文化馆慕课启动前要重点考虑和解决的大问题。

高校慕课学分认定和证书有严格制度，不同学校有不同模式和规定，主要有高校自授学分、高校联盟学分、高校与慕课合作学分、第三方认证学分等模式。中国慕课平台和大学主要使用合作学分模式，建立竞争性课程市场，从而更有利于推动慕课创新。①

与高校慕课严格的学分制度不同，文化馆慕课旨在普及艺术教育，兴趣爱好先行，以陶冶性情为目的，因此证书认定可以稍为宽松。平台给予所有完成课程的学习者颁发的"优秀证书"或"结业证书"，然后在文化行业设定适当的认可条件或准入门槛，借以推进慕课的良性发展。例如，文化馆系统内部提升证书的认可度，在招录新职员、培训老师、文化志愿者时，"结业证书"可作为参考条件。慕课平台成熟、拥有丰富课程后，文化馆阵地培训只开设已有慕课的中高级课程，学员必须拥有慕课"结业证书"才能报名，等等。平台也可设置不同星级的用户，认定学习者级别给予不同权限，展示优秀学习者证书成果，提升其荣誉感。只有让慕课认证的效力发挥出来，社会逐步建立对文化馆慕课的认同，才能影响辐射更广泛的社会公众，进而推进慕课平台的健康发展，最终实现其全民艺术普及的使命。

慕课将人们接受教育的方式从书本、课堂转移到互联网，有人说这是"自印刷发明以来最伟大的教育革命"。虽然慕课的"人机"交流存在缺陷，也不可能代替传统面对面的言传身教，但作为全新的教学资源共享模式，慕课将改变优质教育资源分布不均衡的现实，促进教育公平。文化馆只有建设优质高效的慕课平台，正确利用其大规模学习的优势，才能发挥慕课在全民艺术普及中的最大作用。

① 邱伟华：《高等教育慕课市场的学分认定机制》，《开放教育研究》2017 年第 2 期。

B.13
深圳数字文化馆线下体验空间建设思路探究

吴小强*

摘　要：　文化与科技的融合发展是推动公共文化服务高质量发展的必然趋势，也是深化供给侧改革的必然要求。深圳市作为科技发达城市，具有文化科技融合的天然优势和现实基础。数字文化馆是现代文化馆服务的必要组成部分，文化与科技融合不充分，不能满足公共文化服务的发展需求。在此背景下，深圳应借鉴国内外文化场馆的先进线下体验空间建设做法，探究行之有效的建设思路和方法，促进文化与科技的深度融合，以进一步助力公共文化服务高质量发展。

关键词：　线下体验空间　文化科技融合　数字文化馆　公共文化服务

一　深圳市建设数字文化线下体验空间的意义和契机

数字文化馆在我国兴起于 2015 年，是依托数字化技术为文化馆业务职能服务的线上线下联通互动的系统。其目的在于通过文化与科技融合的手段，突破公共文化服务在时间和空间上的制约，让受众随时随地享受公共文

---

* 吴小强，深圳市文化馆网络信息部副部长，研究方向为文化馆数字化建设。

化服务,提升公共文化服务的效能。数字文化馆的线下体验空间作为数字文化馆的实体部分,为文化馆的受众提供直观的数字文化体验服务,具有智能化、实用性、艺术性、互动性、参与性和经济性的特征,① 能够为受众带来前所未有的数字文化体验,使广大受众在感受趣味性的同时更为直观、深入地理解文化服务内容。

2019 年 8 月《国务院关于支持深圳建设中国特色社会主义先行示范区的意见》对深圳的公共文化建设提出了新的更高标准,明确了构建高水平的公共文化服务体系是落实深圳文化战略定位的重要举措。2020 年 11 月深圳市文化广电旅游体育局发布《关于加快推进公共文化服务创新发展 构建高水平公共文化服务体系的实施意见(2021 - 2025 年)(征求意见稿)》,把"坚持科技赋能"作为五项基本原则之一,充分利用深圳高科技发达和数字技术领先的优势,将新一代信息技术、新基建、云计算等应用于公共文化服务,为公共文化服务管理和产品供给赋能。在深圳出台多项文化创新发展政策的情况下,数字文化馆线下体验空间作为公共文化服务与科技的融合体,为入馆群众提供高水平文化服务体验符合深圳文化创新的发展要求。

逐步提升数字文化馆线下体验空间的服务质量,对适配深圳最新文化战略定位有重要意义。

(一)满足公共文化服务政策的需求

2015 年 1 月,中共中央办公厅、国务院办公厅《关于加快构建现代公共文化服务体系的意见》提出"推进公共文化服务与科技融合发展""加大文化科技创新力度""加快推进公共文化机构数字化建设"相关要求,文化和旅游部加快推进数字文化馆建设,全国数字文化馆建设由此拉开序幕。2016 年 12 月,第十二届全国人民代表大会常务委员会第二十五次会议通过《中华人民共和国公共文化服务保障法》,要求地方各级人民政府应当加强

---

① 文化和旅游部全国公共文化发展中心、马鞍山市文化馆:《数字文化馆工作指南》(试行),2017,第 7 页。

基层公共文化设施的数字化和网络建设，提高数字化和网络服务能力。各地开始逐步投入资源对场馆进行数字化建设，其中包括运用数字技术搭建线下体验空间。2019 年 8 月，科技部、中央宣传部、中央网信办等六部门联合制定印发了《关于促进文化和科技深度融合的指导意见》，提出以数字化、网络化、智能化为技术基点，重点突破文化艺术、创意设计、文化旅游等领域系统集成应用技术，开发内容可视化呈现、互动化传播、沉浸化体验技术应用系统平台与产品，优化文化数据提取、存储、利用技术。

鼓励开展数字化服务的系列政策相继出台，促进文化馆加快了数字文化馆建设，线下体验空间作为其中一部分，逐步发展成为文化馆建设的标准配置，各地的文化场馆竞相设立数字体验区域，为入馆群众提供数字化服务体验。

（二）顺应数字化时代发展的趋势

线下体验空间基于数字技术的可视化展示和沉浸式体验，改变了传统产品的展示和品牌宣传模式。[①] 数字展示依托声学、光学、电学设备，具有主题可变、搭建便捷的特点，在此基础上结合定制化的应用，适用于各行业的内容展示，目前得到越来越多展示类场馆的青睐。例如国家大数据（贵州）综合试验区展示中心的展示方式就以这种方式为主，对不同区域和主题采用了 LED 大屏、不同形状的光学投影等手段对国家大数据技术发展的成果进行展示。

2020 年国际文化装备博览会在上海世博展览馆举办，展会设有智能装备、互动科技、文旅演艺、主题娱乐、广电影视等五大板块，覆盖 5G、云平台/云计算、大数据、人工智能、VR/AR/MR、全息、沉浸式娱乐、体验式互动、演艺集成等多种文化科技，以数字内容的展示和互动、体验数据的收集与分析、舞台表演的器械与特效为中心，展示了文化装备全产业的生态

[①] 李凤亮、胡鹏林、刘德道：《2018 年文化科技创新的发展现状与趋势分析报告》，《文化科技创新发展报告（2019）》，社会科学文献出版社，2019，第 9 页。

圈以及文化与科技融合带来的万亿级规模文旅消费的光辉前景。

2020 年，我国网民规模达 9.40 亿，其中手机网民规模达 9.32 亿，网民使用比例达 99.2%，网络视频、网络音频、短视频、网络音乐和网络直播占据手机网民使用时长的 47.9%。① 以智能手机、智能穿戴设备为代表的智能终端，已成为个人文化消费装备的主流。穿戴终端以个人为对象的小数据收集，弥补了大数据的空隙；功能强大的移动智能终端降低了文化内容编辑发布的门槛，以 UGC、PGC 的文化内容定制化、个性化的生产和供给模式推动文化传播，文化与科技结合打通"最后一公里"的硬件条件已经具备，文化与科技的融合趋势成为提升数字文化馆线下体验空间服务质量的契机。

（三）适应深圳先行示范区对公共文化服务的要求

2019 年 8 月发布的《中共中央 国务院关于支持深圳建设中国特色社会主义先行示范区的意见》对深圳的城市公共文化服务体系，提出"普惠性、高质量、可持续"的要求。数字文化馆的线下体验空间，作为文化馆公共文化服务的重要组成部分，承担全民艺术普及的任务。在当前文化和科技逐步深度融合、深圳多项文化创新发展政策支持下，运用深圳数字科技领先的优势，打造符合群众喜爱的、公益性的、高水平的、易于维护和拓展的数字文化馆线下体验空间，既恰逢其时也是先行示范区对公共化服务的要求。

同时，作为科技之城和青春之城的深圳，呼唤深圳的数字文化服务体现青春和科技的时代要求，打造符合深圳的城市特质，能够吸引不同年龄阶层尤其是青年阶层的关注和体验。

二 国外知名数字体验空间成功案例的启示

2020 年韩国最大的沉浸式数字媒体艺术体验馆 ARTE MUSEUM 正式开

---

① 中国互联网信息中心：第 46 次《中国互联网络发展状况统计报告》，第 13、17 页，http://www.gov.cn/xinwen/2020 - 09/29/5548176/files/1c6b4a2ae06c4ffc8bccb49da353495e.pdf，2020 年。

业，占地面积约 1400 平方米，高度达 10 米，体验馆通过光与声的结合，以"ETERNAL NATURE"（永恒的自然）为展示主题，分别设置花朵、海滩、瀑布、海浪、繁星、月光、夜间动物园、热带雨林、虫洞、茶吧共十个主题展区，是文化、科技与艺术的深度融合。丰富多彩的视觉艺术沉浸式体验，以震撼的全景式视觉观感与环境相符合的音效与香味，从视觉、听觉、嗅觉层面提供了身临其境的完美体验。

日本数码艺术博物馆以用数字技术打造大型沉浸、互动式数码幻境著称，大量运用花鸟、流水、森林等意象给观赏者带来沉浸式、可体感、可互动的空间艺术体验，通过身临其境的震撼体验唤起人们对自然环境的热爱以及与自然生态环境和谐共生的感知。

法国"光之博物馆"，世界上最大的沉浸式数字艺术体验展，展览地点是由一间建于 19 世纪的旧车间改造，是法国第一个数字美术中心。场馆配备 136 台投影仪，3300 平方米的投影面积，以文化、科技、艺术与音乐的融合，让观赏者完全沉浸于画作之中，馆内会不定时地更换画家进行展览，从视觉、听觉层面打造沉浸式体验。

以上三大场馆带给人们全新震撼的体验，我们认为有以下三方面启示。

（1）新颖奇妙的设计理念。如韩国 ARTE MUSEUM 穿越新次元旅行，通过变形的图像与震撼的音乐相互配合，为参观者营造出宇宙漫游、穿行"虫洞"世界里的奇妙体验。日本数码艺术博物馆设计了花与人的森林、运动森林、灯之森林，"大开脑洞"的设计打造的体验"在世界上任何地方都找不到"。

（2）营造沉浸式的体验。通过大规模密集的光电投影和空间造型，将虚拟的空间营造出如同真实的效果，让人身临其境地获得各种梦幻般的逼真体验。

（3）多元素融合。以上场馆综合运用文化、科技、艺术与音乐多种元素，打造人体动作感知的沉浸式互动空间，以震撼的视觉效果、感性的声音，甚至优雅的香味，给人带来自然界难以真实亲近体验的场景。

以上几点，值得文化馆的数字文化体验空间学习借鉴。

三　国内文化馆的数字文化体验馆现状及存在问题分析

目前国内数字文化馆线下体验空间，受过去科技的限制，数字化体验以歌唱、舞蹈、弹奏与电子设备的简单结合为主，形式有一体机、平板电脑、体感设备、娱乐机器等。

重庆市北碚区的数字文化体验馆总面积 600 平方米，分为 12 个功能区，包括音乐、舞蹈、书法、绘画、表演等门类，2014 年作为全国首家公共数字文化体验区的实验和示范基地，以自助编曲台、书法体验机、点唱机、配备光感器件的激光竖琴以及地板"琴键"等体验设备打造公共文化服务体验。

马鞍山市的数字文化馆是全国首个线上线下相结合的数字文化馆，由线下体验馆、线上服务平台两部分组成。体验馆总面积 760 平方米，共设文化驿站、源远流长、大师指路等共 11 个区域，采用书法体验机、光感琴、仿真虚拟场景投影、裸眼 3D 显示屏、全息投影、影像动作捕捉、虚拟骑行体感机、微信分享体验项目等技术手段，向市民提供当地文化信息展播、诗词吟诵、美术书法临摹、戏剧场景模拟、器乐培训、舞蹈体验等服务。

深圳市文化馆的数字文化馆线下体验空间以实用为本，通过配置资源一体机向市民提供群众文化资源的数字展示体验；通过配置数字导航查询一体机向市民提供文化馆服务功能的数字导览体验；通过配置大堂约 11 平方米的 LED 高清显示屏联动剧场的全自动高清直录播系统对入馆群众提供剧场演出的数字化展示体验服务。市文化馆的线下体验空间主要以提供数字展示和导览服务为主，让步入馆的市民感受到数字化时代的方便。

深圳市福田区公共文化体育发展中心的数字文化馆线下体验空间为群文爱好者提供了多种服务，包括配置了动声系统，给音乐爱好者提供多音轨的放音体验；在排练厅配置了手机与投影同屏展示的智能设备；配置了摄像头以扫描书画作品并保存到网上，供用户下载；配置了可绿屏抠像的直录播设备，打造青年网络电台；配置了搓碟混音设备，打造 DJ 爱好者的体验空间。宝安区公共文化艺术中心配置 VR 头戴式设备，通过实景拍摄深圳（宝安）劳务工博物馆制作虚拟展厅，将数字资源放到网络端，通过 5G 技术传输到体验空间，再通过 WiFi 技术连接到 VR 体验设备为市民提供虚拟现实的展示体验。

国内外场馆间在科技与文化艺术的融合程度、服务理念、文化体验等方面存在不足，主要表现如下。

（一）文化和科技融合不足

国内文化馆体验以单一设备对应单一体验项目为主，缺少沉浸式体验。各体验设备相互独立，没有形成区域化主题。以体感、光感、摄像、压感器件为互动媒介，结合娱乐设备和显示设备打造的文化应用，由于形式较为单一，且偏向于休闲娱乐，科技与文化没有深度融合。

2019 年科技教育司组织开展了 "2019 年文化和旅游装备技术提升优秀案例" 征集活动，目的是深入了解文化和旅游领域装备业发展现状，鼓励装备文化和科技融合技术自主研发，引导行业创新性、规范化、高质量发展。共入选 29 个案例，除了技术研发企业外，也有公共文化服务机构入选，其中包含上海博物馆、深圳市宝安区图书馆、国家图书馆、中国国家博物馆。文化馆没有案例入选，也表明文化馆已有的体验馆服务已经不能和科技的发展态势相适应。国内文化馆体验空间服务不仅与国外声光电技术和文化艺术相结合的沉浸式体验服务相比存在差距，而且和国内博物馆、图书馆等公共文化服务机构相比，差距日益加大。

（二）内容设计理念滞后

最近几年，"沉浸式" 成为文化、科技、游戏、娱乐的热门词语之一，受到越来越多的关注。世界级领先的全球管理咨询公司麦肯锡近年来的研究表明，全球消费者的消费习惯正在从商品的获取转向体验经历。沉浸式体验是经历叙事方式与人文个体关怀的结合，可以看作场景设计思维理念的一种革新。截至 2018 年，沉浸式娱乐产业在全球范围内拥有超过 45 亿美元的市值，还没有包括 452 亿美元的主题公园产业。合计共 500 亿美元的市场规模远超全球票房 511 亿美元的市值。① "沉浸式"是一个新兴产业，正在和各个领域进行融合，创造更多元的体验和价值。相比单一的设备的粗糙体验，运用沉浸式打造的场馆体验更能让人身临其境，体验的内容和形式更能获得体验者的认同。国外新建设的大型体验场馆目前均倾向于采用这种体验模式，相比较而言，国内文化馆的内容设计理念滞后，主要以娱乐设备构筑的简单文化体验为主，应转变为场景式、主题式、全景沉浸式场景体验，将科技文化与艺术深度融合，打造高质量的文化体验。

（三）数字体验与精准化服务的不足

全球数字体验经济正在成为技术、产业竞争的高地。② 数字体验经济是以数据为关键生产要素，以大数据等新一代信息技术为支撑，以数字化转型推动各行业系统性转变的活动。从各个维度对用户体验产生的数据进行收集和分析应用是其关键。在数字经济的环境下，数字技术赋能效应越来越明显，为用户提供的服务更优质，实现服务的精准化需要做到海量用户数据收集、数据挖掘与行为预测、对分散的跨设备间的使用痕迹进行整合，为体验者提供全使用周期的体验服务。数字体验与精准化服务已形成一种服务模式，并在全球的各大产业中盛行，提升数字文化馆体验空间服务质量需要对体验用户进行充分的数据收集和分析，这样才能给体验者带来高品质、可持续的服务。

（四）数字体验空间缺少可持续发展的基因

国外沉浸式体验场馆的内容可以随着展示主题的变化而改变，国内数字文化馆线下体验空间建设多为一次性投入，后续少有更新，且主题内容单一

---

① Immersive Design Summit，"2019 Immersive Design Industry Annual Report"，https：//immersivedesignsummit. com/2019industryreport. pdf，2019，第 19 页。

② 中国电子信息产业发展研究院、奥多比公司：《数字体验经济白皮书》，https：//www. adobe. com/cn/lead/offer/d gital _ experience _ economy _ whitepaper. html？s _ cid = 70110000003JmV2QAK&s_ iid = 70110000003JluzQAC，2019，第 1、2 页。

不可变换，需要探索一种主题可变换的体验空间建设。并且目前体验空间存在维护成本高企与使用率低下的矛盾，需要探索一种良好的运营模式来提高体验空间的热度，打造文化体验的打卡点，这也是对文化和旅游融合的探索和实践。数字文化馆线下体验空间需要从内容和运营层面上增加可持续发展的基因。

四　提升深圳数字体验空间服务质量的实施路径

在文化和科技融合的趋势下，在深圳城市定位的要求下，深圳文化馆需要从各个方面提升深圳数字文化馆线下体验空间服务质量，目前存在以下实施路径。

（一）进一步细化和优化数字体验空间的建设标准

目前关于文化馆线下体验空间建设和服务，仅在2017年发布《数字文化馆工作指南（试行）》当中有专项的描述。该指南对体验空间的基本要求、场馆导览、体验设备进行了描述，但没有对实施的关键指标进行定义和解释，没有给出相关的实施细则。2019年3月，全国两会政府工作报告中，"智能＋"的概念首次出现，并提出面对全球竞争，人工智能技术的发展要加强原始创新。这是继"互联网＋"被写入政府工作报告之后，"智能＋"第一次出现在总理报告中。作为国家战略的人工智能正在以基础设施形式逐渐与产业融合，推动公共文化服务各领域从数字化、网络化向智能化加速跃升，将极大地提高公共文化服务精准化水平，全面提升人民生活品质。原有的体验空间描述迫切需要根据目前国内的科技发展状况进行完善和补充。

关键指标、实施细则的缺失使数字文化馆线下体验空间建设得不到充分的指引，对体验设备的描述属于概括性质，仅对体验配备数字化设施设备可以使用的技术以及体验的项目类型进行了明确，这些都导致了体验空间存在建设质量不高、差异化较大、体验质量参差不齐的状况。

定义不清晰导致名称表述不清晰。数字文化馆分为线下体验空间、线上服务平台两大部分。目前数字文化馆这个名词，一般用于表示线上平台。由于没有统一的标准，目前线下体验空间存在不同的称呼，例如实体数字馆、数字文化馆线下体验空间、数字体验馆等。

（二）进一步提升设备的科技含量，与时代定位和城市定位匹配

深圳文化馆线下空间体验很少配备高科技含量的设备，人工智能等新一代信息技术和 VR、AR、全息等展示手段在场馆的应用缺乏。另外，体验设备还存在功能单一，彼此之间不成体系、相互孤立，体验内容枯燥的问题。文化与科技没有深度融合，部分体验设备存在老化、反应慢的现象，造成体验空间服务质量低下。体验空间的现状与深圳科技之城的发展状况不匹配。作为公共文化供给侧的一环，作为文化馆阵地服务的数字化建设，科技赋能数字文化馆线下体验空间，提升服务质量迫在眉睫。

在深圳的数字文化馆线下体验空间服务与时代定位、城市定位不匹配，国内文化馆数字体验空间服务相比国外又滞后的情况下，提升体验空间服务质量需要科技与文化深度融合。2020 年国内已有科技企业发布了《中国 4.0 智能展馆行业标准》（以下简称《标准》），并成功取得了专利，受国家知识产权局的保护，获得中国展览馆协会的认可，成为智能展馆设计施工的行业标准。《标准》将已有的体验展馆划分成四代，并提出 4.0 展馆的四大特征为云数据流、沉浸体验、人机交融和世界开关。利用人工智能、VR 虚拟现实、VE 虚拟环境、VR 增强现实、MR 混合现实、区块链等多种智能化手段，打造具备 4.0 展馆四大特征的展馆体验。使用声光电技术打造艺术感官盛宴，使用人工智能技术打造良好的、主题可变的交互体验，使用区块链、5G 技术打造场馆科技与文化的联动，甚至云服务场馆的体验，打造人、空间、物跨时空、跨领域的虚拟现实的交互，可以作为提升数字文化馆线下体验空间的服务质量的实施路径的重要参考。

匹配时代定位：目前体验设备盛行，在深圳不少大型商城都配备有体验设备，如带体感功能的大屏幕，头戴式 VR 设备的数字体验等。包括穿戴式设备在内的移动智能设备已越来越受到青年人的欢迎，在生活中使用智能设

备查看自己的生活数据，如每天走路的步数、燃烧的卡路里等成为时尚。相比较而言，数字文化馆线下体验空间的体验没有与时俱进，跟不上时代，更谈不上吸引喜欢追求新鲜事物的青年人，愿意重复体验的人群较少，存在认可度欠佳、人流量低等问题。

匹配城市定位：目前深圳文化馆线下空间提供的体验服务主要以数字导览为主，以导航展示一体机、数字资源展示一体机、广告机等展示设备为主要配备。倾向于实用，主要用于辅助文化活动的开展，却缺少高质量互动体验设备，不仅没有领先全国，与国内其他文化场馆相比较还存在一定差距，有不小的提升空间。

深圳数字文化馆线下体验空间与青春之城、科技之城的"年轻范""科技范"的标签不匹配，且由于体验空间设备提供内容单一，受众圈子较小，无法广泛面向群众提供公共文化体验。文化馆线下数字体验项目匮乏的现状，使深圳公共文化供给侧与深圳"兴文化、展形象的引领者"的战略定位产生矛盾，是目前文化馆线下场馆需要投入资源去解决的问题。

（三）跨学科融合，进一步提升体验空间的吸引力

文化馆线下空间体验设备普遍存在使用率低、关注度低的问题。体验内容过于陈旧，缺乏艺术性，不能够震撼人心，群众在使用过程中没有从心底对体验内容感到认同，不符合人们日益增长的物质文化需要，因此造成群众重复体验的意愿缺乏；一些设备还存在容易损坏、维护难等问题，大型体验设备一般处于关闭状态，等有人特意参观时再行开启，进一步降低了体验设备的使用热度。体验内容缺乏新鲜感、缺乏文化活力，造成群众对数字文化馆线下体验空间的使用往往是一过性的，对于青年人来说更缺乏足够的吸引力。体验空间难以吸引人，尤其是青年人，不符合深圳青年之城的居住环境的需要，需要提升服务质量及进行完善。

从表面上看，文化与科技融合产出的就是具有高科技含量的文化设备，但提高数字文化馆的线下体验空间的服务品质的关键，在文化与科技融合的内容设计。数字文化馆体验空间的内容以文化馆主要承担的职能为设计原

点，面向公众提供服务。文化馆的职能包括全民艺术普及、群众文艺鉴赏、文化艺术培训辅导、群文创作等，其中培训辅导一项就涉及群文艺术的各个方面，包括舞蹈、器乐、声乐、美术、书法等多个门类，其中每个门类又可以再次细分，如舞蹈有现代舞、古典舞、民族舞等多种子门类。这种情况要求体验内容的设计必须横跨多个领域进行，需要艺术、文化、数字创意、电子科技等方面跨学科融合来进行内容的高品质设计。

跨学科与产学研相结合的方式或者是满足这一要求的实施路径，国外已有实施的案例。如2002年成立的昆士兰科技大学创意产业学院，在澳大利亚首次设立了 BCI (Bachelor of Creative Industries) 和 MCI (Masters of Creative Industries) 学位。① 创意产业涉及多学科交叉，学院提供了研究领域和专业合作的、具有灵活性发展概念的概念性框架，毕业生多为双学位，且近年来该学院学生倾向于将视觉交互设计专业和室内设计专业进行结合，已逐步得到相关行业的认可。

（四）优化运营管理模式盘活场馆资源

引入社会力量参与体验空间的运营，可以提升公众的参与度。市民参与运营，场馆保持持续的热度，对体验用户文化赋能。目前已有实施案例可供参考，如作为福田区公共文化体育发展中心线下体验空间的青年网络电台与高流量的深圳本土网红合作，如杨家成、梁建夫等，创作小年轻喜欢且健康向上的节目。作为综合性文化服务体验空间的佛山市智能文化家，以政府为主导，鼓励社会力量参与合作共建或通过独立建设、加盟、众筹等多种合作方式，鼓励市民参与选址、设计、建设、运营和管理，打造市民之"家"，鼓励社会力量参与管理运营。这些措施盘活场馆体验空间资源，使场馆保持持续的活力与热度，是对场馆的文化和旅游融合探索，同时社会力量的积极参与也会使场馆根据体验用户的需求不断更新完善，以此打造群众喜爱的"打卡点"。

---

① 加文·萨德：《创意产业升级中的数字创意集群发展研究》，李竞爽译，《文化科技创新发展报告（2019）》，社会科学文献出版社，2019，第117页。

（五）收集体验数据，助力数字体验馆的可持续发展

在全球数字体验经济浪潮的席卷下，对数字文化馆线下体验空间的用户使用数据进行多维度收集，甚至跨渠道数据的收集，对提升服务质量尤为重要。根据每位用户体验的操作产生的数据进行分析、建模，使用数据处理算法对数据进行挖掘应用，对体验者的行为进行预测，以使用户在进入体验空间的时候，空间根据体验者的喜好甚至是心情推荐文化体验的类型和项目，这会让体验者感到亲切与贴心。对不同体验区域分散的跨设备间使用痕迹数据进行整合，以便于在整个体验空间为体验者提供全使用周期的体验服务。

此外针对用户个人小数据的收集也不容忽视，不仅包括用户使用线上平台的数据收集，也包括个人状态的数据收集。智能穿戴设备已日趋流行，包括个人的步幅、心率、血压等数据收集已相对简单，体验空间可在征求体验者的意愿下收集用户体验的个性化数据，全方位提升体验空间的服务质量。

（六）加强线上线下结合的场馆体验模式

2020 年新冠肺炎疫情席卷全球，线下场馆的使用率相比以往已大幅降低，目前国内疫情已相对受到控制，进入后疫情时代。目前国内外已经有一些文化场馆将场馆的体验服务迁移上云，如柏林爱乐乐团在 2020 年 3 月举办了一场线下音乐会，但现场没有任何观众，乐团成员们对空无一人的观众席点头鞠躬。演出后第二天，乐团开放音乐会直播录像，观众在线上购票就可以取得观看权，受到粉丝的热烈欢迎。深圳市文化馆周末剧场在疫情期间推出云展演服务，每周五晚 20：00 现场直播影剧场的演出。尽管现场没有掌声和喝彩，但在线上拓展了原本只有 556 座剧场的空间，为用户带来线上数字体验，每场演出都收获了数以万计的观看点击量。体验空间线上线下相结合的体验模式可以对场馆的服务范围进行拓展，甚至为没有数字属性的文化体验空间赋予了数字的内涵，作为提升"数字文化馆 + 线下体验空间"的服务质量的手段，有重要参考意义。

B.14
当代保护理论下的深圳未定级不可移动
文物活化利用研究

——以大田世居为例

宋 阳[*]

摘　要： 深圳龙岗大田世居是一座客家围龙屋建筑，2017年立项为未
定级不可移动文物保护利用试点单位，经过两年多的修缮改
造，活化利用为以大田木作博物馆为主题的文旅融合空间。
当代保护理论以公众需求和可持续发展的价值为导向，为当
下深圳的未定级不可移动文物活化利用提供了原则和指引。

关键词： 大田世居　未定级不可移动文物　文物活化利用

　　当代保护理论强调遗产保护的主体性思维，遗产的保护与活化应当面
向公众，具有社会文化的意义和阐述，是以人的满意度来评判的。未定级
不可移动文物是潜在的文物保护单位，其保护和活化迫在眉睫，既要考虑
到文物的保护原则，又要满足现代生活生产方式的需要，满足社会公益需
求，适应于当代保护理论提出的原则。深圳龙岗大田世居的活化利用项目
成功诠释了当代保护理论下未定级不可移动文物的保护原则、方式和
路径。

＊ 宋阳，深圳市特区文化研究中心副研究员，研究方向为城市文化。

一 研究背景

1. 未定级不可移动文物亟须保护和利用

根据《中华人民共和国文物保护法》，我国称古文化遗址、古墓葬、古建筑、石窟寺、石刻、壁画、近代现代重要史迹和代表性建筑等为"不可移动文物"，称这些被保护的文物为"文物保护单位"。根据历史、艺术和科学价值，我国的不可移动文物可分为全国重点文物保护单位、省级文物保护单位和市、县级文物保护单位以及尚未核定公布为文物保护单位的不可移动文物。目前不可移动文物的政策、经费和工程多是以全国重点文物保护单位、省级文物保护单位及市、县级文物保护单位为中心，针对未定级不可移动文物的保护利用，仅 2017 年由国家文物局发布的《关于加强尚未核定公布为文物保护单位的不可移动文物保护工作的通知》中，提出了未定级不可移动文物保护的重要性和管理规定，相关配套措施仍不完善、社会关注非常有限。

根据国家文物局第三次全国文物普查成果新闻发布会正式公布的普查数据，在全国约 77 万处不可移动文物中，约 55 万处为未定级不可移动文物，占比约 70%。约 4.4 万处不可移动文物登记消失，而消失的绝大部分是未定级不可移动文物。然而，未定级不可移动文物是市（县）级、省级、国家级文物保护单位的基础，是潜在的文物保护单位。在未定级不可移动文物中存在大量文化价值较高的历史建筑，反映地方传统文化，凝聚地方情感记忆，承载地方历史文脉，具有无可替代的地位和作用。

2017 年，国家文物局发布了《文物建筑开放导则（试行）》，2020 年国家文物局正式印发调整后的《文物建筑开放导则》，鼓励文物建筑采取不同形式，遵循正面导向、注重公益、促进保护、服务公众的原则对公众开放。在文物建筑开放使用功能方面，以服务公众为出发点，提出社区服务、文化展示、参观游览、经营服务、公益办公五大主要功能，在充分保护的前提下更好地发挥文物建筑的公共文化属性及社会价值。

2. 当代保护理论对未定级不可移动文物活化利用的影响

当下人们对文化遗产的保护意识明显增强，管理制度建设日趋完善，保护技术水平明显提升，但是我国遗产保护仍面临种种严重问题和挑战。在新时期里，对文化遗产保护的经典保护理论需要进行反思，需要更多考虑到遗产保护的社会性、主观性，除了保护对象本身，还需要考虑到更多的权益相关者。除了源自对历史的态度，还需要考虑到未来的需求和可持续发展的价值。

西班牙学者萨尔瓦多·穆尼奥斯·比尼亚斯在 2003 年提出"当代保护理论"。他认为，可以将 20 世纪 80 年代作为文化遗产保护思想的一个分界点，《巴拉宪章》第二版、第三版先后出台，之后很多"当代"保护思想发展起来，对文化遗产保护有显著影响。萨尔瓦多持有的观点是基于西方遗产保护的脉络提出的，有一些情况和我国的历史与国情并不一致，但他介绍的近 30 年当代西方对文化遗产保护原则的反思，有助于我们去思考我国文化遗产保护原则、保护关系和保护实践。

对于保护的原因，萨尔瓦多认为，文化遗产的保护实际上发挥了表达的功能，表达了群体的价值观和信仰以及对特定文化、知识、艺术和所拥有的身份、历史等的欣赏。[①] 真实并不是保护追求的终极目标，保护是为了满足特定人群的特定需求，让对象更好地传递意义，包括社会、情感和科学意义，提升其价值。因此，针对未定级不可移动文物，一方面要加强保护和修缮工作；另一方面要活化利用，服务公众，延续其生命力。保住这些潜在的文物保护单位实际上表达了当地居民的身份认同、价值认同，守护优秀的地方历史文化资源，加强未定级不可移动文物的保护迫在眉睫。

对于保护的原则，当代保护理论更强调整个保护过程中与人的关联性。最好的保护措施应当是能让最多的人达到最大程度的满足。为了尽可能发掘保护对象对于不同人的意义、功能和价值，保护者和决策者不能故步自封，

---

① 〔西〕萨尔瓦多·穆尼奥斯·比尼亚斯：《当代保护理论》，张鹏等译，同济大学出版社，2012，第 156 页。

应当多听取其他人的观点，保护的过程不仅要考虑到当下这一代人的需求和喜好，还需要兼顾我们的后代的利益，需要考虑可持续性的原则，这也是当代保护的重要原则。[①] 对于我国现有的未定级不可移动文物，一方面应当充分重视其珍贵的历史、艺术和科学价值，并加以保护、修缮；另一方面，要活化利用其文化、社会价值，让这些文物融入现代人的生活，深化与人的关联性。基于多种理由、多个条件、多样环境的不同，更加灵活地对待每个保护对象，才能实现其价值，将更多的意义和价值展现给当代，传承给后人。

二 案例分析

1. 文旅融合为深圳未定级不可移动文物活化利用提供机遇

深圳作为一座新型的现代化移民城市，文化底蕴无法和历史文化名城相比，遗留下来的不可移动文物尤为珍贵，亟须加强保护和活化利用。深圳现存具有保存价值的各类不可移动文物共 1102 处，包括大鹏所城、土洋东纵司令部旧址、中英街界碑等全国重点文物保护单位 3 处、省级 11 处、市级 37 处、区级 91 处，将近 88% 的不可移动文物属于未定级不可移动文物。随着经济发展和城市化进程加快，绝大多数的未定级不可移动文物均面临自然荒废、人为损坏的严峻挑战。

2018 年 3 月 22 日，国务院办公厅发布《关于促进全域旅游发展的指导意见》，在"推进融合发展，创新产品供给"方面，提出依托风景名胜区、历史文化名城名镇名村、特色景观旅游名镇、传统村落，探索名胜、名城、名镇、名村"四名一体"的全域旅游发展模式。指出文旅融合的具体措施是科学利用传统村落、文物遗迹及博物馆等文化场所提供文化服务、开展文化产业、旅游业的融合发展。文旅融合的提出为深圳不可移动文物尤其是未定级不可移动文物的活化利用提供了政策遵循和发展机遇。

---

① 〔西〕萨尔瓦多·穆尼奥斯·比尼亚斯：《当代保护理论》，张鹏等译，同济大学出版社，2012，第 161 页。

2. 龙岗区在未定级不可移动文物活化利用上走在全市前列

根据《中华人民共和国文物保护法》，未定级不可移动文物的保护责任在县（区），县（区）一级政府主管部门应当承担应有职责，编制并公布实施未定级不可移动文物保护规划、管理办法，深入挖掘其历史文化价值，加以活化利用。

龙岗是深圳客家文化的聚集地，文物资源丰富。截至 2020 年 12 月 31 日，龙岗区共有不可移动文物 197 处，其中省级文物保护单位 2 处（鹤湖新居和茂盛世居），区级文物保护单位 14 处，未定级不可移动文物 181 处，主要集中在坪地、宝龙、龙岗三个街道，以客家民居为主。

龙岗区委、区政府高度重视文物保护和活化利用工作，在资金投入、政策扶持等方面积极探索，走在了全市前列。2015 年龙岗区在全市率先出台《龙岗区未定级不可移动文物管理办法》及其配套文件，提出"政府主导、多方参与、分级保护、分类利用"的原则。2019 年 11 月出台《龙岗区未定级不可移动文物管理办法》（修订版）及配套文件，在文物分类合理利用方面，以需求为导向，创新提出了"政府主导型、城市更新型、自主利用型"三种模式和实施细则，有效解决私有产权的问题，最大限度地提高业主参与不可移动文物保护与利用的积极性，实现业主利益、文物保护与城市更新三方共赢，探索出了一条解决多产权、私人文物活化利用的龙岗经验。

龙岗区已完成不可移动文物活化利用的重大项目包括茂盛世居、新桥世居、大田世居。2015 年 9 月，龙岗区投资 2400 万元开展区级文保单位茂盛世居修缮工程，2018 年 9 月正式通过省文物局的竣工验收，以政府主导的模式开展活化利用，由百年茂盛有限公司以文化产业园的形式负责社会化运营。新桥世居以社会投资、政府补贴的方式开展活化利用，2020 年 10 月完成竣工验收，华侨城城投低碳发展有限公司将其改造利用为低碳体验中心。未定级不可移动文物大田世居以"政府主导型"模式开展活化利用，2018 年区政府投入 4000 多万元，由宝龙街道办作为建设主体，由深圳市智慧文博运营管理有限公司作为活化利用项目运营单位，2019 年底正式面向市民开放。

正在开展活化利用的项目还有区级文物保护单位的吉坑世居、正埔岭。预计 2021 年开工的工程有环水楼、阳和世居。在文物统筹开发方面，龙岗区正重点推进平湖大围片区、国际低碳城 DY13 单元、宝龙龙东文物群三个片区的文物统筹开发。

3. 大田世居开创深圳未定级不可移动文物活化利用的新路径

作为深圳市未定级不可移动文物活化利用案例，大田世居位于龙岗区宝龙街道龙东社区陈源盛村，始建于清道光五年（1825 年），是江西九江义门陈氏经兴宁迁徙，最终落脚深圳的居所，繁衍近十代族孙。大田世居总建筑面积 8088 平方米，总占地面积 10686 平方米，是一座典型的客家城堡式围龙屋建筑，属于土木结构，平面由三堂、两横四角楼、倒座、后围龙、两伸手屋组成，前有半月形池塘，后有风水林环绕，左右对称，前低后高，围屋整体古朴素雅，细节之处有精美雕刻和壁画，具有浓厚的客家传统建筑风格和丰富的人文内涵。

专家认为，从时间角度来看，大田世居兼具了晚清、民国等时期建筑装饰特色；从空间的角度来看，大田世居则融合了徽派建筑、潮州雕刻、广府等地域建筑特色；从平面的角度来看，深圳地区椭圆形布局的围龙屋并不多，前月池后围龙，椭圆形布局遵循了古人天圆地方的概念，寓意"天人合一"，大田世居极具文物保护和艺术价值。[①] 但是由于族人纷纷迁出，大田世居长久无人打理，日渐荒废，很多房屋遭白蚁侵蚀，抢救修复刻不容缓。

为了保护并活化利用大田世居，陈氏家族牵头成立深圳市大田世居客家文化研究会，政府高度重视，积极扶持。2013 年大田世居被评为龙岗区未定级不可移动文物。2015 年龙岗区文物行政部门编制了大田世居导则，导则中详细测绘了大田世居的现状，对活化利用中建筑本体的保护与利用，对大田世居建筑本体的保护与利用列出了负面清单，明确了管控意见。2017

---

① 参见张鹏《龙岗有座 200 多岁的古宅，里面藏着不一般的故事……》，龙岗融媒，2020 年 6 月 5 日。

年龙岗区确定大田世居为不可移动文物保护利用试点。2018 年区政府投入
4000 多万元，由宝龙街道办作为建设主体，实施大田世居修缮工程，区文
物行政部门每周进行检查监督，确保修缮工程符合文物工程维护各项要求。
2019 年 10 月工程完工并完成验收，大田世居得以重现二百年前的辉煌状
态。2020 年 1 月宝龙街道办事处经过多轮公开遴选，最终确定由深圳市智
慧文博运营管理有限公司作为大田世居活化利用项目运营单位，由街道办、
业主、运营单位三方签署了项目运营协议，形成"政府主导、市场化运作、
社会参与"的协同运营模式。根据《龙岗区未定级不可移动文物管理办法
（修订版）》，运营单位承担项目内文物本体的日常维护管理、文物安全保护
职责，确保运营主体免费对外开放，不低于 50% 的面积用于公益。

大田世居活化利用路径如下。

第一，"以点带面"的平台效应。通过大田世居本身建筑的特质和宝龙
传统家具产业优势，打造大田木作博物馆。通过大田木作博物馆 IP 孵化以
及原创文创产品开发，丰富博物馆文化内涵和促进传统文化传播，撬动优质
品牌木作企业和机构进驻，打造以木艺为主题的公共文化服务和文化产业
体系。

第二，"以面组合"的文旅发展。通过大田世居文物本体建筑价值、公
共空间，打造传统文化旅游产品，承载公共文化活动。利用周边旧屋村、厂
房、绿地、农地等空间，进行"三旧"综合整治和风貌特色改造，形成集
农耕文化、传统工艺、智能体验为一体的田园文博综合体的特色文旅项目，
以此形成"大田匠作文化村→生态乐园→匠心广场"的文旅发展格局，引
领片区文化产业发展和社区经济、环境面貌的整体提升。

大田世居自从 2019 年底面向市民开放以来，举办了各种大型活动，引起
了市民广泛关注，取得了良好的社会效益和产业引领效应，被评为"2020 年
深圳文旅类重大建设项目""2020 年龙岗区重大建设项目（文旅类）"。

一方面通过日常运营和节庆活动丰富了群众的文化生活，激起了都市人
群的乡愁记忆，同时带动了周边社会经济的发展。大田世居开放以来，接待
参观游客 11000 余人次、团体 100 余个，举办"博物少年"课堂、国庆节系

列展览、"匠心润少年"采风绘、"粤往国风·龙团相约"青年交友活动、深圳拉阔戏剧节、龙团缘相亲交友活动、龙岗区不可移动文物活化利用推介会等各类活动20余场。另一方面，通过企业和产业的聚集，促成企业间的合作共赢，创新发展思路。园区已引进10余家文化企业及配套商户，建成大田木作博物馆，研发IP形象么力特系列文创产品，并正引进"大田木作机械馆"、"天工开物"科技艺术展、"未来城市实验空间"等特色项目，开拓教育产品、婚庆产品等新业态和新消费，实现园区的可持续发展。曾经沉寂的古建筑通过政府出资修缮维护，引入专业团队社会化运营，以文物建筑的活化利用为契机促进社区经济文化建设和发展。

三　经验总结

1. 政策扶持、制度创新

《龙岗区未定级不可移动文物管理办法（修订版）》及其配套文件为龙岗区不可移动文物活化利用提供了政策依据和制度保障。对具有较高历史文化价值且未被列为文物的历史文化遗存，龙岗区参考香港、珠海市、广州市等城市关于历史文化名镇名村和历史建筑保护办法中的相关做法经验，建立了"预保护机制"，发现并经文物专家现场论证后有较高文物价值的历史文化遗存，可以通过对其属地街道和发布保护通知的形式进行保护，在规定时间内不得拆除或损毁，来保障未列入文物保护名录的珍贵历史遗存的生命。

按照文物的实际情况，分为"政府主导型""城市更新型""自主利用型"的活化路径，明确政府在未定级不可移动文物保护中的主导地位，优化了城市更新中文物保护与合理利用的路径，解决了非国有不可移动文物的产权问题和补偿问题，明确了奖励容积与产权转移、无偿取得使用权的具体流程。

新增了项目退出机制，让运营不力的单位得以退出，并由政府对合理利用的方向和条件进行适时调整优化，避免了运营单位因项目长期亏损且无法退出造成的"烂尾"，又能通过不断纠正利用的方向使得文物切实发挥经济和社会效益。

2. 社会运营、伙伴关系

在大田世居的案例中，龙岗推广"政府指导、市场化运营、多元合作"的模式，充分发挥和积极引导社会力量的参与。这和"当代保护理论"追求的协商式保护的原则不谋而合，他们强调发挥权威的作用，具有学术、文化特征的使用者受训来使用和鉴赏这些保护对象，是联系保护对象和社会大众的媒介，他们向大众阐释保护对象的意义和价值，而大众也因此学会如何欣赏保护对象。①

2015 年龙岗区制订《龙岗区古民居、古村落保护利用概念规划》，召开龙岗区未定级不可移动文物保护与活化利用推介会，向社会公开推介大田世居、鹤湖新居、梅冈世居、茂盛世居等一批有活化利用价值的古村落，开始积极引导和发动社会力量参与不可移动文物保护与活化。2016 年 6 月，龙岗区政府相关部门发布大田世居运营商的公开招选，组建专家库，在其中按照招商人代表一人、旅游策划专家一人、文物保护专家二人、财务专家一人的比例，抽选代表进行项目评审，评审结果由龙岗区未定级不可移动文物保护与合理利用工作联席会议确认，之后，由业主及龙岗街道办与评审结果排名第一、第二的两家单位展开竞争性磋商，最终确定运营商，保障评审过程的公平、公正、公开。2019 年龙岗区政府制订《龙岗区未定级不可移动文物管理办法（修订版）》，为大田世居项目的社会化运营提供了制度支撑和资金保障。

在确保政府公共部门对不可移动文物保护的必要责任前提下，引入社会力量，发挥专业人士和机构的作用，赋予公众更多的知情权、监督权和参与权，这才能确保文物有效有益的活化利用。

3. 发掘特色、融入周边

客家人以农耕文明为主，木头是农耕文明的传统器物，因此大田世居运

---

① 〔西〕萨尔瓦多·穆尼奥斯·比尼亚斯：《当代保护理论》，张鹏等译，同济大学出版社，2012，第 184 页。

营商选择了在这座具有两百年历史的客家古建筑里建造木作博物馆。通过内容植入、提炼文化主题，丰富大田世居的历史人文内涵，如客家移民文化、大田世居的家国情怀、义门陈家风家训、义门陈文化传承体系、木作博物馆IP 孵化等。引入传统文化和产业资源，如大田木作博物馆、金胡桐网红文创、匠玩工坊等。

在整个博物馆的空间设计中，项目运营方依旧遵循"求新"的原则，打破传统博物馆的刻板印象，采用清新的木色搭配白色、灰色，配色上的突破不仅是为了与其他博物馆区分开，更重要的是考虑到大田围屋建筑结构本身比较压抑低矮，通透感不强。

"保护的终极目的不是为了保护对象本身，而是保存或提升其对于人的意义和价值。"① 大田世居的活化利用不仅对自身公共空间进行艺术再造，以艺术装置、互动装置、园林景观等手段，提升历史建筑的可读、可观、可玩性，使文物的人文空间得以延展；还通过综合治理模式，对大田世居周边"三旧"物业进行风貌改造，优化、亮化、美化周边环境，植入时尚主题文化元素，达到新旧融合、提升周边文化价值和旅游价值的目的。将可持续发展的理念贯穿其中，既要考虑保护对象对周围特定人群的意义和价值，还要考虑保护对象的未来使用者，更全面地考虑保护对象对于人的意义。

四　政策建议

1. 完善政府制度保障，推进文旅融合

深圳的未定级不可移动文物数量丰富、类型多样，和各级文保单位共同组成了深圳历史文化记忆的传承纽带。各级政府文化主管机构须完善和创新未定级不可移动文物的保护机制，建立健全相关制度规定，有效保护和合理开发双管齐下。持续完善文物活化利用的制度建设，2020 年底，《深圳市加强

---

① 〔西〕萨尔瓦多·穆尼奥斯·比尼亚斯：《当代保护理论》，张鹏等译，同济大学出版社，2012，第 187 页。

文物保护利用改革若干措施》征求意见，进一步完善文物保护利用相关制度规范，鼓励社会力量参与，加强文物与科技融合，创新文物活化利用模式。

在战略角度上，可以由政府制订《历史建筑保护策略》，为历史建筑的保护做出指引。针对不同类型不同级别的不可移动文物，政府需要灵活对待，多措并举。政府宣传推广未定级不可移动文物具有的历史价值、文化价值以及社会价值，达到全民保护的目标。政府逐步推出若干需要进行保护与更新的未定级不可移动文物，提供一定的资金支持与专业支持，做到多方合作，多方受益。积极采取"预保护机制"，将其纳入城市更新容积率转移奖励政策，将有效解决非国有文物建筑产权困境，实现文物保护与城市建设的共赢。进一步挖掘未定级不可移动文物的文化价值和旅游资源，建设历史文化遗产游径，推进文旅深度融合。充分利用政府编制的深圳旅游指南，加大对历史文化街区和历史文化游径的宣传推广力度。

2. 引入多元主体，实现专业化运作

2018年，我国住房和城乡建设部印发《关于将北京等10个城市列为第一批历史建筑保护利用试点城市的通知》，公布了全国首批10个历史建筑保护利用试点城市名单，提出"鼓励多元投资主体、社会力量和居民参与历史建筑保护，形成风险共担、利益共享的投资机制"。

历史建筑的保护与活化不能单依靠政府，也不单依靠以房地产开发为手段的市场模式，而应该以一种公、私"伙伴"关系为基础，强调公众参与和社会公平的协调的模式。[①] 香港政府在2007～2008年度的施政报告中推出"活化历史建筑伙伴计划"，作为政府文物保育政策一系列措施的主要部分。"活化计划"依靠政府、社会机构和市民互相配合来运作。在政府及专业人士的监督之下，将历史建筑交予社会机构运营，既能减轻政府负担，又能有效地保证在运营过程中历史建筑的历史文化价值不被破坏，同时还能提高公众对于历史建筑保护与更新的关注度，是一种多赢的历史建筑保护模

---

① 高蕾、唐黎洲、王冬：《如将不尽　与古为新——更新中的城市历史建筑及其保护》，《城市建筑》2009年第2期。

式。① 香港的"活化计划"的尝试，传递着未来历史建筑保护机制的发展方向，即：照顾大众利益，加强公众与专业团队的参与，整合民间资源。②

龙岗区政府对未定级不可移动文物的活化利用正是秉承"政府主导、市场化运作、社会参与"的协同运营模式，动员社会力量参与共建共享，创新业态选择和管理模式，一方面确保了文物活化利用是一项公益事业，是政府的职责所在；另一方面最大化地调动了产权人的积极性，社会机构有效参与未定级不可移动文物保护与更新的建设和运营，充分利用专业团队的知识和智慧，确定最佳的方案。同时应利用现有的科技手段，将有关历史建筑的详细资料、保护与更新方案公布于众，赋予公众更多的权利与机会，有利于公众事前监督，还可以扩大优秀历史文化遗产的社会影响力。

3. 创新保护模式，度身定制不同方案

文化遗产保护活化的过程不仅仅是一门科学或技术，更是一门艺术，要考虑到保护对象对不同人群所具有的多样意义，做出的决策不仅仅是以某种意义为主导，还包括如何整合意义来满足尽可能多的需求。③ 国家文物局发布的《文物建筑开放利用案例指南》中提道，"建筑物的使用有利于延续建筑的寿命，应继续使用它们，但使用的功能必须以尊重建筑的历史和艺术特征为前提"。

深圳在地理位置上的独特之处导致了深圳地区传统建筑的多样性，有专家根据近 30 年的实地调查总结认为，深圳现存的历史建筑有五个传统区域性文化来源，分别是本地传统文化、广府传统文化、客家传统文化、闽南潮汕传统文化、西洋文化。④ 深圳的传统建筑既有广府建筑、客家建筑、潮汕建筑的影子，又有中西合璧元素。深圳未定级不可移动文物在各个区均有分布，每一座建筑物有独特的文化内涵、历史渊源，所处社区环境也不尽相

① 王珺、周亚琦：《香港——活化历史建筑伙伴计划及其启示》，《规划师》2011 年第 4 期。
② 陈蔚、罗连杰：《当代香港历史建筑保育与活化的经验与启示》，《西部人居环境学刊》2017 年第 1 期。
③ 〔西〕萨尔瓦多·穆尼奥斯·比尼亚斯：《当代保护理论》，张鹏等译，同济大学出版社，2012，第 188 页。
④ 转引自刘娥《深圳老建筑，蕴含五种历史文化》，《深圳商报》2018 年 6 月 12 日。

同，因此在活化利用时，应该避免同质化，需要考虑到建筑物自身条件、状况，根据所处地段、环境和不同受益人群的使用需求，在遵循合法、适度的前提下，鼓励多样化的活化利用模式，可活化为博物馆、图书馆、纪念场馆、文创园区等场所，具有旅游观光、休闲娱乐、商业经营等多种功能，充分实现保护对象的价值和意义。

4. 利用粤港澳大湾区的优势环境，推动跨界遗产保护

2002 年粤港澳文化合作会议第一次举办以来，粤港澳三地在政府引导下，在演艺、文博、非遗、文创、图书馆和文化资讯等多方面，积极开展文化间的交流与合作。《粤港澳大湾区发展规划纲要》和《中共中央 国务院关于支持深圳建设中国特色社会主义先行示范区的意见》更是为粤港澳大湾区间的文化合作提供了政策支持和路径指引。

《粤港澳大湾区发展规划纲要》在第八章"建设宜居宜业宜游的优质生活圈"中，提出建设"人文湾区"的概念。大湾区内各城市同属岭南文化的核心区域，要"发挥粤港澳地域相近、文脉相亲的优势，联合开展跨界重大文化遗产保护"。《中共中央 国务院支持深圳建设中国特色社会主义示范区的意见》中第十一条指出："鼓励深圳与香港、澳门联合举办多种形式的文化艺术活动，开展跨界重大文化遗产保护，涵养同宗同源的文化底蕴，不断增强港澳同胞的认同感和凝聚力。"深圳应在推动传统文化的现代转型方面发挥"领头羊"的作用，保护传承粤港澳大湾区传统文化特色，推动传统文化跨界融合和发展。

选取粤港澳大湾区内同类型文化遗产作为跨界保护对象，联合湾区内各地文化主管部门共同开展保护研究和活化利用项目。"粤港澳大湾区文化遗产游径"项目已经启动，充分利用粤港澳地区文化的包容性和岭南文化特质，推介大湾区内各城市的研学旅游和休闲旅游，促进各地文化遗产资源的共同保护与利用，丰富大湾区人文精神内涵。

深化粤港澳湾区内文化遗产的馆际交流、项目合作。"粤港澳大湾区博物馆馆际合作行动"已在深圳启动，包括合作举办各类文化遗产展览、展演活动、公共教育和人才培训，推动大湾区博物馆的深度融合与互惠共荣。

文化机制与创新

Cultural Institutions and Innovations

B.15

地方政府公益文化基金实施的若干
问题思考与政策建议*

——基于深圳市宣传文化事业发展专项基金实践的分析

任珺　王芳**

摘　要：　从深圳市宣传文化事业发展专项基金的实践出发，深入发掘
　　　　　其中的创新经验和存在问题，并进行整体性分析。从新发展
　　　　　理念出发，结合文化艺术资助制度现代转型及趋势，对深圳
　　　　　市宣传文化事业发展专项基金下一步发展定位提出见解及政
　　　　　策建议。地方政府公益文化基金必须要进行改革和发展，以
　　　　　适应新常态下践行新发展理念的需要。未来地方政府公益文
　　　　　化基金在立足加大力度扶持宣传文化事业和精神文明建设的

---

* 本文系深圳市社会科学院 2021 年度专项科研课题"深圳文化艺术资助机制创新研究"的阶
段性研究成果。

** 任珺，博士，深圳市社会科学院文化研究所研究员，研究方向为公共文化政策及文化研究；
王芳，硕士，深圳市宣传文化事业发展专项基金专职人员，研究方向为传播学。

基础上，要突出对当下文化生态构建的系统性支持，激发全民创造力，推动文化软实力大幅提升，实现其作为文化艺术资助体系重要组成部分的独特功能。

关键词： 地方政府公益文化基金　文化艺术资助制度　文化生态构建

目前，地方政府公益文化基金已成为我国文化艺术资助体系重要组成部分。它的出现及发展与我国文化体制改革密不可分。我国文化体制改革的基本目标和方向是逐步从对文化生产的直接干预转为间接干预，推动服务型政府建设。地方政府公益文化基金通过扶持文化项目，不断鼓励、引导从事宣传文化工作的行政事业单位、社会组织、团体和企业，围绕地方有关文化发展规划、政策和市委、市政府重点支持领域，加强自身的文化艺术创造力及生产力。当前亟须对地方政府公益文化基金多年来丰富的实践经验进行科学总结和研究，完善制度设计。本文在对深圳市宣传文化事业发展专项基金进行整体性分析的基础上，深化对地方政府公益文化基金独特功能的认识，并在新发展理念的视角下，结合国际文化艺术资助制度现代转型趋势，对地方政府公益文化基金的定位进行新的思考，从适应新形势发展需要出发，提出相应的政策建议。

一　深圳市宣传文化事业发展专项基金发展概况与成效

深圳市宣传文化事业发展专项基金（以下简称基金）1994 年设立，初始资金来源是市宣传文化事业发展专项资金及文化事业建设费。在深圳市级财政专项资金管理改革后，资金来源于"深圳市宣传文化发展专项资金"（以下简称宣传文化资金）中用于文化事业方向的部分。① 《深圳市宣传文化

---

① 依据《深圳市市级专项资金管理办法》"一个部门一个专项资金"的相关要求，目前深圳市宣传文化发展专项资金是由市委宣传部负责使用的文化事业建设费及宣传文化事业发展专项资金和文化创意产业发展专项资金合并而成。

发展专项资金管理办法》规定，宣传文化资金在市级财政预算中安排，是纳入部门预算管理、具有专门用途和绩效目标的资金，年度预算规模保持相对稳定，采用事前资助、事后奖助等扶持方式实施。基金重点扶持社科理论研究、文艺精品创作、重大文化活动、精神文明创建、新闻舆论引导、社会宣传、基本公共文化服务、文化人才引进与培养、配套资助和成果奖励等。截至 2020 年底，共有 4189 个项目获得基金立项，资助金额累计达 54.53 亿元。多年来，在市级基金实践的示范和引导作用下，2012 年以后各区级政府结合自身条件和区域发展需要，南山区（2012 年）、福田区（2015 年）、盐田区（2015 年）、龙岗区（2016 年）、坪山区（2017 年）、宝安区（2017 年）也相继成立了不同规模的区级宣传文化（体育）事业发展专项资金，基本形成了市级和区级联动协调发展机制，为促进深圳文化繁荣发展做出了重大贡献。

（一）基金近两年资助项目情况

2019 年基金共资助 372 个项目，实际执行经费 5.53 亿元。从项目类别看，城市宣传及文化交流专项有 58 个项目，共计资助 14359 万元，占比 26%。涵盖城市对外宣传工程、深圳文化"走出去"、城市国际文化节活动、主题公益宣传片、系列文化交流演出等项目。惠民公共文化服务专项有 162 个项目共计资助 13726 万元，占比 24.8%。内容包括：①依托文化场馆常年开展的公益文化活动，如深圳博物馆"中外文物艺术精品展"，关山月美术馆、深圳美术馆、深圳画院的展览；中心书城"深圳晚八点"、深圳市文化馆"周末剧场"、原创主题戏剧晚会《剧说系列》、深圳保利剧院惠民演出等项目；②公益文化下基层项目，如戏曲进校园、万场电影惠百姓等。文艺精品创作培育及展演专项有 35 个项目共计资助 7550 万元，占比约 13.7%。通过"2019 文艺精品创作""五个一"精品宣传推广等对全市文艺精品创作类项目进行统筹，同时也支持孵化了一批本地原创文艺项目。如，"鹏城歌飞扬"深圳原创音乐发展促进计划、深圳文学季、深圳文学重点扶持项目、"深圳报告"——庆祝中华人民共和国成立 70 周年主题创作（短篇报告文学）活动等。城市文化菜单专项有 28 个项目共计资助 5650 万元，占比超过 10.2%，如深圳"一带一路"国际音乐季、深圳读书月、中国图片大赛、创意十二月等。国有文艺院团专项有 15 个项目共资助 5220 万元，占比超过 9.4%，包括公益演出项目、创作经费、委约项目、国内外巡演补贴及深圳交响乐团、深圳粤剧团事业扶持经费等。社科理论研究及普及专项有 43 个项目共资助 4185 万元，占比约 7.6%，包括理论创新工程、深圳学派建设、人文社科基地建设、深圳市民文化大讲堂等。文明城市创建专项有 34 个项目共资助 3610 万元，占比 6.5%，包括文明素养提升工程、文明城市创建工程、影像深圳家谱、深圳市成人礼系列活动等。深圳市非国有博物馆专项资金 1 个项目资助 1000 万元，占比 1.8%，用于全市民办博物馆门票补贴。2019 年度基金资助结构及资助额分配情况见图 1。

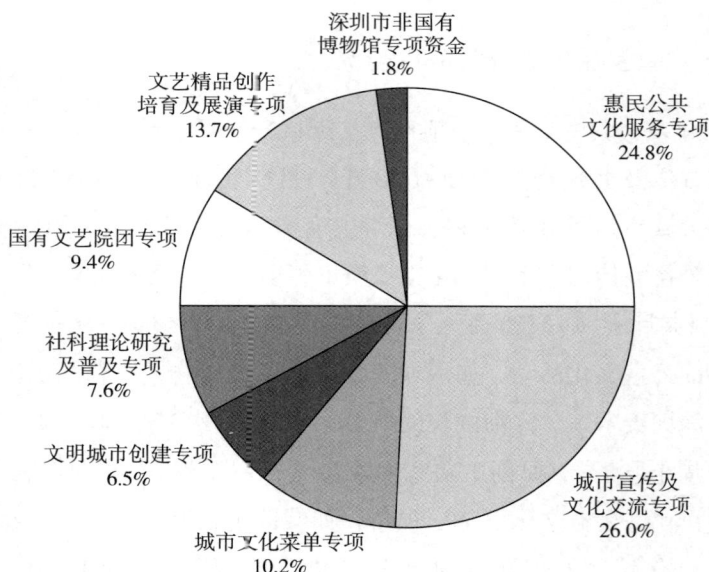

图 1　2019 年度基金资助结构及资助额分配情况

2020 年基金共资助 356 个项目，实际执行经费 5.83 亿元，资助结构基本保持一致（见图 2）。2020 年度经费分布在惠民公共文化服务专项 156 个项目共计 15518 万元，城市宣传及文化交流专项 65 个项目共计 12352.5 万

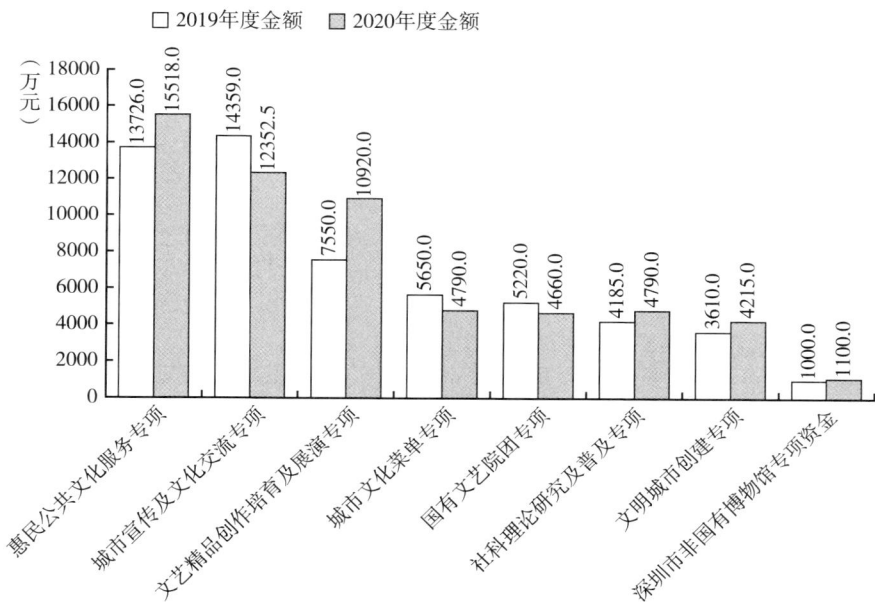

图2　2019、2020 年资助结构对比

元，文艺精品创作培育及展演专项 32 个项目共计 10920 万元，城市文化菜单专项 28 个项目共计 4790 万元，社科理论研究及普及专项 43 个项目共计 4790 万元，国有文艺院团专项 12 个项目共计 4660 万元，文明城市创建专项 18 个项目共计 4215 万元，深圳市非国有博物馆专项资金 2 个项目共计 1100 万元。根据新冠肺炎疫情发展情况，这一年度基金对资助方向和资助结构做了微调。增加防疫抗疫宣传经费的同时，对受疫情影响较大的文化场馆和重点项目予以适当补贴；为提振市民文化消费信心，推动文化行业复苏，基金引导社会资金共同投入开展"文化惠民补贴"活动。2019 年度和 2020 年度基金项目资助情况比较见表 1。

表 1　2019 年度和 2020 年度主要资助类别专项比较

专项名称	2019 年度		2020 年度	
	金额（万元）	项目个数	金额（万元）	项目个数
文明城市创建专项	3610	34	4215	18

续表

专项名称	2019 年度		2020 年度	
	金额(万元)	项目个数	金额(万元)	项目个数
城市文化菜单专项	5650	28	4790	28
社科理论研究及普及专项	4185	43	4790	43
城市宣传及文化交流专项	14359	58	12352.5	65
国有文艺院团专项	5220	15	4660	12
惠民公共文化服务专项	13726	162	15518	156
文艺精品创作培育及展演专项	7550	35	10920	32
深圳市非国有博物馆专项资金	1000	1	1100	2

（二）发展成效

基金实施 27 年来，成效显著。2012 年深圳市宣传文化事业发展专项基金以"政府公益文化基金管理创新"为名，荣获第四届文化部创新奖特等奖，以表彰其在实践中对基金运行管理机制所进行的积极探索。此外，社会效益方面的影响也十分突出。

1. 整合了多元力量促公共文化服务机制创新发展

基金围绕共建书香社会、推动全民阅读，为公共文化机构、学校、企业和社会组织承办的多种形式阅读推广活动和联动提供持续、有保障的资金支持。资助"深圳读书月"项目，21 年来累计 8287.73 万元；深圳全民阅读推广计划自 2014 年始，也获得基金 3939.9 万元的累计资助，此外还有其他相关项目支持，基金共投入超过 1.2 亿元。通过持之以恒的培育和促进，深圳的阅读生态与文化风貌获得极大改变，深圳人也因为热爱读书而受人尊重，"全民阅读"成为深圳重要的文化标识。公共图书馆对全民阅读及其公共价值相关工作的持续推动，使其更易赢得各种资源的青睐，包括公共信任。2019 年全市公共图书馆举办各类读者活动 1.76 万场次，仅深圳图书馆就举办 1700 场次，大多数活动项目是联合社会力量一起运作的。这里财政资金投入并不多，但全民阅读氛围激发了社会共建的活力，从而获得社会公众的信赖与支持。从 2019 年报可看到：该年度深圳图书馆主要社会合作机构共计 229 个，涵盖各级政府部门、企事业单位、社会组织/团体、志愿者团队等。① 再例如，基金资助项目"深圳晚八点"是以中心书城公共空间为活动场地，针对不同社群兴趣和业余时间特征，按周一健康会客厅、周二深圳读书会、周三英语角、周四艺术时空、周五书友会/朗诵最美丽的声音、周六育儿讲堂/童筑未来、周日每周学点经济学等安排，与政府部门、商业机构、专业文艺协会、阅读组织等资源合作，每晚八点举办主题活动。多元力量的介入既充实了活动内容、保证了质量，也催生出新的服务市民文化生活的产品和项目。

2. 培育了一批本土文化艺术英才及原创精品力作

基金鼓励和资助优秀文艺作品创作，涵盖影视、音乐、美术、舞蹈、戏曲、舞台剧、杂计诸多艺术门类。截至 2020 年底，深圳推出的文艺精品和杂技荣获国际奖项达 80 项，国家级大奖 230 项，省级奖项近 600 个，市一级奖项超过 1000 项。在第十四、十五届"五个一工程"奖评选中，深圳均有 3 部原创作品获奖；在广东省"五个一工程"奖评选中，深圳获奖数位居全省第一。② 以 2020 年度为例，电视剧《湾区儿女》、纪录片《王文旺和他的老物件》荣获 3 项国际大奖，电影《空巢》、纪录电影《变化中的中国》、大型交响套曲《我的祖国》、《塞外驼铃——馆藏关山月 1940 年代西北写生与敦煌临画专题展》、2020 粤港澳大湾区童话节等摘得 9 项国家级奖项，获得文明单位、艺术节、舞台艺术等 15 项省级奖项。

3. 推动了公益文化品牌更好满足"深圳人"③文化需求

市民积极参与的群众性活动，其品牌建设是基金孵化工作的重点方向之一。多年以来在基金的支持下，一批口碑好、有影响力的公益文化品牌项目脱颖而出，这与基金在项目创新上引导是分不开的。例如，"市民文化大讲堂"是一项长期性的大型科普活动，运行机制上坚持"党委、市民、专家和媒体"四方联动，保证了活动主题符合国情、市情、民情，既有专业质

---

① 深圳图书馆：《深圳图书馆 2019 年度报告》，2020，第 126~130 页。
② 《精品力作屡获大奖"文艺深军"魅力十足——文艺精品成为深圳城市文化的重要标识》，《深圳特区报》2019 年 11 月 26 日。
③ 深圳十大观念中有一条是："来了就是深圳人"，这里指深圳居民。

量，又十分契合市民精神文化需求。为了让更多人获益，近些年深圳市民文化大讲堂在微信公众号、腾讯视频、优酷大鱼号、头条号、喜马拉雅、爱奇艺、抖音等平台发布大讲堂讲座内容；积极探索云录制的方式，举办线上讲座，运用现场直播，在多平台推送。最受欢迎的一场，直播观看人数高达2.7万人，满足了远远超过现场可容纳人数的观众的观赏需求。"来深青工文体节"是基金和市体育彩票公益金共同资助项目，参与面覆盖全市10个区近10万名来深建设者，每年定期开展一系列青年人喜爱、符合当代青年"口味"的文体活动，同时在常态化开展的活动项目之外，也会结合时下热点不断创新活动内容。例如2020年文体节组委会就密切关注疫情防控常态化期间广大青工的文体需求，特别策划、推出了青工手机摄影大赛、朗诵大赛，鼓励青工用亲历者视角记录深圳战"疫"，展示了广大青工和文体工作者在抗疫防疫工作中的担当精神。

4. 促进了城市主题文化建设与多元文化生态和谐发展

基金不但支持城市主题文化建设，彰显城市特质、城市形象和文化品牌，而且注重多元文化生态维护，注重人文关怀为城市生活带来的温情。比如，基金通过项目资助覆盖到多种文化样式，如客家文化、潮汕文化、在深少数民族以及非遗文化和谐并存、繁荣发展。基金连续15年资助客家文化节，通过民间文艺家协会带动了越来越多机构参与到民间文艺的保护工作。基金13年共资助156万元扶持皮影剧创作和演出，促使杜鹃花皮影文化艺术中心创作能力不断增强，同时培育了一批青年传承者。近5年，基金资助深圳市松禾成长关爱基金会扶持多民族童声合唱团，通过民族原生态音乐建立民族认同和民族自信，帮助少数民族儿童更好融入深圳社会生活，与项目民族地区共同促进少数民族文化的保护和传承。初步统计自2016年始，基金共投入520万元资助非遗周及各类非遗文化活动项目。此外，基金还资助凤凰涅槃艺术团开展公益演出，用歌声和舞蹈走进福利院、医院和监狱传递顽强、坚韧的抗癌精神和向上向善的正能量；资助"橄榄树残友互助中心"通过开展多种形态的文化活动给残疾朋友送去关爱；资助关爱自闭症患者的"星星音乐会"，呼吁更多的人关注自闭症儿童；等等。

二 基金创新实践与存在问题分析

笔者通过对基金近些年整体实施情况的梳理和部分项目的实地调研，结合国内国际文化艺术资助发展趋势，以下重点分析基金基于问题导向的创新探索及目前运作过程中存在的困境和问题。

（一）基于问题导向的创新探索

第一，基于文化资源配置方式固化、有效竞争与激励机制不足的问题，深圳积极探索基金制管理、项目化运作的财政资助机制。改革前文化生产是以政府行政决策为主，依赖体制内从事宣传文化工作的行政事业单位具体执行。设立基金以后，一部分公共财政资源从以支持单位机构为核心转向以支持文化项目为重点。两种运作模式兼顾，既保证了原有专业机构基础性公共文化服务运作，同时财政资源竞争性获取这种方式又鼓励了文化事业单位谋求创新实干，形成有为才有事业、才有项目的局面。此外，通过项目实施来配置资源，提高了政府资助方式的灵活性，增强了资金投放的指向性和有效性，并引导社会资源进入文化建设，转变了经费划块统筹的粗放管理模式。公共资源逐步打破封闭，走向共享和开放。基金资助对象不限于国有企事业单位，企业及民办非企业单位、团体和社会组织等也被纳入公益性文化事业建设队伍之中。2003 年以后，基金逐步通过制度化方式建立了长效运作机制。管理上明确资金主管部门、财政部门及资金使用单位和项目管理责任主体之间的管理职责及分工，细化项目管理的程序和流程，对绩效管理过程及参与监督的各相关方责任进行规定。实现了从相关信息发布、项目民主决策、项目运行监管到项目绩效评估全过程的综合动态管理。[1]

第二，基于文化生产不能及时回应市民文化需求变化的问题，深圳大力

---

[1] 中共市委宣传部、深圳市宣传文化事业发展专项基金领导小组办公室、《中国文化报》深圳记者站：《政府公益文化基金管理创新》，《中国文化创新报告（2013）》，社会科学文献出版社，2013，第 530 页。

发展文化产业，积极发挥市场在资源配置中的决定性作用，同时也在更好地发挥政府作用方面主动作为。基金每年具体资助范围及内容是根据市委、市政府有关文化发展规划、政策和重点领域工作任务要求而确定的，以申报指南的方式予以公布。"年度预算规模相对稳定，并随城市文化发展和市民文化需求提升适度增长"① 的财政资金来源，有力地保证了各个文化项目有序开展。为了让资助项目能够精准对接市民文化需求，基金每年还委托第三方机构做文化活动供需分析与立项指导。在全市范围内对公众的文化活动综合需求进行深入调研，对资助项目的公众满意度进行测评，并结合项目绩效评价结果，作为下一年度基金资助政策调整、预算安排和项目立项的重要依据。此外，还有其他形式、多元渠道的公众文化需求调研，通过活动现场问卷调查、文惠券使用情况调研分析等形式予以反映并反馈到管理部门。2018年基金官方微信公众号"深圳艺文惠"上线，此后网络新媒体平台的便捷性、易接触性优势很快得到充分发挥。基金注重微信公众号沟通信息的功能，一方面发布城市文化菜单、积极引领文明新风尚、倡导主流文化价值观；另一方面利用公众号平台回收项目活动资讯、市民的反馈意见和诉求，通过后台对相关数据分析及时掌握群众需求，促进基金资助成果更好地惠及于民。

第三，基于公共文化共建、共治常态化联动机制尚未完全形成的问题，深圳较早开始探索公益文化项目实行社会化运作，② 加强对民营文化企业、文化类社会组织所拥有文化资源的整合和利用，推进全市公共文化资源一体化，各级政府部门对引导并促进非政府文化资源参与公共文化服务的必要性存在共识。2015 年国务院办公厅转发了文化部等部门《关于做好政府向社会力量购买公共文化服务工作的意见》，文件规定："所需资金列入财政预

---

① 参见《深圳市宣传文化发展专项资金管理办法》第四条。
② 早在 2005 年深圳市即颁布《深圳市文化局重大公益文化活动实行社会化运作试行办法》；2007 年南山区出台《南山区公益文化活动社会招标试行办法》，首次将社会招标引入公共文化活动，2015 年推出《南山区推进公共文化服务社会化运作指导意见》及 8 个配套文件。

算，从部门预算经费或经批准的专项资金等既有预算中统筹安排"。基金除了资助社会组织、团体和企业直接承办或自主申报项目以外，也鼓励不同类型文化机构（组织）创新公益合作关系。2019年社会组织、团体和企业直接承办或自主申报立项80个，共计6055万元，约占总额的11%；2020年社会组织、团体和企业直接承办或自主申报立项共计76个，共6853万元，约占总额的12%。此外，市宣传文化业务主管部门（包括市委宣传部、市文化广电旅游体育局、市文联、市社科院）及各区宣传部归口主管的基金项目中，许多也吸纳了社会力量参与项目实施，这部分很难一一统计。2020年疫情防控期间，基金资助的一些文化艺术活动项目不能按计划执行，基金管理部门及时调整工作，划拨500余万元开展"惠读书""惠看展""惠观影""惠赏演"一系列文化惠民项目，联合中国建设银行深圳分行、中国银联深圳分公司共同投入共计1000万元，发放文惠券76.3万张，为文化场所引流，拉动文化消费，恢复文化市场活力起到了积极作用。

（二）基金具体实施过程中显现的问题

其一，是否需要以及如何建立多元化资金支持体系。自基金成立以来，财政资金给予了有力的支持。从基金发展前18年财政投入18亿元，累计资助文化项目近2000个，[①] 发展到仅2020年就安排资金5.8亿元，资助项目356个。可见近些年，无论在资金量还是项目量方面都有大幅提升。但基金资金来源渠道单一，财政投入总量上虽有显著增长，文化项目资助需求却远远得不到充分满足。例如，2020年基金受理申报项目1000项，涉及申报金额超过23亿元，实际立项率仅为35.6%，实际资助额占需求量的24.82%。显然，比照实际需求，目前资金缺口还比较大。当下文化生态的构建需要政府系统性支持，包括对其外部发展环境的整备。仅依赖财政资金扶持文化发展肯定是不够的。目前深圳财政收支紧约束、紧平衡形势日益凸显，眼下

---

① 中共市委宣传部、深圳市宣传文化事业发展专项基金领导小组办公室、《中国文化报》深圳记者站：《政府公益文化基金管理创新》，《中国文化创新报告（2013）》，社会科学文献出版社，2013，第530页。

财政支出需优先重点保障疫情防控、脱贫攻坚、应急救灾、教育、医疗、环保、民生等重点领域。此外，风险社会影响经济的不确定因素很多，未来并不能保证财政资源可以一如既往支持，要未雨绸缪，当前需要提前布局多样化的资金来源，建立全社会支持文化发展的制度体系。现在还面临缺乏社会民众支持的困境，社会上许多人缺乏公共文化观念意识，未能认识到建设文化具有长远的社会价值。不少企业认为发展（投资）文化事业是个"烧钱"的活，投入多而产出少。基金立项项目的资金构成中，社会资本直接投入也偏少，近两年资助结构中，非全额资助项目占比为5.7%左右。2020年新冠肺炎疫情期间银行直接拿出部分资金与政府资金一起投入补贴市民文化惠民消费是一次有效的合作。未来基金的引导作用有待进一步提升，亟待能够带动多渠道资金投入深圳宣传文化事业发展和精神文明建设。

其二，是否需要以及如何建设资助机制的配套制度。除政府直接资助以外，制订捐赠减税等间接扶持政策、建立跨部门的战略合作伙伴或陪同投入伙伴、培养专业志愿者队伍及义工服务、不断拓展的观（受）众群体和文化消费者市场的支持、鼓励慈善捐赠及商业赞助等，这些方法作为补充对文化艺术的公共投资，已成为大多数发达国家和地区的选择。基金没有相应的配套制度，致使获资助项目很难吸引更多的社会资本与之形成整合资源，项目的可持续运作对财政资金依赖性过强。若不解决这一困境，长此以往不但财政负担越来越重，而且新的文化项目也难以进入培育孵化阶段。2017年凯迪拉克品牌荣誉冠名上海音乐厅，集中双方的资本、市场、内容、场地等资源，启动战略合作。合作期内不仅保持了公益惠民举措，加强了经典音乐普及教育与公益推广活动，而且还升级了剧院艺术服务、助推了本地艺术家探索音乐创新的多种可能性等。上海音乐厅利用市场和商业资本推动文化艺术发展的同时，使城市、行业和观众三方受益。[①] 本次调研的资助项目中，

---

① 参见上海音乐厅公众号文章《凯迪拉克荣誉冠名上海音乐厅全面启动三年战略合作》，2017年8月29日。

有项目责任主体反映，其举办的活动因为有长期影响力的品牌项目，是可以拿到商业赞助的，但因为没有明确的政策支持，他们并不敢接受社会资本捐助或商业赞助。2015年深圳市文体旅游局曾印发《深圳市鼓励社会资本捐助公益文化体育事业实施办法》（深文体旅〔2015〕558号）。该办法自2016年1月1日起施行，有效期五年，2021年已失效。该政策受跨部门限制，应用领域似乎并不广泛，实施情况以及遇到的实际困难也不得而知，相应的政策评估也是缺失的，当前亟须打通"堵点"、解决"难点"，否则就失去了制订政策的意义。

其三，如何发挥竞争激励机制对项目品质提升的促进作用及绩效评估机制对项目优胜劣汰的调节功能。现有的基金资助类别结构还需进一步优化。比如，目前的资助类别和结构比例是否合理，是否需要调整？这有赖于科学严谨的公共政策研究。再比如，常年资助项目越来越多，基金资助总量有限，只能"撒胡椒面"式资助，一方面真正有创新的、社会效益明显的项目不能获得更多支持；另一方面主题重复的项目，实施得并不理想的项目也未被淘汰，新项目很难立项。资助项目的类别设计，一是需要参照国家和深圳市文化政策和工作重点，学习"上海文化"品牌打造和推进的路径，科学规划各个领域、各个类别的项目；新加坡设立多个子基金进行分类资助的方式也值得借鉴。二是需要项目管理方面发挥竞争激励机制和绩效评估机制的积极作用。专项资金要求部门业务不能以项目形式申报，当市宣传文化系统各单位为承担项目主体时，如何区分长期资助项目与部门业务内容项目？还需要进行科学划分归类，明确资助的边界，使基金支持更有针对性，聚焦于引导和促进新发展理念在文化事业和精神文明发展领域的贯彻落实，侧重增强社会长远效益和文化价值的培育。

三　基金发展定位再思考

基金应该如何进行定位，需要从基金设立的根本宗旨，目前的问题导向，以及未来一段时间需要长期保持的忧患意识等方面，深刻把握新发展理念对基金发展定位的指导作用。

以"创新"解决发展动力不足问题。深圳经过经济特区 40 年发展,从改革开放与创新的探路者,到中国特色社会主义先行示范区,各项事业均取得显著成绩。但我们仍要在更高起点上看到不足以及与发达国家和地区的差距。比如,城市文化艺术设施网络与活动体系的质量水平和可达性不足;文化艺术人才的吸引及培育机制与体系不健全;文化艺术话语权和影响力亟待提升;等等。要真正实现深圳文化生态高质量发展,未来还需要勇于打破阻碍发展的既有利益格局和路径依赖,继续走支持创新、保护创新和激励创新的道路。

以"协调"解决发展不平衡不充分问题。现阶段社会主要矛盾转化为人民日益增长的美好生活需要和不平衡不充分的发展之间的矛盾。对于深圳城市发展来说,矛盾的主要方面还体现在文化软实力与经济硬实力发展的不平衡。深圳经济规模居内地城市第三,人均 GDP 居内地副省级以上城市首位,但文化影响力却十分有限。文化活动呈现专业程度不够、品牌效益不显著、面向社区的文化不发达、城市文化活动系统不完善等突出问题。创意教育体系、艺术教育环境,以及知识产权保护和基础性研究等方面也均存在严重不足。因此,文化生态的构建与完善,对于深圳建设"全球区域文化中心城市和国际文化创新创意先锋城市"是一项重要的基础性工作。

以"绿色"解决人与自然和谐发展问题。基金专项用于扶持深圳宣传文化事业发展和精神文明建设。"绿色"是社会文明的现代标志,倡导一种文明健康的生活方式,对于将城市文明典范作为建设中国特色社会主义先行示范区的战略定位之一的深圳来说,是题中应有之义。

以"开放"解决发展内外资源联动问题。基金资助对象是以市宣传文化系统各单位为主,同时鼓励社会其他组织机构直接申报或参与市宣传文化系统各单位立项项目的合作。下一步的"开放"需要引导并支持跨部门跨界的创新合作,比如政府内部促进与教育部门共同推动文教结合行动,与城管局、规划局共同推动公园文化、公共艺术等公共空间品质提升行动;公私部门合作方面,增进文化参与主体公共价值观念,调动社会资源和民间参与的积极性，致力于形成资源融会的文化共建机制。

以"共享"解决社会公平正义实现问题。新时代中国特色社会主义的根本立场和价值取向是以人民为中心，因此在地方文化政策和实践中要能予以体现并落实"为人民服务、为社会主义服务"的根本宗旨。引导基金资助项目采用动态化的管理模式，一方面要注重项目受众群体的拓展和新媒体等多元传播方式运用；另一方面也要跟踪项目实际开展情况和市民满意度的变化，每年及时调整项目内容，创新活动方式。

四　政策建议

（一）转变发展思路，切实优化基金资助格局

建议积极发挥市宣传文化和教育等专项基金（经费）的鼓励、引导和示范作用，为文化生态的构建与完善提供更为综合性的政策援助。对于深圳目前的城市发展阶段来说，公共文化服务的目标已不仅仅是满足人民群众基本文化需求——读书、看报、听广播、看电视、进行公共文化鉴赏、参加公共文化活动等；文化发展机会均等和文化发展利益共享，也成为我们文化事业和精神文明建设的着力点。这要求基金在项目引导上能够紧扣新发展理念，聚焦于促进市民文化参与、激发市民文化创造力；加强文化艺术普及教育与文化消费领域的宏观引导；兼顾国际化、专业化卓越品质锻造和服务社区及本地文化艺术后备人才的创新孵化，促进文化资助制度与市场生态的正向联动；通过制度化的方式支持公益性文化机构组织获得社会支持；探索财政和社会资源相结合的新形式，增强文化资源的流动和整合；推动公益性文化机构组织及项目提升自身可持续发展能力，增强基金资助项目回应市民文化需求变化的服务能力；像推动全民阅读一样，普及文化艺术生活方式，加大对基金资助项目多渠道宣传推广力度。

（二）理顺体制机制，完善基金资助管理制度

2018 年深圳市政府印发《市级财政专项资金管理办法》（深府规〔2018〕12 号），市政府办公室印发《关于深化市级财政专项资金管理改革的指导意见》（深府办〔2018〕16 号），根据上述文件要求相关管理部门修订了《深圳市宣传文化发展专项资金管理办法》。新的管理办法将原来的文化事业建设费及宣传文化事业发展专项资金、文化创意产业发展专项资金（市委宣传部负责部分）统一管理，但项目实施却是分开进行。原来的文化创意产业发展专项资金也立足于文化市场准公共领域，服务于营商环境改善，促进市场为社会提供双效统一的文化产品，有利于促进整个文化产业与文化事业的协调发展。有些项目的扶持很难绝对分开，比如一些内容生产孵化项目、后备人才培训项目、平台推广项目等，还需要进一步理顺关系，统筹发展专项基金内部两个方向。此外，限于目前市级财政专项资金管理仍是按部门划块运作，如何突破政府跨部门合作仍面临体制机制上的障碍，需要向有成功经验的兄弟省市学习。例如，江苏省、北京市和上海市即采取将基金独立化运作的模式。调研过程中，许多单位反馈审批流程不够简化，资金使用不灵活，以及专项资金会计科目设置与政府部门会计报表科目不一致导致的一系列审计问题等，都亟须基金在管理过程中予以一一解决。当前对基金专业化运作要求越来越高的形势下，专职管理人员不足是影响基金服务创新和优化的重要阻碍因素。

（三）勇于改革创新，丰富基金的功能与角色

受 20 世纪 90 年代末经济危机影响，许多国家文化艺术公共资助机构陷入可配置的资源有限，但申请资助的文化艺术项目不断增长，公众对文化艺术的需求也在日益提升的境况。为此，新西兰、澳大利亚、爱尔兰、英国、加拿大等国家纷纷开始强调文化艺术公共资助机构的改革取向。一方面，内部改革十分注重资助结果与影响的反馈，关注资助程序的透明度与回应性，关注资助标准是否符合公平性、经费使用效率，以及资助目的的达成与申请

者需求的满足等；另一方面，也将对艺术的补贴行为转换为艺术融资行动，帮助项目培育有效筹款的能力和创业精神，故有策略地资助文化艺术项目，加强项目能力建设及专业水平孵化被放置于核心地位。① 为适应新时期社会主义现代化建设对文化发展的要求，我们的政府公益文化基金的功能与角色也亟待改革。需要推动政府在公益文化基金运作中的角色定位，向"以满足人民精神文化需求为中心"的资源调节者转变。管理部门不能只做"分饼"的工作和充当奖助的角色，要充分利用各类资源汇集的优势，搭建平台让参与的多方互利共赢，通过项目资助引导各级政府、跨部门的合作与促进，打破文化资源条块分割，畅通体制内外资源人才流动，着力增强文化发展的整体性和协调性。

---

① 任珺：《文化艺术资助机制及政策研究》，中国社会科学出版社，2020，第60~64页。

B.16
5G背景下视频行业的发展趋势研究

陈 孟*

摘　要：　5G时代的到来将深刻重构信息传播生态与媒介格局，并极大地
　　　　丰富视频消费体验。5G深度融合人工智能、VR（虚拟现实）、
　　　　AR（增强现实）等先进技术，成为基础性的生产力，将推动整
　　　　个社会信息系统的升级。5G时代，视频行业将优化超高清视频
　　　　服务、提升智能化生产水平、开拓多元传播场景、创新商业模
　　　　式，推动视频内容向更加高清、沉浸、交互的方向发展。

关键词：　5G时代　信息技术　视频行业

近年来，新兴视频形态的蓬勃发展带来社会娱乐方式的变革，内容行业的"视频转向"趋势日益明显。与此同时，5G、人工智能、大数据等技术正在渗透视频业务创新实践，推动视频生产传播流程和受众体验的优化，促进行业发展出更丰富多元的内容形态，覆盖更多的场景和受众。

5G作为社会信息系统的底层技术，有望引发整个信息基础设施的革命性升级，创造出新的社会传播图景。在这一过程中，视频行业将率先受益于5G带来的技术革新，向新的发展阶段演进。可以预期，5G时代将为超高清内容的实时传播带来便利，社会媒介使用将进一步从文字、图片向大容量的短视频、流媒体、直播等媒介过渡，视频有望进一步成为社会主流的信息传播媒介。

---

* 陈孟，腾讯研究院研究员，博士后，研究方向为有媒体融合、数字内容等。

一 5G 的技术特征与整体影响

5G 即"第五代移动网络与通信技术"（The 5th-Generation Mobile Networks）的简称，是最新一代的蜂窝移动通信技术。5G 具有高速率、高容量、低延迟、低成本等特点，将为媒体行业提供更强大的内容生产力。

历史上，每次通信技术升级都会为媒体产业带来新机遇。5G 时代，视频内容将不再是各类媒介中的"奢侈品"。在生产方面，媒体得以实现海量数字存储和传输效率的几何倍数进阶，视频的生产能力将会得到极大的提升；在传播方面，对流量有较大需求的视频内容将成为更加轻便、普及的存在，迎来更大的发展机遇；同时，现有的视频形态面临创新迭代，将开拓出新的市场和用户增量空间。

工信部发布的统计数据显示，中国已建成全球最大 5G 网络。截至 2020 年底，我国开通 5G 基站超过 71.8 万个，占全球比重近七成，已实现所有地级以上城市 5G 网络全覆盖，5G 终端连接数超过 2 亿。[①] 其中，深圳市于 2020 年 8 月成为全球首个实现 5G 独立组网全覆盖的城市，率先进入 5G 时代。最新公布的数据显示：深圳 5G 基站已累计建成超过 4.6 万个，密度国内排名第一，5G 标准必要专利总量全球领先，5G 产业规模、5G 终端出货量全球第一。[②]

伴随 5G 技术逐渐成熟与大规模正式商用的临近，从内容生产、内容传输，到内容消费、内容变现，视频行业将迎来全方位的改变。

在内容消费方面，视频消费将走向超高清和高帧率，同时基于传输速率的限制被打破，用户对移动化、场景化的长视频的需求也将显著提升；更真实、更具交互性的内容将成为新热点，内容消费将更沉浸、更互动，影游边

---

① 《最新数据显示：我国已建成全球最大 5G 网络》，http：//www. gov. cn/xinwen/2021 - 01/31/content_ 5583838. htm。
② 《深圳实现 5G 独立组网全覆盖》，http：//www. sz. gov. cn/cn/xxgk/zfxxgj/zwdt/content/post_ 8008970. html。

界更加模糊。

内容创作方面，"云计算 + AI"将赋能内容创作，可穿戴设备带动用户即拍即享，推动 UGC（User Generated Content，用户生产内容）内容生产升级，"万物互联"有望使 MGC（Machine-generated Content，机器生产内容）模式成为内容生产的重要力量。

传播场景方面，新终端的迅速普及将大大拓展 5G 视频的应用场景。未来用户或持有多个智能设备，视频内容将适配车载屏幕、智能眼镜、智能手表、智能音箱等更多样化智能终端，为用户提供个性化的视频信息服务。

此外，5G 也将推动视频平台、电信运营商和终端厂商深入合作，开发多元商业模式，沉浸式内容、互动内容等新业务更将为行业解锁新的商业化空间。

顺应 5G 带来的发展机遇，视频行业也将进一步加强平台生态建设，联合产业链上下游部署更多元的合作模式和发展环境；联合硬件厂商、运营商和边缘计算服务商，升级底层技术能力，为新内容形态提供基础设施；同时，不断试水新终端和新场景，持续拓展新的终端和内容呈现形式。

二 新形态：开拓视频消费增量空间

近年来，通信技术的革新成为促进娱乐行业迅速增长的核心驱动力，5G 也将为视频行业释放更多创新空间和消费潜力：5G 与 4K/8K、AR/VR 等技术融合，动作捕捉、实时互动等新视频技术加速迭代渗透，虚拟世界与现实世界的界限将进一步模糊，催生出更多样的视频内容形态，使网络视听形态更加多元。

（一）超高清视频升级内容消费体验

5G 提升了内容传输的容量与效率，直接影响之一是为超高清内容的实时传播带来便利。5G 技术保障了实时、移动、高清的内容传输，使各类视频和直播业务更加轻便灵活。超高清化是继音视频数字化、高清化之后的新一轮技术革新，将推动视频内容消费全面升级。

　　根据 2019 年 3 月工信部、国家新闻出版广电总局、中央广播电视总台联合发布的《超高清视频产业发展行动计划（2019 – 2022 年）》，预计 2022 年我国超高清视频产业规模达 4 万亿，覆盖全国 2 亿用户，4K 产业生态体系基本完善，8K 关键技术产品研发和产业化取得突破。2021 年 2 月 1 日，中国首个 8K 电视超高清频道 CCTV 8K 成功试验播出，我国成为世界上第二个拥有 8K 频道的国家。①

　　地方政策布局也为"5G + 超高清视频"的发展创造了重要机遇。当下，北京、上海、深圳等多地陆续就超高清视频产业链各环节做出部署，有力地激发了相关平台对 4K/8K 视频的创作生产热情。例如，深圳市 2019 年 9 月发布的《深圳市 8K 超高清视频产业发展行动计划（2019 – 2022 年）》指出，到 2022 年，深圳将成为具有全球影响力的 8K 技术创新策源地、8K 产业发展高地、"AI + 5G + 8K"应用先导区。2021 年 2 月 11 日，央视春晚以 8K 超高清形式在深圳某户外大屏幕进行实况播出，为市民带来了一场高质量的视听盛宴。②

　　随着超高清视频产业巨大潜力的不断释放，视频将不再是内容消费中的"奢侈品"，高清的电视、电影、直播等媒介形式将和人们的日常生活更紧密相关。

（二）互动视频、VR/AR 交互内容成为消费新热点

　　未来，用户将更加重视互动体验，内容消费将向更具沉浸感和互动性的方向演进，VR/AR 视频内容的开发与完善将逐步培养新的视频消费习惯，互动内容也将成为网络视听内容革新的重要方向，创造新的消费兴趣点。

　　由于 5G 满足了 VR/AR 等技术应用的需求，沉浸式媒体服务将大量增

---

① 《我国首个 8K 电视超高清频道——CCTV8K 超高清频道成功实验播出》，http：//m. news. cctv. com/2021/02/01/ARTISj6pRnU0Bg04Z9Oe15ax210201. shtml。
② 《超高清视频产业驶上快车道 深圳计划 2022 年建成"AI + 5G + 8K"应用先导区》，https：//baijiahao. baidu. com/s? id = 1650346404842023239&wfr = spider&for = pc。

长，更个性化的娱乐体验、多样化的视频内容呈现成为可能。沉浸式的音视频内容将为人们构建更加情感化、场景化的内容体验，同时还将服务于新闻报道，拓展视频新闻的呈现维度。当前，"慢直播""VR 全景直播"等形式已经被广泛运用于新闻报道中，为公众提供了理解事件全貌的丰富视角。5G 时代，随着"VR／AR＋新闻"成为受众获取新闻现场信息的常见手段，新闻传播效果将更加立体、全面、生动。

5G 还将改变人们和视频内容的关系——从接收内容到与内容互动。当下，用户对交互式内容体验的兴趣越来越强，催生出互动影视、互动综艺、互动短视频等互动内容形态，视频娱乐从单一的"看"走向多维度的"玩"。虽然互动内容的整体规模和成熟度目前还比较低，但已经带来了从生产模式到消费体验的连锁性变化，给内容叙事和营销创造出新的空间和机会。基于互动视频对于流量的要求比传统视频更高，5G 将为更高画质、更快反应的互动视频带来发展机遇。5G 时代互动内容的应用场景和商业模式将更加多元，互动视频也有望结合 VR／AR 技术，进一步提升视频的观赏体验。①

整体而言，互动式和沉浸式的视频内容将创造出虚实结合的体验，重构用户与内容之间的关系。未来，超高清视频直播、影视等将进入 3D 全息影像时代；体育赛事、游戏赛事、综艺选秀节目等内容可采用多样化的直播形式，如 4K/8K 超高清画质直播、360 度沉浸式直播、与 VR／AR 场景结合的直播等；同时，行业将升级互动内容的播映能力、完善互动内容制作工具，进一步打造 PUGC（Professional User Generated Content，即"专业用户生产内容"）的互动内容生态。

（三）视频深入垂直行业带来新的消费潜力

新技术应用在视频行业的落地，将带来一系列新的发展机遇。

---

① 《"万物皆可互动"：未来内容的新方向》，https：//baijiahao.baidu.com/s？id＝1670066195144731882&wfr＝spider&for＝pc。

短期来看，5G将极大地推动To C场景下超高清流媒体、VR/AR内容、客厅娱乐等领域的发展；中长期来看，5G将促进To B场景下物联网、无人驾驶汽车等行业发展，进一步拓宽视频的应用场景。

更全面的内容、智能化的服务、娱乐化的体验将会为人们创造生活新空间，激发新的消费潜能。具体而言，人工智能交互式智能大屏作为客厅娱乐的重要场景将得到激活，更多家电设备也将支持大屏交互，使电视大屏成为家庭内容消费的重要入口和媒介中心；虚拟现实体验、云游戏等家庭娱乐新需求将推动新内容业务领域的开拓；VR/AR、360度全景直播等内容体验带来了付费内容市场高速增长的可能；车载媒体也将为行业带来新的利润增长点。

超高清视频在带来更高画质的同时，也将在社会场景下得到丰富的应用。例如，在救灾领域，8K画质能让现场画面更清晰，帮助便利决策。未来，超高清大屏作为智能系统的入口，可以包含影印、娱乐、照明、安防等功能，在文教娱乐、医疗健康、安防监控等领域得到应用。

此外，5G将推动音视频业务成为支撑性的基础业务，为众多行业的发展提供支持。随着物联网的发展推动万物互联实现，人们可以利用各种设备作为互联网的接口，更多移动互联网应用业务将会与视频结合。视频有望深入更多垂直行业，为智能交通、智慧城市、智慧医疗、智慧农业等领域提供支持，服务于丰富的社会生活场景。

三　新生产：变革创作格局与内容生态

在5G高速率和高容量的支持下，人工智能技术的应用将更全面地渗透进视频行业的生产、分发、消费等环节中，降低内容产出成本，进一步赋能UGC和PGC（Professional Generated Content，专业生产内容）的创作能力。此外，随着物联网传感器和可穿戴设备带来自动化、交互式内容生产，万物互联的环境将推动MGC模式兴起。

（一）视频生产便捷化优质化

近年来，人工智能技术及其发展理念已经渗透视频行业的各个方面。进入 5G 时代，相关技术将更全面地变革视频内容生产的流程，深刻影响内容策划、视频制作、智能播报等环节。

未来，5G 与 AI、VR/AR 的结合将为视频创作带来更多智能、便捷、功能丰富的辅助程序，实现对视频采编发的全流程智能化管理，这将极大地便利视频拍摄、制作、播放的过程，使内容创作成本进一步降低，同时也更加精确地满足用户的需求。

在内容策划与拍摄环节，AI 技术将能够参与剧本创作，帮助作者科学精准地选题，提供强大的素材搜集、智能匹配、加工制作等创作支持。同时 5G 将支持 4K/8K 超高清视频拍摄和制作，无人机、GoPro、智能眼镜等设备将实现拍摄内容直连上传。

在制作和剪辑环节，AI 能够实现模板化视频内容的智能生成，利用海量视频资料，快速根据需要剪辑与生成视频、自动匹配字幕。AI 还可以辅助内容审核，助力行业更高效、准确地制作视频内容。为进一步提升视频内容质量，AI 还能实现去除视频拍摄抖动、修复视频画质等功能，并实现特效内容、2D 转 3D 内容的智能化生产，极大地优化视频的制作流程与视听效果。

在视频的播放环节，基于 5G 的低延迟支持内容实时响应、实时交互，未来将允许用户实现与视频内容的多种交互，如语音、手势交互播放内容，以及 AI 虚拟主播即时播报新闻等功能。

此外，在直播领域，将来 4K/8K 超高清直播拍摄将更加普及。VR/AR 技术与直播结合，还能实现多角度直播内容拍摄、360 度沉浸式全景直播等形式。虚拟演唱会、虚拟偶像演出等娱乐形式也将更加成熟，视频消费体验将突破虚拟与现实的界限。

（二）进一步激活 UGC 视频业务

近年来，以 UGC 为主的短视频实现了快速发展。短视频平台通过 AI 技术不断为用户提供优质创意模板，如智能变脸、智能场景等服务，为降低视频创作门槛、提升用户创作热情发挥了重要作用。5G时代，伴随流量资费的降低和视频创作的进一步智能化，普通用户的视频创作能力将大大提升，有望进一步激活UGC内容市场。

5G时代，视频制作不一定需要强大的终端设备，用户在一般的设备上也能轻松实现视频剪辑与制作。随着360度相机、运动相机、无人机等较为专业的拍摄设备推广至大众消费市场，普通人将能够完成更为复杂的视频拍摄与制作，智能眼镜等可穿戴设备的发展将带动用户在日常生活中即拍即享，AI技术也支持用户在简单的设备上进行图像剪辑和后期制作。

技术推动优质创作能力释放，有望给视频行业的UGC业务创造新的机遇。

用户自制内容将向更专业、复杂的方向发展。除了短视频，普通用户将更有能力创作精良的中长视频，甚至能独立创作新闻节目、影视剧、综艺等内容，从而极大地丰富视频平台的内容生态，也推动长短视频的融合；同时，5G网络推动设备直连、即拍即传，结合UGC视频质量的提高，为平台对发展视频社交提供了环境。未来平台可以视频内容为突破口，发力UGC视频社交，大力拓展UGC视频社区业务。此外，打造图片或视频的垂直社区也成为新机遇。未来平台可以影视、娱乐、明星、艺术等细分领域为主题，借助运动相机、便携式相机等设备的发展，打造UGC内容的照片或者视频社区。

（三）MGC模式崛起带来新可能

5G推动下，视频行业还将涌现出更多的MGC，给视频的题材、形态、功能等带来更多可能。有学者指出，MGC也即基于技术、传感器数据以及人工智能处理的内容生产，未来将崛起成为5G时代的一个重要生产类别。①

当前内容行业MGC的突出代表是写作机器人。早在2015年前后，国外

---

① 《5G时代的视频行业：发展趋势及总体影响》，https：//lmtw.com/mzw/content/detail/id/190085。

媒体就开始利用 AI 写作新闻报道，国内的类似应用与案例也十分常见。例如，腾讯开发的自动化新闻写稿机器人 Dream Writer 可以根据算法在第一时间自动生成稿件，瞬时输出分析和研判，在一分钟内将重要资讯和解读送达用户。《今日美国》的短视频制作机器人 WIBBITZ 能够将图片和视频剪辑在一起，并用合成的语音进行新闻播报。这些都可被视为 MGC 模式的代表。①

5G 的发展真正为物联网打开了通道，人与物、物与物的连接将前所未有地加强，互联网平台上不同场景和用户的行为数据大量产生，传感器和存储器的普遍使用也将使海量信息的获取、整理、发布更加便利。这一背景下，MGC 模式将会更加普遍，机器可通过摄像头、无人机、传感器等设备收集视频图像数据，并进行智能化的整合分析与发布，有效提升视频行业的生产力。

同时，5G 时代人的身体和心理都可以得到数据化、实时化的监测与呈现，AI 传感器能深度收集个人身体层面的数据，再结合场景，进行深度化、个性化、场景化的定制内容推送。这意味着，MGC 可进一步满足用户对个性化内容的需求，进行更精准的内容分发。将来，视频平台或可通过实时感知用户的情绪，即时调整其观看的内容，创造新的用户交互方式。② 随着MGC 的存在更加广泛，视频内容的生产格局将发生改变，可能带来视频服务的进一步升级。

四　新场景：重构视频与受众的连接

5G 时代媒体应用将更加灵活和移动化，内容消费也不再局限于特定的设备和场景。无处不在的内容触达将带来无限新兴的场景消费，重新定义媒介与受众的连接方式。

---

① 《内容业的"XGC"们如何改变潮水的方向》，https：//news. qq. com/original/dujiabianyi/xgcneirongye. html。
② 《5G 时代的视频行业：发展趋势及总体影响》，https：//lmtw. com/mzw/content/detail/id/190085。

（一）视频呈现场景走向多样化

根据 QuestMobile 发布的《2020 移动互联网全景生态报告》，2020 年，在用户量增长近乎停滞的状态下，移动用户月人均使用时长增长了 12.9%，由 2019 年 4 月的 128.2 小时增长至 2020 年 4 月的 144.8 小时，这意味着用户的消费习惯进一步向移动端迁移。[①] 5G 时代，移动互联网会成为信息获取、传播、交互和消费的主流入口，各种场景下都会有更便利的网络接入口，将各类信息内容推送至可穿戴设备、智能音箱、车载平台中。同时，流媒体视频平台将会激增，为消费者提供更多的选择。

整体而言，5G 时代移动终端将向泛在化、多样化、智能化的方向发展，改变当下视频与用户的连接方式。

未来智能媒体的三大主要应用场景将包括移动互联网、车载媒体和家庭媒体。除了电视、平板和手机，未来可穿戴设备、车载平台等终端都将可能成为视频内容传播的重要渠道，传播情境的屏障被打破，媒介与人的连接趋于泛在化。

同时，用户或持有多个智能设备，智能眼镜、智能手表、智能音箱等智能终端都可以承载新闻传播、视频娱乐、社交等功能。目前可穿戴设备仍处于市场导入期，对智能手机市场挑战有限，中长期或将挑战手机的必备性，替代更多今天需要智能手机完成的工作，视频的呈现方式将前所未有的多样化。

此外，人工智能和物联网的结合，使 AI 传感器得以收集、整理和发布各类物体所具备的信息，结合场景进行定制化的推送。依托人工智能技术和"万物互联"的场景，人们将进一步掌握无处不在的信息传播。

（二）视频消费需求趋于个性化

视频多元的应用场景在给行业带来广阔盈利空间的同时，也对内容的丰

---

① QuestMobile：《移动用户月人均使用时长增长 12.9%》，https：//www. donews. com/news/detail/1/3096887. html。

富性、场景性和个性化提出了更高要求。新的受众连接方式将倒逼视频平台拓宽服务场景，针对不同用户与场景的特点生产定制化的内容，这将对视频行业现有的内容生产体系及思路构成挑战。

5G时代，占据重要场景是发挥内容价值的关键。面对更多元的传播场景，视频平台在提供优质内容的同时，也需要建立移动传播体系以占据传播制高点，以丰富多元、特色鲜明的内容满足用户在不同场景下的即时需求。例如，面向车载媒体场景提供多样化的音视频信息服务，通过大数据技术和智能算法，基于时间、位置、用户特性等多个维度推送个性化的新闻信息服务，包括周边天气和景点咨询、本地实时新闻等，满足用户的功能性信息需求。

同时，还需结合年轻一代用户的内容消费习惯，为用户定制更加个性化、强交互的内容。为此，视频平台需围绕丰富的传播渠道，大力提升在垂直领域的服务能力，在移动场景下通过细分内容满足用户更广泛的视频需求。

五　新商业模式：释放视频服务的更多价值

随着5G变革视频生产流程与消费场景，视频行业的商业模式也将迎来革新的契机。结合5G带来的各项机遇，视频平台、终端设备厂商、电信运营商有望加强合作，共同构建新的服务与营收模式，实现5G红利带来的巨大潜在收益。

（一）优化视频广告与视频会员模式

基于5G时代视频消费体验的提升，新兴视频形态和更高质量的内容将给平台发展移动广告、创新会员服务带来广阔的创意空间，助力平台开创新的商业模式。

首先，超高清视频的普遍应用，将大幅度提高广告的内容质量和观赏性，强化对用户的吸引力。司时，人工智能与互联网的结合，将使移动广告迎来个性化新时代。例如，新兴技术通过监测用户的心理数据、捕捉用户观看视频时的情绪状态，可以对广告的策划与投放进行更精准的指导，创造更具个性化、标准化的广告产品。

此外，中长期来看，视频行业将探索更具沉浸感、互动性的内容方向，也给视频广告和会员模式的创新带来新的机会。

一方面，VR/AR等技术与广告的结合，能够提升移动广告的沉浸感；互动广告在增强广告趣味性的同时，还有望通过吸引用户参与强化用户与产品的情感关联，优化视频广告的转化效果。

另一方面，更多高质量、个性化的内容出现，也有望丰富视频平台的会员分级体系，创建更多层次的会员权益。例如平台可结合超高清内容推出超高清内容会员权益、高质量内容单点付费机制；对应5G时代用户对多屏联动的需求，推出多屏观看会员权益；结合互动视频热度的提升，推出互动内容道具付费等。

（二）打造"套餐＋内容"的差异化服务

在5G的推动下，视频产业链上下游有望进一步打通，形成新的内容生态合作模式。视频平台、终端设备厂商、电信运营商通过深度联动，将内容与5G套餐服务捆绑起来，可为用户提供多元化、差异化的服务。

当前，国外已有"运营商＋内容商"的合作尝试。例如YouTube与运营商Verizon开展战略合作，Verizon为新注册其5G互联网服务的客户提供免费订购YouTube流媒体电视服务。[①] 韩国三大运营商之一LG的"U＋"则为消费者提供差异化5G服务体验，在5G套餐中捆绑五大沉浸式媒体产品，通过套餐和内容的结合实现了差异化竞争优势。[②]

在国内，将流量资费、视频会员服务乃至手机设备打包销售，有望成为

① 《Verizon将向5G和宽带用户提供YouTube电视》，https：//ishare. ifeng. com/c/s/7mBC8oncgdh。

② 《赢在业务：从LG U＋逆袭看5G差异化如何实现》，https：//baijiahao. baidu. com/s？id＝1644909300542948760&wfr＝spider&for＝pc。

5G 背景下视频领域的新服务模式。视频平台可加强 4K/8K 的内容储备，积极与运营商以及终端设备厂商开展更深入的合作，为用户提供更多样的视频服务模式。

（三）积极探索云游戏业务的可能性

云游戏有望成为 5G 最早商用落地场景之一，成为这场技术变革的最大的受益方向之一。根据 IHS Markit 预计，2023 年云游戏全球市场规模达 25 亿美元，2019 ~ 2023 年复合增长率 50%。另据伽马数据预测，2022 年中国云游戏市场规模将超 40 亿元。[①]

与此同时，5G 时代视频与游戏的边界将进一步模糊。云游戏的发展将推动游戏内容的流媒体化，在视频平台上进行大型端游等高品质游戏内容的推广将成为可能，云游戏的发展也有望催生游戏领域订阅服务的新商业形态。

面对这一发展机遇，视频平台可拓展游戏业务，积极探索云游戏服务。基于目前已有的用户基础和发展订阅服务的经验，视频平台可打造云游戏订阅平台，大力推广云游戏订阅服务。未来，影游联动的趋势将进一步加强，"视频平台 + 云游戏"的商业探索，将在 5G 背景下为视频行业带来更多价值延展的可能性。

六 总结与建议

当前，新一轮科技创新和产业革新加速推进，5G、大数据、虚拟现实、人工智能等新技术加快发展，网络视频行业将迎来前所未有的发展机遇，视频的内容生产、传播和商业模式面临着广阔的想象空间。同时，随着数字文化消费不断升级，视频内容与其他产业的融合发展趋势快速演进，将创造巨

---

① 开源证券：《通信行业深度报告：2022 年中国云游戏市场规模将超 40 亿元》，http：//vr. sina. com. cn/news/report/2021 - 01 - 20/doc - ikftpnnx9595157. shtml。

大的经济和社会效益，"视频＋"有望成为文旅、教育、医疗等行业数字化转型和创新发展的重要途径。

未来，深圳市需密切关注网络视频作为新兴文化产业的演进趋势，抓住5G 时代新技术驱动视频行业快速发展的有利契机，占据视频行业创新发展、消费升级的先机，巩固深圳数字文化创意产业的全国领先地位。

（一）加强新型基础设施建设，推动视频业态创新

5G 时代，泛视频化传播将成趋势，带动超高清视频、VR／AR／MR 步入发展快车道。当前，深圳已经在科技创新方面具备一定领先优势，未来，可根据视频行业及整个数字文化创意产业的发展需要，加快新型基础设施建设，通过政策推动新技术在视频平台上的应用。把握5G 机遇，大力扶持促进5G ＋4K/8K 超高清技术；同时，在 VR／AR／MR 等领域加大研发投入，鼓励视频平台研发前沿科技与视频内容相结合的产品，提升视频创作与视频服务的智能化水平，培育新兴视频业态，把创新视频服务作为提升文化产业竞争力、抢占5G 时代信息传播制高点的重要切入口。

（二）扩宽视频业态的应用场景，拓展"视频＋"价值

未来视频作为重要的信息传播载体，将服务于更多社会行业与服务场景。为此，深圳市应提前加强政策布局，大力推动超高清视频、沉浸式媒体服务在更多社会行业与服务场景中发挥价值，与深圳具有比较优势的先进旅游、会展、商贸流通等行业深度融合，推动更多领域实现创新发展和价值拓展；鼓励各类形态视频和娱乐休闲、健康医疗、生活社交等场景紧密融合，进一步释放"视频＋"的经济效应、推动消费升级。

（三）提升内容创作能力，促进行业"向善"有序发展

视频行业的发展，既需要前沿数字技术的研发与应用，也需要高质量的内容作品提供支撑。未来，应鼓励企业挖掘内容消费习惯的变化和家庭娱乐的新需求，以更优质的内容、智能化的视频服务，强化深圳数字文化创意产

业的内容竞争力。同时，需警惕视频行业内容过度娱乐化和低俗化的潜在风险，通过明确的政策指引为视频行业的内容创作提供规范。针对当前一些视频平台的算法"唯市场论"的倾向，应指导、推动相关企业优化内容生产分发体系，加大算法推荐对于主流价值观和社会效益的考量权重，促进网络视频行业实现"科技向善"和健康有序发展。

B.17
城中村综合改造与创意城市治理

——以深圳"玉田模式"为例

袁 园*

摘　要：　城中村作为城市独特的空间形态，对应着一定经济历史环境下的特殊语境和特殊功能。而随着深圳这座城市的性质从原初的"世界工厂"走向如今以"创客之都""设计之都"命名的、以创新驱动的社会主义现代化示范区，城市空间的意义势必将在多重势力的角逐、博弈中经历再生产和重新定义的过程。因此，城中村空间的治理实际上是一个融合了城市政治经济发展、人群结构、过去历史与未来想象等多重视角和利益权衡的综合性时代命题。政府和作为市场主体的房地产开发商对于一个城市黄金地段空间再生产项目需要谨慎和尽可能的周全思虑。换一个角度来看，长期以来关于城中村改造的经济利益与社会空间正义的议题讨论，确实推动了开发商和政府在不断迭代的实践中对多种利益主体需求的考虑，进而在"玉田模式"中呈现了可见的创新尝试。

关键词：　城中村改造　城市更新　创意城市治理　玉田模式

---

* 袁园，博士，深圳市特区文化研究中心副研究员，研究方向为创意城市、文创园区与影视传播。

一 城中村改造：创意城市的视角

自查尔斯·兰德利于 20 世纪 80 年代最早在欧洲的城市更新案例实践的基础上，提出创意城市概念，并于 2001 年出版著名的畅销书《创意城市》以来，"创意城市"概念在学界、政策文献乃至大众媒体中已经风行二三十年了。近年来，该概念连同"创意"一词，一起遭遇了诸多学者的质疑。有学者认为根本不存在"创意城市"[①]，又或者认为"创意"成为一个新的意识形态，其本质是文化或创意被自由主义的资本主义逻辑"驯化"为一种更为隐蔽的经济工具[②]。当然，提出这些论断的学者主要来自欧美国家。"创意城市"作为 21 世纪转型之初，伴随着经济全球化进程在欧洲城市特殊语境脉络中，以及从实践里诞生的概念，试图将其"本质化"或者将相关国外政策做完整的复制，自然不是一条通往更多生产性和可能性的路径。在此，我们不仅需要有詹姆逊"永远历史化"的概念，更要借鉴英国创意管理大师比尔顿在《创意与管理》[③] 一书中，将"创意"作为过程来理解的视角。如果我们摈弃将"创意城市"概念本质化的思维习性，以一个开放的过程来看待"创意"对于城市发展的意义，就会更清晰地发现，所谓创意城市政策的形成绝不是由政府官员、政策研究者、制订者"自上而下"地凭借概念制订推出的，而是在一个鼓励创意的文化氛围下，由城市的某一个细胞单元或者个案区域，在被规定的权力范围之内，与不同的社会主体协作，共同创造出某一种运作机制，以解决城市现存问题的尝试。这个机制如果运营成功，就会为大范围地应用以及为相关政策制订提供创新依据，进而

---

① Redaelli E. , "Analyzing the 'Creative City' Governance: Relational Processes in Columbus", *City, Culture and Society*, Vol. 2, No. 2 (2011): 85 – 91.

② Pratt A. C. , "Creative Cities: Tensions within and Between Social, Cultural and Economic Development. A Critical Reading of the UK Experience", *City, Culture and Society*, Vol. 1, No. 1, (2010): 13 – 20.

③ Bilton C. , *Management and Creativity: From Creative Industries to Creative Management*, New Jersey: Wiley-Blackwell, 2006.

促进城市的总体发展；而如果在实际的运营中，利弊参半，则既可为下一次的模式创新提供迭代的基础，又为城市创造了独一无二的创意能量积累。

作为首个纳入联合国创意城市网络，并被授予"设计之都"的中国城市，深圳由于科技创新领域的亮眼成绩，近两年被中央政府定位为粤港澳大湾区中心城市和特色社会主义先行示范区，这意味着深圳的发展在"设计产业"和"科技产业"产业思维、经济思维的现代化之外，更要逐步建构起象征中国特色社会主义现代化优越性的城市样板及现代化的全方位社会治理体系。自改革开放国策在深圳率先试行至今的 40 年间，深圳的产业转型处于持续的迭代中，表现在城市空间的层面，则不仅留下了大量原本位于市中心的空置工业厂房，还留下了从代表农业社会生产生活组织模式的自然村空间过渡到不断违建加盖以满足爆炸式租赁需求的独特"握手楼"——"城中村"空间形态。因此，相比于欧洲城市更新主要借由文化来处理工业空置区的创意城市治理政策而言，深圳的城市治理在老旧空间更新方面，增加了一个"城中村"的特殊议题。

深圳的"城中村"在城市的发展历史中，曾经经历了不同的叙事和更新模式。正如欧洲城市发展过程中，经历了"城市美化运动"，深圳在获得一定的经济发展之后，也开始重塑城市的空间形象，在 21 世纪初期，深圳的城中村被城市管理者视为"毒瘤"，在城市发展的过程中被大幅拆毁，进而造成不少社会问题。[①] 而在接下来的十年，深圳本地的学者、教授、建筑师们通过研究论文、会议论坛以及策展项目等多方面的努力，将城中村的主流叙事进行了扭转，城中村的存在得到了正面的肯定，不但承认其在历史的过程中为深圳迅速进入现代化城市发展提供了重要支撑，而且承认其对于城市而言的文化价值和历史价值。2016 年初拟定的《关于进一步加强城市更新实施工作的暂行措施》内部讨论稿，2019 年最终发布的深圳市《关于加强和改进城市更新实施工作的暂行措施》明确指出，"小地块城市更新单元

---

① 例如东门老街在 20 世纪 90 年代的大拆大建，造成珍贵的代表深圳城市记忆的历史遗迹的消失；处于城市中心地带的城中村的拆除，还造成外来工交通时间成本、生活成本的提高，进而造成企业用工成本提高，以及未来得与之配套的市政交通的拥堵；等等。

拆除范围内的用地应为完整宗地，土地及建筑物应当具有合法手续，权利主体的城市更新意愿应当达到100%"。这就使原本就因历史问题而业主繁多的城中村的更新变得更为困难。

虽然城中村在深圳发展的历史中发挥过重要作用，也肯定了其现实意义和文化记忆的价值，但随着深圳的城市地位和区位价值在新时代获得新的定位，并被赋予了新的历史使命，城中村尤其是位于深圳市中心地段的城中村空间的改造就势必会成为一个绕不过去的问题。尤其是对于那些存在年代较长，电线线路、水道网管等设施老化的城中村，还会逐渐产生一个如定时炸弹般的安全隐患问题。因此，究竟是主动地对城中村进行整体更新，还是等待安全事故产生了之后再被迫行动，就成为考验城市管理者的一个两难挑战。

随着城中村叙事的日渐成熟，对城中村进行大拆大建的模式存在的弊端也在历史的实践中被不断反思，因此对城中村的综合改造另辟蹊径，采取体制机制上的创新，也就成为深圳作为创意城市治理实践的重要尝试。

三　城中村综合改造的"玉田模式"

隶属于深圳市福田区南园街道的玉田村①是"玉田模式"命名的起点。该自然村坐落于深圳两条主要的交通动脉——深南大道和滨河快速之间，与深圳第一家大型综合商场中信城市广场②仅隔一条双车道的小马路，与深圳地标拓荒牛以及荔枝公园旁的小平画像都是隔着深南大道步行可达的距离。周边地铁、公交等公共设施齐全，中小学林立，拥有滨河小学、南园小学、滨河中学等公共教育机构，人口与住户都颇为密集。玉田村由于处于老深圳的核心地带，历史悠久，开发较早，业主构成和流向也颇为复杂。根据田野

---

① 在2021年初经过行政调整后，改名为向东围，划归滨河社区。
② 原本由日本百货公司"西武百货"经营的高档购物场所，曾经是深圳地标性的购物场所，现改名为"新城市广场"。

访谈①了解到，楼房物业经过三代人的传承，要么同一栋楼房经过分家属于不同业主，要么经过"开枝散叶"继承到楼房物业的子孙后代已经移居香港或英国、加拿大、美国等地的海外城市。这就为物业的管理带来了巨大的二手寻租的空间。不少业主为了减少回到现场处理杂务的烦琐，将整栋楼或自己的物业统一租给在深圳本地的"二房东"，再由"二房东"分租给不同的租户。据访谈了解到，这样的"二房东"为了尽可能大地榨取租差，将空间尽可能地做分隔，最极致的是在100平方米的空间中竟然容纳了100个租客。该村的地理位置优越、交通方便，造成了市场上供不应求的租赁现状，但居住人员过于密集，加上城中村电线网管老化和长期超负荷运转，带来了极大的安全隐患。因此，对该现状进行改造和调整势在必行。

在福田区领导的关怀和提议下，由福田区南园街道办牵头，给玉田村的村民做城中村改造创新的思想工作。经过半年多的联络、讲解、宣传和沟通，2017年9月29日，由福田区南园街道玉田村村民组成的深圳上步实业股份有限公司玉田分公司与房地产公司万科集团旗下的深圳万村发展有限公司签订合作协议，标志着一个崭新的城中村改造模式——"玉田模式"的开启。与过往的城中村改造将城中村老旧建筑完全拆除不同，此次玉田村的综合改造并不改变城中村建筑的业主权益，而是在福田区政府领导的建议之下，邀请著名房地产公司万科旗下的长租公寓品牌——"泊寓"的运营方，以玉田村为试点，加入城中村改造的行列中来。基本运作方式，是将原本由单个业主各自收租为阵的城中村租赁业态改造为有品牌管理和物业管理的长租公寓模式，由万村发展有限公司（后简称"万村"）将签约业主的房屋物业进行统一的重新装修、结构调整、业态规划，打造为"泊寓"品牌在城中村改造领域的一个标杆性产品。

截至签约之日，玉田村有43栋楼房的业主与万科达成了最后的合作协议。他们以每平方米60元的价格将同意合作的业主的物业统一租给万村，

① 2021年3月2日，对原玉田村所属社区的前主管书记的访谈。

万村收到楼后，按照泊寓的品牌风格对所有签约楼房进行基础设施的整体改造，包括电网改造、水管改造、楼房外墙面、公共路面和个别楼房之间的建筑结构打通、加装电梯、室内统一装修、配备基本家具，另外提供付费的网络服务以及自愿选择的洗衣机租赁服务①。在 2021 年 3 月，笔者走访由玉田村（改名为向东围）和周边的祠堂村组成的泊寓上步店时，了解到改造后的泊寓单间价位有 2000 元左右、2800 元左右、3200 元左右不等②，定价与房间面积大小、采光情况、是否可用改装电梯以及是否有阳台等情况具体相关。除此之外，改造后的公寓还引入了专业的物业管理，提供公共安全、卫生保洁服务，每个月的物业管理费为 150 元，目前出租率为 95% 以上。③

四 双重意义的创意城市治理

改造后的玉田村（向东围），不仅解决了因为建筑和基础设施老化而存在的安全隐患，而且在直观的建筑外立面上也提升了老街区的城市形象。更有意味的地方，还不在于单纯的城市居住空间租赁品质和城市建筑形象这些简单的物理功能的转变上，而在于整个街区商业业态的丰富以及随之带来的创意文化的植入和创意创业氛围的培养孵化。因此，在笔者看来，"玉田模式"存在两个层面上的创意城市治理模式可供借鉴。

（一）城中村综合改造模式："长租公寓"产品创新

"城中村"作为深圳长期以来存在的一个特殊的城市治理问题，与深圳的建市史和发展历程息息相关。在不同的历史阶段，城中村经历了不同的"叙事"，也因而对应着不同的治理方案。在深圳处于第一个快速发展阶段，即"世界工厂"代表的低附加值的制造业阶段时，城中村是急速变迁的城

---

① 洗衣机租赁为每个月 50 元，由泊寓签约的第三方机构提供。
② 经整体改造后，万科泊寓上步南店的租金均值为 100 元/平方米。
③ 笔者于 2021 年 3 月 1 日、3 月 5 日分别到由玉田村改造后的泊寓上步店做了两次田野考察，参观了其中三套分别为三个不同价位的出租房间，并对工作人员进行了随机访谈。

市中的"权宜之地",以低廉的栖息成本承载着彼时的主要劳动力——工厂工人、小摊小贩、低端服务业工作者,为深圳的经济起飞提供了空间支持。一旦城市空间尤其是市中心的城市空间的经济价值随着产业转型不断上涨时,城中村也逐渐被视为有碍观瞻的"毒瘤",在一波波大拆大建的风潮中数量锐减,转身为一栋栋崭新华丽的商业住宅楼盘。

过于千篇一律往往容易失去特色。当经济发展到一定程度的时候,由"知识经济"引领的城市产业转型,意味着更多专业人士被吸引到这个城市中来,而城市中已经发展起来的中产阶层和专业人士,也越来越焦虑于所属城市的文化身份和城市记忆这些既与经济无关又影响长远发展的城市文化问题。这种集体的文化焦虑导致了城中村首先在"叙事"的象征性话语层面经历了一波翻转,借由深港城市双年展、深圳城市设计促进中心的活动平台、"握手320"民间组织等多方力量的常年努力,保护具有历史和文化价值的城中村,逐渐在深圳的知识阶层、城市管理层乃至文化市民的观念中达成了共识。因此,如何用多样化且具有创意的方法来改造城中村成为摆在城市当政者面前的一道棘手的考题。

更紧迫的推动力还来自现实层面的关键矛盾,即深圳日益高涨的城市地位和水涨船高的住房租金对有意来深圳落脚的知识人才形成了巨大的现实压力。一旦知识人才因为高昂的房价或城中村低劣的住宿品质阻碍了其流向深圳的动力,那么深圳长期发展的竞争力就将受到直接影响。这就是为什么各区政府部门要积极探索城中村治理以及应对人才保障住房渠道多样化的现实压力。在玉田村进行创意治理之前,福田区政府甚至不惜以政府的名义直接介入和干预,投资1亿元,联手国企深业集团,将位于福田口岸的水围新村改造成带有文化街区的人才保障公寓,并给予1∶1的直接房租补贴。可以说,为城中村的多样化创意治理打开了一个新局面,探索了一个新模式,获得了多方关注和多家重量级媒体的焦点报道。

在水围新村"人才保障房"的城中村创意治理模式中,政府介入得过于深入和直接,不利于广泛推广。因此,福田区南园街道的"玉田模式"探索的完全市场化的"长租公寓"模式,就具有更进一步的创新意义。政府主要承担多方协商沟通、挂动和宣传职能，由专业的房地产品牌企业投资、规划、设计并管理，业主自愿参与，年轻的白领租客受益。相比于城市中心地段动辄四五千元的房租，由城中村改造的长租公寓不仅有规范的物业管理和一定的住宿品质，而且价格只有周边的一半。

品牌化、市场化的"长租公寓"模式，是福田区在水围新村"人才保障房补贴"模式基础上的进一步创新迭代，为城中村综合治理机制的大范围推广提供了宝贵的模式创新经验。

（二）城中村街区治理：城市创意空间的开发

泊寓，作为国内龙头地产公司万科开拓长租公寓市场的产品，经过前期几个样板产品的开发，已经具有十分清晰的市场定位和目标客群。基本是以刚刚大学毕业，进入一线或中心城市开启职业生涯的当代年轻人为主。在创意经济大潮过去 20 年的长久舆论影响之下，这一代的年轻人对创意氛围、空间的视觉和文化符号的消费都呈现了不同于过去代际的明显需求。这样一种心理需求体现在空间上，就是房地产开发商针对这类群体的产品开发，注入了明显的以时尚潮流、青春活力的生活方式为特色的空间再开发。

对于万科来说，泊寓上步南店是以长租公寓的产品形式涉足深圳城中村改造的第一个项目，在某种意义上，具有样板的效应。事实上，这个样板效应，不仅仅是对于泊寓作为长租公寓产品的品牌而言的，更是对于政府以及其他城中村的业主而言的。因此，产品的创意和综合治理开发的能力就变得很重要。泊寓的主管公司万对在这个项目上除了对居住空间进行功能性的改造之外，更是开创了对楼房底层以及临街的空间做商业开发的空间治理方案。

之所以说万村对泊寓上步南项目当中商业空间的规划，是一种空间治理，是因为万村并不是将改造房屋的底层空间以及临街的商铺空间简单地出租，而是进行了业态的细致规划和定向招商。事实上，玉田村（向东围）在深圳不断的城市化过程当中，早已被周边的道路和商业大厦包围，留给该城中村进出口的空间已经变得非常狭窄，再加上该地块周边紧邻福田区著名的食街——东园路食街以及大型购物中心——新城市广场，周边街道几乎都是鳞次栉比的商铺。购物中心里面的高档消费类别与街道上低端的市民日常消费形成了鲜明的对比，使整个街区的氛围显得过于实用且功能化。为了通过自己的存在给街区注入新的文化氛围，万村依托万科强大的招商能力，对该项目中占据重要位置的商业空间进行了邀请式定向招商，以房租优惠的形式，将具有都市潮流品位的不同业态在该项目中进行了有目的、有规划的整合。其中特别注重对已经形成一定品牌效应的文化创业者和创意业态的引进，包括来自珠海的 Vintage 潮流店——"旧物仓"，来自东莞的黑胶音乐文化馆——"声音图书馆"①，来自广州的网红书店——"1200 书店"②，来自厦门由一群年轻的建筑设计师开创的轻食网红店——"反正"③，以及位于该餐厅和书店上面的创意旅馆——"取舍行旅"④，等等。其中，最有名的还包括据说装修了两年才完工的日式创新饮食的轻食店 + 酒吧——N. A. D. O⑤。该店由在国内享有旧房改造盛名的日本著名建筑设计师——青山周平设计，是一栋临街的二层独立小楼，自 2019 年开店以来立即成为吸引年轻潮人前来"打卡"的网红店⑥。据了解，店老板是餐饮界名人，拥有丰富的餐饮管理和品牌创办经验，是由万科招商部门专门从广州招来的重要商家。⑦ 由于这些在文化创意领域拥有知名度和影响力的品牌入驻，该街区的文化氛围获得显著提振，并吸引了其他一众在地文化创业者的入驻和聚集，包括艺术花店（一时半刻）、美甲店（Bella Nail）、课后学堂（胜笃教育）、小酒吧等。

当然，除了商业业主们各自个性化的视觉符号和文化身份建构，为了实

---

① 在深圳泊寓店之前，主理人在东莞南城万科 769 文化创意园开设了巫工作室。
② 该店来深圳之前，在广州已经拥有多家连锁书店，以 24 小时营业、接待书虫过夜等模式成为网红店。由于 2020 年的疫情影响，在 2020 年 2 月发起拯救活动苦撑 3 个月后，于 2020 年 5 月 31 日关闭。
③ 该店由于 2020 年的疫情影响而暂时关闭。
④ 取舍行旅与反正餐厅都是由"反正建筑"事务所自己设计和经营的。虽然由于疫情暂时关闭，但对于该建筑事务所来说，留下了一个城中村空间旧房改造的成功建筑作品。
⑤ 根据本人 2021 年 3 月 1 日到泊寓考察，跟泊寓工作人员的随机访谈。
⑥ 笔者两次田野考察，均遇到不少在店外拍照"打卡"的网红。
⑦ 根据笔者 2021 年 3 月 1 日到泊寓考察，跟泊寓工作人员的随机访谈。

现文化创业的招商策略，泊寓在空间规划和视觉设计上也做了主动的调性铺陈。例如，在从主街接入城中村楼房的入口，做了大面积、醒目的墙面涂鸦和青年生活主题动漫，色彩绚丽、青春灵动，既是对泊寓品牌内涵的传达，吸引召唤着目标客群，又将城中村原本沉闷、陈旧的空间氛围进行了视觉更新。在公共空间的功能规划上，泊寓在管理处的底层空间设计了供青年租客共同使用的公共空间，包括吧台、桌球台、办公的工作台等，相当于为入住的年轻人们提供了联合办公空间以及社会交往空间。另外，在具有开阔空间条件的天台上，泊寓还有设计供青年们开 Party 的公共设施，鼓励年轻人们打破"各自为政"的壁垒，在城市中结交志同道合的伙伴。

五　小结

（一）其他的声音

"玉田模式"是近年来涌现的一种具有大胆创新意味的城中村治理模式。然而，在实施的过程中以及舆论的评论中依然存在不少困难和质疑。其中，主要的质疑如下。

（1）城中村经过长租公寓的改造后，租金价格相比之前有了成倍的提高，致使原本居住在城中村的低收入者被迫迁移，因此被某些舆论质疑，认为这样的改造缺乏道德，是一种变相提高了社区居住成本的"士绅化"行为。

（2）玉田村在当初与万科集团旗下的万村进行接洽谈判的时候，尽管大部分的业主是抱支持态度，但仍然有少部分业主不愿将房产交给房地产公司进行统一改造，因此玉田村村内至今仍有部分楼宇是由业主自己管理租赁。"玉田模式"的案例是否真能够起到模式的作用，在未来应用到其他的城中村治理中？

（二）反思与展望

城中村的综合治理是深圳这座特殊的城市在城市更新过程中长期以来都

不得不正面应对的特殊难题。在过往长久的历史发展过程中，城中村的叙事经历了从"毒瘤"到承认其历史价值的翻转，使得粗暴的大拆大建模式越来越被慎重地考量，而更多创新的模式方法也因应深圳城市新的发展需求而不断在探索中形成多元而独特的创意治理案例。例如，水围村采取的由政府牵头做人才保障房改造的社会设计模式①，以及本文分析的玉田村采取的由政府提议、推动，市场主体房地产公司投资运营的长租公寓模式，还有前几年由城市建筑师、教授等创意阶层发起并成功保卫的"湖贝古村"完整保留案例②，等等。

作为中国第一个联合国教科文组织"创意城市网络"的成员，深圳以"设计之都"的称号较早拥有创意城市治理的意识，无论是在城市管理者层面还是以建筑师、设计师、教授为主的创意阶层层面，深圳在城中村的综合治理方面积累了丰富而宝贵的实践经验，为学术研究提供了多样化的案例，但是在学术研究界和理论层面一直处于暧昧不明的境地。

其中有多重复杂的原因。哈佛大学著名教授苏珊·费恩斯坦在《造城者》一书中通过纽约和伦敦的对比研究提出的几个关键问题依然具有启发性："经济重构和房地产开发之间的关系是什么？在哪些方面，再开发是经济重构的一种功能回应和动因？……房地产作为一个经济部门，有何特殊特征？它是否有助于真正的城市经济增长？或仅仅有利于虚拟资本增长？……我们应通过什么标准评估再开发过程？在什么条件下，谁会受益，谁会损失？……再开发应该怎样被纳入一个现实的、进步的经济增长政策？"③

城中村作为城市独特的空间形态，对应着一定经济历史环境下的特殊语境和特殊功能。随着深圳这座城市的性质从原初的"世界工厂"走向如今以"创客之都""设计之都"命名的、以创新驱动的社会主义现代化示范

---

① 袁园：《"流动的城市与记忆的村庄"——深圳城中村叙事的流变与城市文化转型》，《城市叙事：记忆、想象和认同——世界城市文化上海论坛（2016）》，上海书店出版社，2017。
② 袁园：《创意城市建设机制中的合作治理与公共参与——以深圳湖贝古村旧改为例》，《深圳文化发展报告（2020）》，社会科学文献出版社，2020。
③ 〔美〕苏珊·费恩斯坦：《造城者》，侯丽译，同济大学出版社，2019，第26页。

区，城市空间的意义势必将在多重势力的角逐、博弈中经历再生产和重新定义的过程。因此，城中村空间的治理实际上是一个融合了城市政治经济发展、人群结构、过去历史与未来想象等多重视角和利益权衡的综合性时代命题。尤其是在深圳这样一个特殊的城市当中，源自西方的城市更新研究的术语"士绅化"是否具有同等的解释效力？由房地产开发商投资运营的城市存量空间的改造，是否因为房地产商的逐利本质而天然带有不公正寻租的原罪？房地产开发商由于对空间、商业和文化的理解，以一种文化"策展式"招商的技术来重新治理街区空间和社区关系，是否也应该被看作列斐伏尔意义上空间生产①经济功能之外的城市文化生产过程？

事实上，在泊寓上步南店的改造过程中，还有两个有趣的、配套的空间生产实践。一个是万村公司在该泊寓产品项目中专门规划、设计、保留了针对城市环卫工等低收入人群的出租空间，一个是福田区图书馆在玉田村旁开设了第一个 24 小时社区自助图书馆。这两处空间究竟在多大程度上解决了低收入人群的空间居住权和使用权问题，尚待进一步细化的实证研究来证实，但我们可以看到的是，政府和作为市场主体的房地产开发商对于一个城市黄金地段空间再生产项目的谨慎和尽可能地周全思虑②。换一个角度来看，长期以来关于城中村改造的经济利益与社会空间正义的议题讨论，确实推动了开发商和政府在不断迭代的实践中对多种利益主体需求的考虑，进而在"玉田模式"中呈现了可见的创新尝试。或许仍然有不足或不尽完美之处，但提出的问题和其他质疑的声音或可成为未来实践进行创新的起点。

---

① 参见〔法〕亨利·列斐伏尔《空间与政治》，李春译，上海人民出版社，2008。
② 在对玉田村所属的南园街道文化站站长的访谈中，在问到为何会在这个地点选址开设福田区第一家 24 小时社区图书馆时，她提到考虑到玉田村改造之后来此处落脚的年轻人增多，他们有着对学习和充电的需求。相当于回应了政府对玉田村的长租公寓改造项目的支持。

B.18
上海"社区花园"建设发展经验及问题

任 明*

摘　要：　提升各级政府部门对"社区花园"建设意义与价值的认识，鼓励街道和政府相关项目主动将资金拨给"社区花园"相关活动和社区居民，提高社区居民建设、维护社区花园的积极性；加大民政局居民自治金对社区花园的倾斜使用力度；积极通过社区微更新、城市绿化等项目为社区花园的建设、评比、推广等提供平台；鼓励相关机构设立专项基金支持社区花园建设；相关部门持续、有意识地培养在地的社会组织聚焦社区自治发展；重视并充分发挥第三方社会组织在社区花园建设中的积极作用，如联结资源、募集资金、宣传推广、统筹规划、日常管理、培训赋能、为社区花园提供更多活动内容等，鼓励更多社会组织参与社区花园的营造与建设，为市民自治与社区共治赋能。

关键词：　社区花园　市民自治　社区共治　缤纷社区　四叶草堂

社区花园，简单来说，"是由社区民众共同参与和分享的园艺用地。这些生活在同一个社区及附近的人，以志愿者方式或个体或形成社团对社区花

---

* 任明，上海社会科学院文学研究所副研究员，研究方向为城市文化、电影研究。

园提供日常的管理和维护"①。在人与大自然日益疏离的现代都市社会，"社区花园"为居住在同一个住宅小区或者共享同一处公共空间的人们提供了一处绿色自然空间，是社区居民重新联系自然、关爱自然、关爱城市、关爱彼此的重要纽带。在早于中国进入城市化社会的欧美发达国家，"社区花园"在美化社区环境、增进邻里互动、改善身心健康、宣传环保意识、唤起人们对美与生活的热爱等方面已经取得了诸多富有价值的实践成果。以英国为例，英国居民将社区园地作为重要食物来源已有上百年的历史。二战期间，为解决食品匮乏问题，英国城市在市中心开辟了社区地块进行种植，为当地提供新鲜水果和蔬菜。而始于20世纪60年代晚期的社区花园运动，主要是出于对绿色空间的新兴趣。英国小镇托德摩登开展的"Incredible Edible Todmorden"（"不可思议可以吃的托德摩登"）社区种植项目，其永续、共享的发展模式成为全球效仿的典范，吸引了来自世界各地的无数参观者；由英国皇家园艺学会（RHS）自1964年起在全英范围内推出的"花开英国"（Britain in Bloom）社区花园运动，每年有3000多支团队参加，帮助人们改变并美化当地的环境。此外，美国、德国、法国、日本等国家先后开展的"社区花园"运动及其花文化发展也是举世瞩目的，彰显了世界各地社区居民行动起来建设自己家园的潮流与力量。

社区花园的形状、规模与目的各不相同：可以是很小的一个角落、屋顶花园、操场花园等；可以对外开放也可以不对外开放；可以提供新鲜水果与蔬菜，为野生生物提供栖息空间，提升活动场所质量，充当室外教室，也可以作为管理良好的公共空间。其共同点是这些花园由当地居民通常以志愿方式组成的管理委员会进行管理。以"社区花园"为载体的社会治理项目，代表了以对社区空间的共同关注和对绿色自然的热爱而凝聚起来的社会力量，体现了市民社会的主体性与建设性，是中外社会治理与城市文化建设领域日益关注的一个重要课题，也是环境污染问题日益严峻的现代社会亟须动

---

① 刘悦来、魏闽著：《共建美丽家园——社区花园实践手册》，上海科学技术出版社，2018，第4页。

员的社会力量。

养花、爱花是上海市民文化的传统。春天在枝头盛开的玉兰花、秋季满城溢香的桂花、街头移动的花贩、地铁口售卖的茉莉花手链及栀子花花束，都说明了这座城市与花的不解之缘。近年来，在建设"美好城市、美丽家园"口号的号召下，"社会花园"以其物理性的存在和可以团结老、中、青、幼四代人的特性，成为上海推动社区共建、提升市民自治水平的有力抓手，得到了各方面的支持与重视。上海市容绿化局已经连续七年举办"市民绿化节"，还举办了上百场次面向市民的花文化活动；浦东新区开展"缤纷社区建设三年行动计划（2018－2020年）"，由政府搭建平台和提供资助，推动各社区居民积极行动起来，建设美好家园；自2017年以来，民革上海市委连续五年推出"花文化"研究系列课题，向市政协提交与"花文化"建设及"市民花园"发展相关的提案，并与静安区江宁街道、浦东新区塘桥街道等单位合作建立花文化实践基地；由上海同济大学建筑与城市规划学院教师刘悦来等发起成立的"四叶草堂"等民间组织，在积极参与社区花园的建设设计工作之外，利用专业团队与社交媒体的力量，开展与社区花园相关的知识普及与培训工作，成为上海"社区花园"建设发展过程中不可或缺的重要力量。本报告以"以社区花园建设提升市民自治水平"为出发点，梳理现阶段上海"社区花园"建设发展经验及存在的问题，以资借鉴。

一 上海社区花园的四种发展模式

"花园"，作为一项人类古已有之的美化环境的实践，作为连接人与大自然的重要纽带，自古以来就为城市居民提供了身心休憩与美育享受的重要空间，这从西方文化认为亚当、夏娃这对"人类的始祖"是住在"伊甸园"这个美丽的大花园里，以及中外上自王室贵族、下至文人雅士都积极打造各种私家园林的生活实践中可见一斑。通过对上海社区花园发展现状进行梳理，目前可以总结出四种发展模式。

（一）社区主导型

社区主导型是指由居委会和社区居民共同推动的社区花园建设项目，主要特征是建在居民小区内部，体现了居民自发的建设热情及自我管理的能力，居委会在其中起到协调、引领的作用。位于浦东新区浦兴路街道的中大苑，是原拆原还的本地农民动迁小区，为解决社区居民在小区内开荒种菜引起的矛盾，居委会作为居民自治组织的孵化器，积极引导社区自治活动，充分挖掘社区活动达人；目前社区内除了有居民自发认领建设的楼间绿地，还有由社区"花友会"志愿者团队建设的各种小花园、3000平方米的鸢尾花园、同济大学教师刘悦来团队参与建设的"一米菜园"、都市农园以及共建单位认领的花园等；社区花友会分成三组，男工组负责整枝、松土、除草，两个女工组主要负责除草，每天出勤会员可达30多人，是上海社区花园建设的典型。由金山石化街道紫卫居委会牵头建设的"瓶子菜园"，位于居委会二楼屋顶，面积约200平方米，以居民个人或家庭认领的模式，利用收集的废弃油桶、水瓶等加工成器皿，种植当季蔬菜，由35名居民组成自治团队，负责后续维护以及组织儿童节菜园主题绘画活动、"厨神大赛"等各种活动。杨浦区四平街道鞍山四村第三居民小区的"我们的百草园"，由1000多名参与居民自己组织、分配人力、物力和时间来维护，小区里40多名小朋友组建了志愿者队伍，轮流值日，为植物浇水、施肥、捉虫、修剪。徐汇区康健新村玉兰园由社会组织四叶草堂用三个月时间和居民一起完成，居民成立兰心社绿化自治会对花园进行维护。

除了社区空地与楼顶屋台，社区花园还可以体现为别具一格的空间美化形式，譬如居民利用鲜花对窗台、阳台及楼道进行美化。飞虹路1047弄小区是建成于20世纪90年代的居民小区，其48号楼7楼居民自发在窗台上摆花，引发大家响应，从7楼传播到8楼和9楼，后来楼道末端的后楼梯间也被居民改造成了育苗暖房；居民众筹资金，在8楼窗台上安装了40多米的不锈钢花架。楼道由私人占有、环境脏乱，变为美丽整洁；邻里关系也由于经常在聊天角交流花草养护知识而得到改善，可以互相托付钥匙和老人、孩子。

（二）多方联合主导型

由行业、企业与社会组织共治的社区花园，通常位于居民区外部，适合大块绿地，其中创智农园可算是典型代表。创智农园位于杨浦区五角场街道创智天地园区西侧，占地面积 2200 平方米，是上海市第一个位于开放街区中的社区花园，也是杨浦区绿化委员会办公室绿化管理创新实验点，由瑞安集团实施开发建设，四叶草堂与留耕文化进行维护运营。该社区花园较为典型地体现了政府发起倡导、搭建平台，企业提供资金帮助、承担社会责任，居委会发挥桥梁作用、宣传政策并促进落地，专业规划师设计改造空间、动员居民参与活动，社会组织提供服务、负责空间的后续维护管理的运作机制。在 2020 年 2 月新冠肺炎疫情猖獗期间，创智农园推出名为"SEEDING"的社区花园邻里守望互助公益云计划，号召全国各地的志愿者与社区，以无接触分享种子、绿植的形式来传递爱与信任，获得全国各地的热心人的积极响应，在一个多月的时间里，在上海就出现了 10 家种子接力站，很多人以"云打卡"的方式，表达对守望互助、建设美好空间、战胜疫情的信心。

此外还有街道和企业联合推动的、展示都市农业创造性的社区菜园，如天宝天空菜园、香草菜园等。2018 年在虹口区嘉兴路街道和农科院的合作牵头下，天宝养老院 11 楼的屋顶建成了天宝天空菜园，每个季节种植 40 种以上的特色蔬菜品种，营建可食用植物景观，并每年定期为街道市民开展 20 次左右园艺科普活动。该菜园采用农科院支持的核心技术，进行都市农业新成果、新科技、新理念的教育推广，并通过园艺体验活动，吸引市民体验农业劳动，推广健康生活方式。香草菜园由虹口区广中路街道和农科院合作牵头，在广中路街道的市民第一驿站 3 楼、4 楼的屋顶进行改造，建成一个以香草蔬菜为特色的主题菜园，开展芳香主题的科普互动活动。江宁街道与同乐坊创意园联合举办为期 8 个月的美丽"阳台""窗台"评比活动，引入花文化课程、户外绿植知识学习和体验活动等，让居民将所学技能和创造成果应用在生活之中。同乐坊还在园区内建立环保空间站，将厨余垃圾进行生化处理，将产出的有机肥用于居民生活美化活动和小区共建活动，厨余垃圾有机肥被设计成文创小礼品，变废为宝。黄浦区五里桥街道结合辖区创意园区的屋顶菜园，招募居民参与种植活动，完成特色景观菜园冬季蔬菜植物景观的更新。

此外还有中成智谷的火车菜园、世纪公园的蔬菜花园等由企业主导的社区花园发展模式。世纪公园 1000 平方米的"可食花园"由工人负责养护，不仅起到科普作用，还邀请市民游客参与采摘，亲民指数很高。

（三）政府推动型

指在政府实事项目推动下打造的社区花园，以浦东新区的"缤纷社区"系列为代表。此类市民花园通常建在小区外或小区内长期不用的荒地上。囿于公共资金投放原则，"缤纷社区"项目对市民花园的扶植较少投入在小区内部建设项目，而是以小区外部空间为主。2018 年建在拆违空地上的"潍坊园"，位于潍坊新村街道北张家浜路、南泉路口，占地 1340 平方米，该地长期荒置、杂乱无章；街道结合"缤纷社区"项目，将其打造成社区农园，将休闲生活、农园劳作、社区景观三者结合，采用居民自治方式，由附近三个小区的志愿者团队承包维护，项目开放共享，让居民有很好的获得感。

为鼓励社区居民自己动手建设美丽家园，浦东新区"缤纷社区"项目推出"社会自治微更新项目"类别，为市民花园建设提供合作交流、专业辅导及宣传推广的平台。2019 年被列入"缤纷社区"社区自治项目的新月家园的"心怡乐园"和凌兆佳苑的"幸福园"，由当地居民主动请缨成立社区花园自治小分队，在居民区内进行社区花园改造，改造资金来自街道管理办，日常维护则由街道自治办的居民自治金扶植，目前已建成集观赏性、趣味性、科普性、疗愈性于一身的亲子种植型花园。塘桥街道仕嘉名苑的"美丽家园"自治项目，由小区业委会委托实施，建设总费用 6.5 万元，街道补贴 3.8 万元，其余由业委会出资。2019 年崂山三村在小区边缘闲置空间打造的"不任意的任意门"，除了将堆荒空地打造成邻里花园，还开辟了一扇方便居民日常出行的转门，兼具生活美学和使用性，受到居民好评。

"招园"自治项目位于浦东新区招远小区内,总面积 150 平方米,改造前长期闲置,垃圾堆积、蚊蝇滋生、杂草丛生,改造后种植喜阴植物、花草、丝瓜等蔬果,具有可食、可学、可看、可玩、可憩的多重功能。

这些经浦东新区"缤纷社区"平台引领涌现的社区花园项目,为政府部门引领社区花园建设提供了探索经验。

(四)学校主导型

以培养学生自然知识和动手能力为主要目的的校区花园,主要取决于校长和老师的重视程度,目前上海市委机关幼儿园、同济大学附属实验小学、曹杨中学、浦东小学、上海戏剧学院附属新世界实验小学等都积极利用校区花园开展相关活动,培养学生对绿色自然的兴趣。上海同济大学附属小学 2016 年在同济大学青年教师和博士的指导下,打造了"一米菜园",构造"可食化自然校园",将自然教育、动手实践与孩子们的课堂教学结合起来。由上海戏剧学院附属新世界实验小学开辟的"崩瓜园",总面积约 460 平方米,以班级学生包干制度结合校外辅导老师在园区内种植各类蔬菜及崩瓜。学校利用"4+t"课程时间组织各班学生学习有关崩瓜的种植养护知识,邀请校外专家来校指导和传授种植技巧,各班学生利用课余时间完成自己包干地的种植及养护。

由于营造主体与所处空间不同,上海社区花园建设呈现不同的形态与运营机制,吸引了多方主体的关注与参与。值得一提的是,第三方社会组织在市民花园建设过程中起了重要的沟通连接、资源整合、宣传推广与专业指导的作用。四叶草堂是一家成立于 2014 年、致力于自然教育与体验、永续设计以及社区营造的民办非企业服务机构(NGO),形成自然认知、自然利用和自然营造等系列自然教育产品,已经陆续在上海直接参与营造了超过 90 个社区花园,经过四叶草堂培训赋能,由居民自发设计营造运行的迷你社区花园超过 600 个。其主要功能包括参与社区花园的设计、建设、种植与养护,提供花园建设及养护知识培训、社区规划师培训等,并积极通过网络和社交媒体分享实践与理论经验。其活动主要以企业或政府购买服务的方式进行，是政府借助社会组织赋能社区的典型。此外，自 2017 年以来，陆家嘴社区公益基金会通过社会营销拓展社会资源，联合沿街商户和周边居民区，建成社区图书馆阳光花园、福沈居民区小花园、上港居民区上港印象、招远居民区"招园"自治花园、申富大厦微花园等一系列项目；2020 年浦东"缤纷社区"项目推出 10 个社会自治微更新项目，其中 8 个项目由陆家嘴社区公益基金会凑建，全部采用社会资金建设，在宣传推广、牵线搭桥，以及整合社区、社会与企业力量等方面起到重要作用。

不管是什么样的建设与运营模式，社区居民与志愿者团队始终都是社区花园的建设者、使用者、维护者与发展者，这是上海的社区花园建设深入城市肌理，以"绣花针"般的态度使城市建设越来越美化、细化、活化的重要原因。

二 问题分析

社区花园在加强社区基层治理、营造社区自治新空间上具有以下特点。①开放性。社区花园是社区公共空间，向所有人开放，是市民休闲互动的公共空间。②包容性。社区花园的建设与活动，老、中、青、幼各个年龄层都可以参加，对参与人群具有兼容并蓄的包容性。③实践性。社区花园的建设与维护需要付出辛勤汗水，需要懂得植物养护知识，也需要社区居民的集体参与，活动具有实践性与互动性。④美育性。社区花园以植物、空间设计与生态之美，向居民传达绿色环保与生态美学的理念与态度，活动及空间具有与生俱来的美育性。社区花园作为社会建设的抓手具有的特点与优点，使得近年来上海市各方面开始关注社区花园的建设作用，涌现出一些体现社区活力的优秀做法与社会组织，但己存在一些尚待改进的问题。

（一）政府引导与扶持力度不足

（1）政府对社区花园建设缺少全面系统的政策性支持。社区花园项目涉及多个政府条线（管理办、自治办、房办等），在办事流程、实践指南等方面缺乏相关部门的专业指导与指南。

（2）对于生态环保组织、社区公益基金会等第三方社会组织参与社区花园建设，政府缺少资金、政策等配套支持；一些项目完全依靠社会资源，具有较大的不确定性。

（3）居民自治金投入在社区花园上的数额不足，后续维护缺乏保障。

（二）社会组织发育不够

（1）社区自主管理能力及自治支持力量不足。缺少专业人才、在地的社会组织以及促进社会自治的交流网络。

（2）社区普遍缺少能够领导社区花园建设的带头人以及进行后期维护的志愿者团队。

（3）社区花园志愿者团队主要由退休人员和老年人组成，未能吸引各年龄层的人共同参与。

（4）社区花园的设计、建设、种植与养护需要大量专业知识与团队，目前专业知识的推广普及与人员培训等相关工作仍很缺乏。

（5）第三方社会组织参与社区花园建设的主动性与积极性亟须得到鼓励与开发；四叶草堂和陆家嘴社区公益基金会等先行者在社区花园建设中的积极作用与宝贵经验亟须进行总结与推广。

（三）活动与宣传意识不强

（1）社区花园目前主要作为休憩、种植与养护的场所，未能积极开展其他有益于社区的教育、健康、文化、社会等领域的公益性活动。

（2）居民、业委会、居委会、基层党组织、周围的商铺、学校、家长、企业、社会组织等对社区花园建设各有诉求，目前在社区层面缺乏能够理解与整合这些诉求的专业人才与组织，导致互动与合作不够，譬如校区花园在学校寒暑假期间仅靠校工很难维护。

（3）社区有关生态环保、资源循环使用等方面的知识及技术手段仍有较大提升空间，居民区和物业管理缺少在小区利用落叶树枝进行堆肥的意识和实践，缺少废旧资源存放空间。

三 对策建议

"社区花园"既是都市人心灵和眼睛休憩的空间，是邻里互动、培养孩子动手能力的重要园地，更是提高市民自治和社区共治水平的重要抓手。现代人与城市命运的密不可分性，在习近平总书记 2020 年底考察上海时提出的"人民城市人民建、人民城市为人民"① 的重要理念中得到了充分体现。2020 年 7 月 21 日，李强书记在上海市第十五届人民代表大会第四次会议闭幕会上指出，建设人民城市，归根结底是为人民创造更加美好的生活；治理好、建设好、发展好上海这座超大城市，没有局外人、旁观者。针对上海市社区花园建设目前面临的主要问题，本报告提出以下建议。

（一）加大各级政府部门与相关组织在资金、人力与平台上的支持力度

提升各级政府部门对"社区花园"建设意义与价值的认识，鼓励街道和政府相关项目主动将资金拨给"社区花园"相关活动和社区居民，提高社区居民建设、维护社区花园的积极性；加大民政局居民自治金对社区花园的倾斜使用力度；积极通过社区微更新、城市绿化等项目为社区花园的建设、评比、推广等提供平台；鼓励相关机构设立专项基金支持社区花园建设；鼓励上海市各社区发展基金会向陆家嘴社区发展基金会学习，设立"社区绿化"专项基金，为社区花园的建设与发展提供资金与网络支持。

（二）加强社区自治组织、志愿者团队与专业机构的建设与赋能

相关部门持续、有意识地培养在地的社会组织聚焦社区自治发展；鼓励更多像"四叶草堂"这样专注于社区营造与绿化环保等问题的专业性社会

---

① 《习近平：在浦东开发开放 30 周年庆祝大会上的讲话》，新华网，http://www.xinhuanet.com/politics/leaders/2020 - 11/12/c_ 1126732554. htm。

组织的成立与涌现，为社区花园发展提供设计、维护、咨询、培训等方面的专业性支持；重视并充分发挥第三方社会组织在社区花园建设中的积极作用，如联结资源、募集资金、宣传推广、统筹规划、日常管理、培训赋能、为社区花园提供更多活动内容等，鼓励更多社会组织参与社区花园的营造与建设，为市民自治与社区共治赋能。

（三）以联动、共建为抓手，联合各级组织丰富社区花园的活动内容

鼓励当地社区以社区花园为园地，以联动、共建为抓手，与团委、妇联、地工委等展开密切合作，共同举办各种活动，扩大社区花园的社会影响力和提高空间利用率；以社区花园为载体开展健康、科普、宣讲等各种公益活动；通过开展"亲子活动"，吸引祖孙三代共同参与；以亲子、读书、音乐、写生、团建等活动带动社区花园向年轻化、家庭化、互动化、多样化发展；打通校区花园与社区居民的共建渠道；将校区花园在寒暑假期间向周边社区开放，解决空窗期维护问题，推动学校与周边社区的共治发展。

在新冠肺炎疫情期间，人们发现，那些平时治理较好的小区，防控管理也平稳有序，充分体现了加强基层治理、提升市民自治水平的重要性。社区花园等"微基建"项目，不仅仅是环境翻新和花园营造，更是市民社会发展过程中的关键步骤与有力抓手。社区花园一年365天、一天24小时，时时存在和开放，是推动社区共治和居民自治的宝贵的也是性价比较高的资产，值得进一步总结经验、破除瓶颈、加大推广与发展力度。

B.19

龙岗区构建精准公共文化服务体系的创新探索

张有菊　张英信　代才优　汤瑛*

摘　要： 龙岗区贯彻落实习近平总书记关于树立精准思维的重要论
述，提出创建全省第一个精准公共文化服务体系示范区。围
绕实现"精准服务"的核心目标，聚焦数量精准、质量精准
等六个维度，龙岗区在实践中推进精准制度设计、精准需求
把握、精准社会参与等"十大精准行动"，建立从需求到供
给的精准公共文化服务生态链，取得了显著成效。

关键词： 龙岗区　精准服务　公共文化服务

党的十八大以来，习近平总书记在讲话中多次强调要树立精准思维，以
精准的理念、思路、方法推动新时代中国特色社会主义建设的各项工作。龙
岗区贯彻落实习近平总书记关于精准的重要讲话精神，提出创建全省第一个
精准公共文化服务体系示范区，以实现"精准服务"为目标，树立精准思
维，完善制度设计，创新精准实践。

---

* 张有菊，深圳市龙岗区广电旅游体育局副局长，研究方向为公共事业管理；张英信，深圳市
龙岗区广电旅游体育局科长，研究方向为公共文化服务体系发展与创新、文旅融合发展；代
才优，深圳市龙岗区广电旅游体育局一级主任科员，研究方向为公共文化服务绩效管理；汤
瑛，深圳市龙岗区广电旅游体育局职员，研究方向为公共文化服务均等化。

一　背景情况

（一）习近平总书记关于精准的重要讲话精神

在全面推动深化改革过程中，习近平总书记多次强调深化改革要突出精准，突出重点，对准焦距，找准穴位，击中要害，精准施策。2016 年 5 月 20 日，习近平总书记主持召开中央全面深化改革领导小组第二十四次会议，提出，"要把依靠全面深化改革推进供给侧结构性改革摆上重要位置，坚定改革信心，突出问题导向，加强分类指导，注重精准施策，提高改革效应，放大制度优势"。①

2019 年 5 月 29 日，习近平总书记主持召开中央全面深化改革委员会第八次会议并发表重要讲话，强调我们要保持战略定力，坚持问题导向，因势利导、统筹谋划、精准施策，在防范化解重大矛盾和突出问题上出实招硬招，推动改革更好地服务经济社会发展大局。

（二）基本公共文化服务体系、现代公共文化服务体系和精准公共文化服务体系

1. 基本公共文化服务体系

2007 年 8 月，中共中央办公厅、国务院办公厅印发《关于加强公共文化服务体系建设的若干意见》，首次提出"基本公共文化服务"的内容范围，提出与中国特色社会主义事业和全面建设小康社会的历史进程相适应，按照结构合理、发展均衡、网络健全、运行有效、惠及全民的原则，以政府为主导、以公益性文化单位为骨干、鼓励全社会积极参与，努力建设以公共文化产品生产供给、设施网络、资金人才技术保障、组织支撑和

---

① 《习近平主持召开中央全面深化改革领导小组第二十四次会议》，新华网，http://www.xinhuanet.com/politics/2016–05/20/c_1118904441.htm。

运行评估为基本框架的覆盖全社会的公共文化服务体系，切实保障人民群众看电视、听广播、读书看报、进行公共文化鉴赏、参加大众文化活动等基本文化权益。

2. 现代公共文化服务体系

2015 年 1 月，中共中央办公厅、国务院办公厅印发《关于加快构建现代公共文化服务体系的意见》，提出构建体现时代发展趋势、适应社会主义初级阶段基本国情和市场经济要求、符合文化发展规律、具有中国特色的现代公共文化服务体系；提出到 2020 年，基本建成覆盖城乡、便捷高效、保基本、促公平的现代公共文化服务体系。公共文化设施网络全面覆盖、互联互通，公共文化服务的内容和手段更加丰富，服务质量显著提升，公共文化管理、运行和保障机制进一步完善，政府、市场、社会共同参与公共文化服务体系建设的格局逐步形成，人民群众基本文化权益得到更好的保障，基本公共文化服务均等化水平稳步提高。

习近平总书记在党的十九大报告中强调完善公共文化服务体系，深入实施文化惠民工程，丰富群众性文化活动。2018 年 8 月 21～22 日全国宣传思想工作会议在北京召开，习近平总书记出席会议并发表重要讲话，指出要推动公共文化服务标准化、均等化，坚持政府主导、社会参与、重心下移、共建共享，完善公共文化服务体系，扩大基本公共文化服务的覆盖面和适用性。这些都是构建现代公共文化服务体系的题中要义。

3. 精准公共文化服务体系

构建精准公共文化服务体系是龙岗区适应新时代人民群众美好文化生活需要和公共文化服务高质量发展要求，是贯彻落实"粤港澳大湾区""中国特色社会主义先行示范区"建设要求，是结合龙岗区实际创新提出的构建现代公共文化服务体系的制度设计。结合党和国家对现代公共文化服务体系建设的要求和标准，龙岗区创新提出精准公共文化服务体系理论的六个维度和实践的十个环节（见表 1、表 2）。

表1　考察公共文化服务体系精准化的六个维度

数量精准维度	考察的是政府及公共文化机构提供的公共文化服务数量规模,以达到国家或者地方制订的指导标准和实施标准为精准指向
质量精准维度	考察的是政府及公共文化机构提供的公共文化服务的质量
时间精准维度	考察的是政府及公共文化机构提供的公共文化服务的时间,包括时间的长短和时间的合适性
空间精准维度	考察的是政府及公共文化机构提供的公共文化服务的空间规划布局和规定要求,突出考察能否实现群众享受和参与文化服务的均等和便利,并强调公共文化空间的覆盖面
经济精准维度	考察的是群众享受和参与政府及公共文化机构提供的公共文化服务的经济成本,体现均等性、公平性、便利性要求
种类精准维度	考察的是政府及公共文化机构提供的公共文化服务的丰富度

表2　公共文化服务体系精准化实践的十个环节

精准制度设计	突出政策制度层面的精准,要求顶层制度设计符合地方实际并有效实施
精准把握需求	突出精准识别群众需求,通过调查、访谈、大数据分析等方式了解需求
精准有效供给	突出实现公共文化服务供给精准对接需求,减少无效或者低效供给,实现公共文化服务供给的效益最大化
精准品牌打造	突出根据地方实际、群众需求和未来趋势培育适合城区特点、提高城区形象和受到市民欢迎认可的文化服务品牌
精准价值融入	突出将社会主义核心价值观融入精准公共文化服务体系,构建具有城区人文精神的公共文化服务和城区文化特色
精准资源配置	突出对构建公共文化服务体系的所有资源的精准配置,实现最大化的配置效益
精准政策促进	突出制订切合实际的具有前瞻性、操作性、针对性的政策措施,解决精准公共文化服务体系中的政策措施缺失的短板
精准社会参与	突出精准地鼓励和促进社区力量广泛参与公共文化服务体系建设,整合和利用社会资源,激发社会参与公共文化服务的活力和积极性
精准智慧支持	突出如何精准充分利用社会的智力支持
精准绩效评估	突出对相关机构、服务产品及相关活动的绩效评估

（三）龙岗区构建精准公共文化服务体系的必要性和迫切性

与深圳市其他各区（新区）相比,龙岗区有特殊区情。一是行政大区。龙岗全区实际管理面积388.59平方公里,下辖11个街道111个社区,资源较为分散、集中统筹难度大，公共文化供给任务繁重。二是人口大区。全区常住人口在全市排名第二，2019年常住人口达到250.86万，实际管理人口达到500.4万人，作为典型的移民人口聚集城区，公共文化需求多元。三是产业大区。龙岗一直是深圳的产业大区，华为、比亚迪等全球知名企业在这里发展壮大，柔宇、艾尼尔等行业新秀在这里萌芽成长，信息通信和先进制造业聚集，科技、商务、精英人才不断汇集，公共文化需求层次越来越高。

但是，龙岗区现有公共文化服务发展与其作为深圳市行政大区、产业大区、人口大区地位不完全匹配，存在较明显的不平衡不充分问题。一是区域发展不均衡不协调，呈现"东强西弱""中心强外围弱"的特点，中心城区在公共文化设施、公共文化活动、公共文化社会组织发展等多方面都比其他区域更强。二是设施分布不均衡不协调，社区一级文化设施实现了均等化，较为平衡和协调，但区级、街道级文化设施分布更多地集中在中心城片区，其他区域亟待发展。三是供需对接不平衡不协调，公共文化服务与实际需求尚未完全精准对接，供需衔接效度不够，服务供给侧改革需加大力度，更好地顺应全区经济社会发展、适应辖区市民的需求。

因此，如何立足龙岗特殊区情，破局公共文化服务不平衡不协调问题，精准地满足不同群体、不同层次的文化需求，在公共文化服务领域迫切需要探索新路。

二 龙岗区构建精准公共文化服务体系的创新实践

围绕"精准服务"的核心目标，龙岗区在推进精准公共文化服务体系的构建中，逐步树立和强化精准服务的理念，将精准服务与标准服务、均等服务、便利服务、品牌服务、特色服务相融合，创新推动构建精准公共文化服务体系的实践，市民的文化获得感和幸福感显著提高。

（一）实施精准制度设计行动

一是实施《深圳市龙岗区创建广东省公共文化服务体系示范区规划》

和《深圳市龙岗区创建广东省公共文化服务体系示范区工作方案》，对各项创建任务目标进行了细化分解和责任落实。二是实施《深圳市龙岗区图书馆总分馆制建设实施方案》，在图书馆原有总分馆的基础上优化完善图书馆总分馆服务体系，实现全区统一的图书馆总分馆服务，总分馆覆盖率达到100%。三是实施《深圳市龙岗区文化馆总分馆制建设实施方案》，结合龙岗实际构建"文化馆总馆＋街道分馆＋社区服务点＋加盟分馆"的文化馆总分馆服务体系，统筹全区文化馆服务资源，实现统一联动服务。四是起草制订龙岗区加快构建精准公共文化服务体系的实施意见、鼓励和支持社会力量参与精准公共文化服务体系若干措施、推动来深建设者公共文化服务的若干措施等"1＋N"系列政策制度。五是实施公共文化服务目录制度，充分结合地域、行业、人员结构等差异，定期编制发布年度全区公共文化服务菜单，实现"菜单式"服务供给，提高公共文化服务效率和质量。

（二）实施精准资源配置行动

一是重点完善薄弱街道公共文化设施资源配置。补齐个别薄弱街道及新拆分街道文化设施建设滞后的短板，共投入 53 亿元，新开工建设布吉、坂田北等七大街道文体中心项目。二是全面推进社区综合文化服务中心建设。整合盘活现有场所资源，通过新建、扩改建、租赁或共建共享等途径解决场地问题，111 个社区综合文化服务中心设置率 100%、达标率 100%。三是有序推进图、文两馆总分馆建设。突出重点，以提升基层服务效能为目标，多种方式推进区图书馆、文化馆一体化管理，实现总分馆之间"三个统筹"（统筹经费、人员、资源）和"五个统一"（统一业务管理、统一服务目录、统一资源配置、统一人员培训、统一绩效考评），从而有效整合全区公共文化资源，完善公共文化资源的管理体制和运行机制。四是推进人力资源精准配置。科学设定各公共文化机构的人员编制，科学精准配置人力资源，2020 年投入 1220 万元，采购 11 个街道文化分馆及 111 个社区服务点共 122 个工作人员的一体化管理服务，形成全区公共文化服务人力资源的多元精准配置，形成专业专职、专业兼职、时限服务、志愿服务、购买服务等人力资源协同服务的格局。五是推动资源整合,打破部门界限和条块分割,区文化行政部门和民政部门面向社会征集一批公共文化服务类优质项目,遴选 25 个优质项目纳入"2020 龙岗区民生微实事·大盆菜服务类优质项目库",供各社区党委引导群众"点选"。

(三)实施精准需求对接精准供给行动

一是精准把握百姓需求。建立公共文化服务需求采集和分析机制,采取线上数据采集分析与线下调研访谈相结合的方式,面向社区居民、企业职工、基层文化干部、文艺骨干、专家学者等,通过大数据分析、问卷调查、深度访谈和座谈会等路径,全面精准把握群众文化需求。二是以精准需求推进精准供给。充分结合地域、行业、人群结构等差异,编制全区年度公共文化服务菜单,实现"菜单式"服务供给。在满足全区 11 个街道 111 个社区普惠型基本公共文化需求的基础上,推进公共文化服务和资源向基层精准倾斜,实现服务区域均衡化、服务人群均衡化和服务形式均衡化。三是强化绩效监管动态调适供给。对公共文化服务实施事前、事中、事后全过程监管,通过"事前"制订绩效目标,"事中"开展现场巡查和第三方绩效评估,"事后"组织项目绩效验收、公众满意度调查等,建立"全覆盖式"监管机制,畅通反馈渠道,动态调适服务供给。2019 年以来,仅现场检查就覆盖公益培训、进基层演出活动共 843 场次,累计出动区街社区三级文化专干2132 人次。四是加快公共文化服务线下服务与线上参与的融合发展。2020年结合疫情防控实际,创新供给,丰富公共文化服务内容,举办"线上音乐分享会"和"寻乌寻影"寻乌影像线上展,让广大市民足不出户仍有高雅艺术相伴;探索开设"掐丝珐琅"抖音线上直播体验课程、雅虎直播平台线上声乐课程等公益艺术培训。

(四)实施精准品牌打造行动

一是推动文化活动精品化。引办深圳声乐季、粤港澳大湾区舞蹈周、聂耳青少年管乐艺术周等高端文化活动,推进声乐、舞蹈和管乐艺术的国际交流与合作，旨在打造世界级的文化品牌活动，扩大龙岗文化知名度；打造多元化本土文化品牌，举办龙岗水上音乐节、龙岗艺术季、深圳拉阔戏剧节、客家和社区文化节等形式多样的活动，丰富群众文化生活；引进开心麻花、迷笛中心等国内知名文化品牌落户龙岗，并通过迷笛公益演出、开心麻花惠民演出、举办喜剧大赛、联合打造原创音乐剧《嘻哈游记》并组织全国巡演等方式，满足市民不同文化需求。二是推进文化惠民品牌化。持续打造"你点我送"文化公益培训、高雅艺术进基层等文化惠民品牌活动，推进公共文化服务和资源进一步向基层倾斜，让文化真正走进街道社区、企业园区，切实办出老百姓爱接近并且容易接近的文化活动，2019 年以来，共实施公益培训 1.66 万课时，下基层文化活动近 400 场次；创建全市首个"全民阅读之区"，以"龙图书院""龙岗读书会""书香工业园"三个阅读平台为支撑，培育包括龙岗大讲堂、榕树头书场等近 20 个阅读服务品牌，2019 年以来，龙岗图书馆总分馆共举办各类阅读活动 2633 场。三是支持文化精品创作繁荣化。通过出台《龙岗区群众文艺精品创作扶持办法》《龙岗区非物质文化遗产保护补助与传承活动扶持经费管理办法》等政策，培育精品创作土壤；连续多年坚持举办管乐艺术周、国乐艺术周、戏曲艺术周等艺术交流与展演活动，打造少儿戏曲坊、校园青少年国乐艺术基地等艺术培训平台。

（五）实施精准社会参与行动

根据龙岗区的区情特色和市民需求的特点，精准地鼓励和促进社会力量广泛参与公共文化服务体系建设，充分整合和利用社会资源，支持文化类社会组织发展。

一是多模式引入社会力量参与公共文化服务设施建设运营。例如，以深圳红立方、大田世居（不可移动文物活化利用）和部分新建街道文体中心为代表，鼓励社会资本进入公共文化设施建设运营的"资本运营"模式；以区文化中心（迷笛中心、爱子乐阅读馆）、社区公共阅读空间（书吧）为切入点，鼓励优秀管理团队入驻政府场馆的"智力引进"模式；以"粤书吧"为试点，鼓励旅游景区、酒店联合促进公共文化服务的"文旅融合"模式。二是创新文化类社会组织孵化培育方式。打造龙岗文体创新中心服务平台，规范全区文化类社会组织管理，激发组织活力，专注支持文化类社会组织发展。2019年以来，开展专题培训、跨界交流等活动约25场，指导社会组织开展活动近150场；策划开展龙岗区文化艺术项目遴选大赛，以竞赛促进化培育，共投入281万元举办三届大赛，扶持区内48个优秀文化项目，开展公共文化服务活动1300场次。三是加大政府购买服务力度。根据各类文化活动的特点，龙岗区积极推进政府购买文化服务，形成了比较全面的购买服务机制，政府购买服务项目的数量规模逐年增长，已基本覆盖"你点我送"公益文化培训、文化惠民进基层演出、全民阅读、重大文化品牌活动等公共文化服务各个领域。2019年以来，仅区级文化部门投入超过4000万元，用于采购公共文化活动约1200场、公益培训1.66万课时。四是推进文化志愿服务"量质齐升"。按地域分布和领域特色，建立"1+16"文化志愿服务队伍组织架构，由龙岗区文化志愿服务队统筹，指导包括11个街道、区文化馆、区图书馆、区文化中心、区社会组织等16支文化志愿服务队开展各项文化志愿服务，注册文化志愿者数量（13029人）占全市总量的1/4。培育服务品牌，按照"普通文艺爱好者""专业人士""专家人才"，分类开展技能提升、活动策划等培训，以及提供活动场地和经费支持，打造"书香义工"等多个市级志愿服务品牌。

三 龙岗区构建精准公共文化服务体系的作用成效

（一）实现了设施构建成网，形成"十分钟公共文化服务圈"

龙岗区依托创建广东省第三批公共文化服务体系示范区，有的放矢补齐设施短板，2019年全区新增公共文化设施面积10万多平方米，实现"区、街、社区"三级全覆盖，打破层级壁垒，实现互通互联，形成设施、服务、资源的网络体系，服务范围一直延伸到社区，贯通了体系的"最后一公里"。建成开放龙岗文化中心（龙岗区文化馆、龙岗区图书馆、龙岗大剧院、龙岗音乐厅）、深圳红立方（科技馆、青少年宫、公共艺术馆、深圳书城龙岗城）等一批文化地标；区文化馆、区图书馆达标率100%（均为国家一级馆），两馆总分馆体系覆盖全区11个街道；推动11个街道综合性文化站、111个社区综合性文化服务中心的功能提升，除吉华等3个新增街道外，布吉等8个街道综合文化站均被评为省特级文化站，社区综合性文化服务中心实现全覆盖，达标率100%；用好党群中心、夕阳红老年中心等综合性服务设施，补充基层文化服务功能，全面打通公共文化服务"最后一面墙"。

（二）实现了资源有效共享，推进全区公共文化服务均衡化

龙岗区在统筹协调公共文化资源，实现优势互补、资源共享的同时促进资源向基层倾斜，促进全区公共文化服务的标准化和均等化，有效保证市民最基本的文化权益。依托图书馆、文化馆总分馆垂直一体化管理，以标准化促进均等化，填平补齐基层公共文化资源。截至2020年底，全区已建成35个图书馆分馆（其中9个街道分馆、22个区域分馆、4个劳务工分馆）。2019年以来，总分馆年接待读者486万人次，年外借图书389.19万册次，新办读者证68075张，开展读者活动2633场，天安云谷、坂田、龙岭等分馆的馆藏利用率超过100%；初步建成"1＋11＋111＋N"的文化馆总分馆体系，2019年以来，总分馆共开展各类公共文化活动超6600场次；11个街道、111个社区基层文化设施发挥了"桥头堡"优势，经费投入、文化人才、场地设备、精品节目、文艺团队等资源在全区范围内实现共享共用。通过构建"龙岗文体通""龙岗图书馆""龙岗文化馆"三大数字化资源库和公共文化服务平台，整合公共文化信息资源，实现了互通互联、资源共享、服务联动，发挥资源合力，提升资源使用效能，加快线上线下公共文化服务的融合，实现文化资源全覆盖，扩大公共文化服务设施的覆盖面和适用性。

（三）实现了供需精准对接，群众文化获得感和幸福感显著提高

龙岗区公共文化服务的精准供给结合特殊区情和群众需求，突出服务好大型企业与高端人才、青少年、一线工作者、特殊人群等，较好地解决了公共文化服务的平衡性与协调性，推动了公共文化服务供给与人民群众文化需求有效对接，推进了公共文化服务和资源进一步向基层倾斜，让文化真正走进街道社区、企业园区，有效提升了群众的幸福感。据统计，2019 年以来，开展"你点我送"文化公益培训，共面向 11 个街道 111 个社区和 30 家重点企业（产业园区）提供包括医学、舞蹈、器乐、美术、书法、摄影、声乐等 55 项培训课程，累计课时达 1.66 万课时。推出"文化惠民进基层"系列演出，将大型文化活动的场次合理安排在社区、学校、企业园区，2019 年以来，共安排高雅艺术进基层等八大类近 400 场次形式多样的文化活动，让百姓在家门口就可以享受高品质文化生活，初步实现了基本公共文化服务的便民利民，2019 年度龙岗群众对全区公共文化服务综合满意度 96.7%；精准助力产业大区发展改善营商环境，文化惠民进企业园区不仅丰富了企业员工的精神文化生活，甚至还为企业带来了直接经济效益。2019 年 8 月，某知名国际航空公司委托 SMT 审核机构前往龙岗区平湖街道某实业有限公司开展有关质量认证，发现企业为员工提供多样化文化公益培训（实际为政府提供），进而认可企业管理和文化建设，直接给企业带来了 2000 万元的订单，同时因为该航空公司具有行业示范性，间接为企业带来了其他潜在客户。

（四）实现了社会广泛参与，公共文化服务活力进一步增强

龙岗区强化顶层设计和政策支持，大胆创新，打造社会力量参与公共文化服务的"龙岗样本"。设施建设多元参与，深圳红立方采用"总运营商 + 策展商"的运营模式，成为全国第一个复合型功能整体运营的文化场馆群，由政府主导、引入社会资本和专业团队参与，公益性、惠民性十足。大田世居匠作博物馆获评广东省文物古迹活化利用 25 个典型案例之一，颐安都会社区公共阅读空间被中国书刊发行业协会评为"致敬社区书店"（全国仅 20

家书店获此荣誉）。文化社会组织发展有活力，"一大一小"成典范。"大围屋艺术团"是深圳唯一的以现当代舞为核心的舞团，先后参加 2019 央视春晚深圳分会场暨深圳市春晚演出等众多大型文艺活动演出，成为市、区公共文化服务体系构建中的一支生力军。"小弹唱 LIVE"公益音乐演出，自 2014 年以来已开展 120 多季，平均每月两场，参演乐队 200 余支，演出遍布龙岗区各街道社区、企业园区、学校商场，累计惠及观众近 30 万人次。这两个项目均被作为 2020 年深圳市文化馆行业发展研讨会"品质化"案例；文化志愿服务成规模有品牌，注册文化志愿者人数由 2019 年初的 700 多人发展到目前的 13029 人，超过深圳市总人数的 1/4，文化志愿者人数达到全区常住人口的 5‰；共发布活动项目 2530 项，服务时长超 66000 个小时，受益群众达 30 多万人次；区文化馆摄影文化志愿者"让照片讲故事"获评 2019 年度深圳市文化志愿服务示范项目，打造出区图书馆"书香义工"、大手小手与爱童行、区文化中心文化礼仪队等品牌志愿服务项目（队伍）。

城市文化空间

Urban Cultural Space

B.20
深圳交响乐团的职业化发展及其经验

关万维*

摘　要： 深圳交响乐的成立时间非常早，这个"非常早"有两个含义：一是作为改革开放试验田的深圳，在试验多种经济制度和行政方式的同时，也对城市文化进行了明确定位；二是这个定位，至少包括了国际化和经典化的双重含义。目前深圳歌剧院设计方案尘埃落定，待建成后将自行排演歌剧曲目，届时将需要一个职业乐团随时合作，而深圳交响乐团目前完全饱和运作，恐怕分身乏术，建设另一支职业乐团只是时间问题。深圳交响乐团的职业化发展经验可为新的乐团提供很好的参考，新的乐团将与深圳交响乐团共存、互补、竞争，共同繁荣深圳的经典文化市场。

关键词： 深圳交响乐团　深圳音乐　湾区文化

---

* 关万维，历史学博士，深圳市社会科学院文化研究所副研究员，研究方向为思想史与艺术史。

深圳经济特区成立之始，为弥补城市文化发展的不足，开始了对国有文化设施和文化机构的建设进程。进入 21 世纪，在市场经济条件下深化文化体制改革的大潮中，深圳裁减了部分国有文化机构，保留了深圳交响乐团和深圳粤剧团两家文艺院团。经过多年的发展，深圳交响乐团堪称体制内文化团体的成功典范。时至今日，深圳各方面的建设都取得了很大的成就，未来要实现中央在《关于支持深圳建设中国特色社会主义先行示范区的意见》中提出的深圳要建设区域文化中心等目标，加大文艺院团建设力度、全面发展文化事业成为当务之急，而深圳交响乐团的职业化发展经验，无疑为此提供了积极的启示。

一　体现深圳文化定位的交响乐团

深圳经济特区成立于 1980 年，深圳交响乐团成立于 1982 年。从时间关系来看，不难看到彼时深圳决策者的用意与文化情怀。作为改革开放的试验田、开拓者，深圳担负迅速找到适合我国社会现状与社会制度之间发展经济、恢复生产的方法与途径的使命，解决当时最为迫切的民生问题。此时，文化艺术的发展对于深圳而言似乎并不那么迫切，尤其是交响乐这样一种外来艺术形式，在彼时的深圳更显得极为奢侈。但是，在文化系统系列改革之后，一个全财政支持的交响乐团——深圳交响乐团，以及政府支持的深圳粤剧团（企业化转型）被保留了下来。

粤剧团加交响乐团，这一格局似乎也体现了彼时深圳文化走向的两个方向，或者说是体现了两个层面的选择。在深圳文化的定位问题上出现的一些比较重要的争议，主要围绕国际化与本土性的分歧。如吴忠所言："深圳并不处于中国传统文化的源头地区，历史的厚度和传统文化资源十分短缺：从深圳的文化特色看，它大体反映了现代文化世俗化、技术化、市场化和多元化的大趋势；从地域特征看，深圳毗邻现代化的国际大都市香港，社会开放度高，已具有相当浓烈的现代都市气息，且自身要建设国际化城市，这就意味着深圳文化的定位不可能是传统的，而应该是现代的。人们关心和关注深圳，不是因为在这块土地遥远的过去曾发生过什么或留下了什么，而是因为这个城市和地区在现时代曾创造了什么或还应该创造什么。深圳的文化定位只能是现代文化。"① 粤剧团与交响乐团一起得到支持，支持的方式虽然不同，但至少说明两种分歧得到正式的回应：粤剧团作为地域文化的代表，而交响乐团作为国际性经典文化的代表，二者在决策层面保持一种相对平衡的状态。从这个角度看，深圳交响乐团的成立可被视为深圳城市文化基因的确立与文化品格的重新定位。

在特区成立两年之后就成立深圳交响乐团，说明深圳文化定位从一开始就具有比较高的规格。在内地，除了广州交响乐团、上海交响乐团等有传统优势的城市交响乐团较早成立，一般省市的交响乐团普遍成立时间比较晚，如广西交响乐团于 1996 年正式挂牌，杭州爱乐乐团成立于 2009 年，贵州交响乐团成立于 2009 年，西安交响乐团 2012 年成立。像台北、澳门这样一直有稳定的演艺发展环境的城市，其交响乐团成立的时间也并不太早，甚至比深圳还晚。如台湾爱乐乐团成立于 1986 年，比深圳交响乐团还晚 4 年；澳门管弦乐团成立于 2003 年，不仅比深圳交响乐团晚了 21 年，而且刚成立时只是一支由 50 余人组成的双管编制管弦乐团。广州交响乐团创建于1957 年，但直到 1997 年才进行了体制改革，通过实行音乐季制度加快职业化进程。国字号的乐团，如 1996 年中国交响乐团在中央乐团的基础上成立，2000 年中国爱乐乐团在中国广播交响乐团基础上组建，在一定意义上也是一个全新的乐团：重新招聘乐手，重新聘请指挥，重新定制运作模式，脱胎换骨。这些老字号的交响乐团，实行音乐季制度的时间只比深圳交响乐团稍早一些。

由此看来，深圳交响乐的成立时间是非常早的，这个"非常早"有两个含义：一是作为改革开放试验田的深圳，在试验多种经济制度和行政方式的同时，也对城市文化做出了明确的定位；二是这个定位，至少包括国际化和经典化的双重含义。全新的深圳市有一个跟城市年龄接近的交响乐团，与

① 吴忠：《论深圳文化的特色与定位》，《经济前沿》2004 年第 1 期。

其他兄弟城市乐团创建的时间比较后，更能感觉到这点的价值。当然，乐团不是深圳文化国际化、经典化的全部，它只是其中的一小部分，而且它是可以通过政府的有效运作来完成的，但这一部分大致可以形成一个可供参照的样本。

二 困境与突破

承载着深圳文化理想的深圳交响乐团，也曾在很长一段时间内迷失了方向。乐团首任指挥是著名指挥家姚关荣，他的到来显然带给乐团一个较高的起点，但乐团的运作也受到原有文化体制机制的制约。1998 年的人事改革与 1999 年实行音乐季制度，使得深圳交响乐团开始走上良性发展的道路，从系列管理制度改革到稳步发展，无疑是一个富有探索意味的过程。1998年，深交被当作深圳艺术演出团体人事改革的试点单位。在此之前，"团长负责制"下的深圳交响乐团 18 年换了 10 任团长，并没有给乐团的发展带来很好的效果。1996 年，中直院团效仿国外盛行的"艺术总监制"，但彼时深圳的文化领导者有自己的思考。深圳文化局原副局长董小明说："'艺术总监制'固然比惯用的'团长负责制'跨进了一步，但'艺术总监制'是国外市场经济下的管理模式，实行艺术总监制顺理成章，况且他们上面有董事会制约。而我们则是在经济体制转换过程中，体制改革许多新问题不是一个好的专家团长或艺术总监能承担的。深圳交响乐团的领导必须是具有现代管理能力的团长。"① 而在 1998 年，深圳市文化局做出一个重要决策，对乐团采用了团长（兼总经理、法人）与艺术总监共同负责的"双领导制"，由"不懂音乐"但懂文化产出规律的陈川松出任团长，从俄罗斯学成归来的音乐学博士张国勇出任音乐总监。

2021 年春，在深圳交响乐团疫情之后的第一个乐季首场演出开始之际，

---

① 徐良瑛：《"深交"何以异军突起——深圳交响乐团改革发展启示录》，《文化报》2004 年 7月 10 日。

笔者在深圳音乐厅后台指挥休息室就深圳交响乐团的发展与改革等问题简单采访了当晚的指挥张国勇。张国勇表示，"深圳交响乐团不仅是深圳发展最好的文艺团体，在中国也是如此"，而作为深圳交响乐团职业化的主要推动者之一，张国勇对乐团改革和职业化之路可谓深有体会：之前原有的大锅饭习气并没有因为乐团崇高的文化定位而得到丝毫改变，在某些时期的晚上，站在乐团的院子里，没有听到练琴的声音，只有搓麻将的声音；乐手带徒教课是主业，排练、演奏更像是副业；演奏员不尊重指挥、不服从领导的现象严重。"改革是要触动一部分人的利益的，有些浑水摸鱼的人要维护自己的利益，当然要极力抵制改革。当时的情况可以用'枪林弹雨'来描述，我们冒着巨大的阻力，与已有的惰性作抗争，逐步分流一些不称职的演奏员，全球招聘新的高水平的演奏员。打破大锅饭，进行一次彻底的职业化改造。接下来逐步完善系列管理制度，所有团员按照拉幕演奏打分的方式安排座位。从此之后，在乐团的院子里再也听不到打麻将的声音，开始听到练琴的声音。"①

完成制度的建设与风气的扭转，对于一个交响乐团来说仅仅是必要的起点，提升乐团的整体艺术积累与演奏水平才是乐团发展的核心问题，也需要更长的时间来磨砺。1999年，深圳交响乐团在新任团长陈川松和音乐总监张国勇的合力推动下，紧接在中国交响乐团等老字号乐团之后，推出音乐季制度，成为国内最早推行音乐季的交响乐团之一。张国勇在接下来的几年中，对乐团的演奏曲库做了循序渐进的规划。音乐季制度的施行，不论是对演奏员还是指挥，都提出了更高的要求。所有参与者都承受了更多的磨砺，付出了更多的努力，但收获了集体的音乐表现力，提升了集体的文化价值，也使得深圳"经典性与国际性'的文化定位逐渐名副其实。

深圳交响乐团实行团长和艺术总监双轨制后的首任音乐总监是张国勇，继任者先后是时任中央音乐学院指挥系主任的俞峰、德国著名指挥教育家爱华德，现任指挥是中国少壮派指挥、索尔蒂国际指挥大赛大奖获得者林大

---

① 2021年3月5日晚张国勇在深圳音乐厅后台接受笔者采访时所言。

叶。如果说学成于俄罗斯的张国勇，在他约 3 年的音乐总监任期内主要演绎肖斯塔科维奇等俄罗斯作曲家的作品，那么学成于德国的俞峰，则把注意力集中到德奥系的作曲家。乐团前任团长陈川松说："张国勇类似一个建筑师，花了 3 年时间神速地把深交的大框架树立在观众的面前。现在俞峰所做的是大框架内部的精雕细琢，要让乐团在整体实力上达到一个新的高度。"[①]俞峰任深圳交响乐团音乐总监时间长达 7 年，带领乐团排练了更广泛的作品，从贝多芬到勃拉姆斯，从门德尔松到马勒，音乐会曲目的选择范围更加广阔。为了锻炼乐手之间的协调、配合能力，俞峰通过抽签组合的方式排练重奏室内乐，这种随机组合，很好地锻炼了乐手的应变能力、合作能力，乐团的整体能力因此得到更大的加强，乐团不论综合素质还是表现力都得到了明显提高。

2008 年，出任中央歌剧院院长的俞峰辞去深圳交响乐团音乐总监职务，由德国知名指挥家克里斯蒂安·爱华德接任。爱华德曾任柏林国家歌剧院首席客座指挥，与柏林国家歌剧院合作过上百场歌剧，并与莱比锡布商大厦乐团、德累斯顿国家剧院乐团、巴伐利亚广播交响乐团等世界一流乐团有过成功合作。爱华德的加盟，无疑给乐团带来了许多新的东西。乐团音乐季演出曲目的结构，实现了从早期的每场演出上半场一套相对通俗的组曲或一些雅俗共赏的散曲组合与下半场一部比较大型的作品结合，到近十几年来上半场协奏曲与下半场交响曲的结合的变化，而且与世界知名独奏家合作的机会也更多，演奏作品逐步覆盖音乐史各流派、各主流经典作曲家的作品。以 2015 年为例，当年的音乐季，除了有克里斯蒂安·爱华德和特聘音乐总监乌罗斯·拉约维奇的亲自指挥之外，又与来自多个国家的受邀知名音乐家与乐团合作，比如指挥家蔡金冬、胡咏言、汤沐海、吉多·J. 欧姆司特达、卢修斯·黑默尔、爱德华·宾亚思，小提琴家薛苏里、高参、陈曦、朱丹、迈克尔·巴尔塔，大提琴家尼古拉斯·施密特、埃里克·伦茨，钢琴家殷承

① 徐良瑛:《"深交"何以异军突起——深圳交响乐团改革发展启示录》,《文化报》2004 年 7 月 10 日。

宗、杜泰航、元杰、奥克萨娜·雅布隆斯卡娅，歌唱家戴玉强、田卉、宋元明、徐晓英等，演绎了贝多芬第三、四、五钢琴协奏曲，第五、六、七交响曲，马勒第一交响曲《巨人》，杜卡的交响诗《魔法师弟子》，普罗科菲耶夫的交响童话《彼得与狼》和第一小提琴协奏曲，海顿的《玩具交响曲》，西贝柳斯的第一交响曲、小提琴协奏曲和交响诗《芬兰颂》，拉威尔的《丑角的晨歌》《在库普兰墓前》《圆舞曲》，拉赫玛尼诺夫第二钢琴协奏曲，柴可夫斯基第二钢琴协奏曲、第四交响曲，门德尔松第三交响曲《苏格兰》，舒曼的a小调大提琴协奏曲，勃拉姆斯的双提琴协奏曲，鲍罗丁第二交响曲，柏辽兹《庄严弥撒》等经典名曲，也演奏了一定数量的中国作品，如《枫桥夜泊》《马林巴协奏曲壹号"壹个世界壹个梦想壹份爱"》《悲歌》《黄河大合唱》，交响组曲《乔家大院》，大提琴音画《英雄独白——献给抗日女英雄赵一曼》，二胡协奏曲《一枝花》，交响合唱《唱给春天的歌》，昆曲音乐《春江花月夜》等。

2016年，克里斯蒂安·爱华德教授卸任，青年指挥家林大叶出任乐团音乐总监兼首席指挥，慕尼黑爱乐的终身艺术家、巴塞尔交响乐团原首席、台湾青年小提琴演奏家张景婷出任乐团首席，具有丰富乐团指挥和管理经验、在国内外乐坛拥有强烈号召力的著名指挥家余隆出任乐团艺术顾问，延续已经形成的良好势头，继续扩大乐团演奏曲库，并不失时机地推出歌剧的音乐会版，即在乐队环境而非歌剧实景的情况下让歌剧角色带妆演唱，如2017年9月15日在新乐季开幕时推出威尔第歌剧《阿依达》，同年12月上演的瓦格纳的歌剧《尼伯龙根的指环》选段和莫扎特歌剧《唐乔万尼》，都是音乐会版。推出的音乐会版歌剧弥补了深圳歌剧院尚未建成的缺憾，也在一定程度上满足了深圳观众逐渐增强的欣赏歌剧的需求。

几代音乐总监的接力式发展，使深圳交响乐团不断扩大曲库、吸收新鲜血液、提升音乐表现力。在一些老牌乐团因各种原因有所起伏、新乐团翅翼未丰的时候，职业化之后的深圳交响乐团稳步成长，用张国勇的话来说，每次与深圳交响乐团的合作，都发现它又有新的进步。乐团陆续把优秀演奏家招纳入演奏团队，并不断与各种独奏家和指挥家完成新的合作。

深圳交响乐团因此成为目前国内最有朝气、口碑良好的乐团，同时也是演奏水准最高的乐团之一，与建团之始被赋予的文化理想与文化定位也逐渐相符。

三 拓展乐团的发展空间

一个乐团在城市文化版图中的作用很重要也很独特，而这种作用需要在实际的需求中体现出来。一个乐团在尚未做到"万众来朝"的时候，"走出去"是一种必要的操作。深圳交响乐团现在不仅吸引了本地听众，也广泛吸引了珠三角地区甚至更远地区的乐迷。如何在更广泛的区域甚至国际区域里创造和体现这种需求，需要的就是"走出去"。

1997年10月，职业化改造之前的深圳交响乐团首次访演欧洲，在柏林菲汉莫尼音乐厅、布拉格斯美塔纳音乐厅举办音乐会，这也是两个音乐厅第一次迎来中国乐团。职业化之后的深圳交响乐团，继续尝试"走出去"。2007年1月，乐团应邀在巴黎荣军院圣路易大教堂演出，这也是该教堂第一次迎来亚洲职业乐团；2010年起，深圳交响乐团受文化部派遣赴印度、泰国、南非、美国、法国、西班牙等国家和联合国教科文组织进行文化交流演出；2012年，深圳交响乐团应邀在国内外交流演出16场，在欧洲的演出包括九大城市的10场音乐会，这是深圳对外文化交流史上出访时间最长、规模最大、行程最长的新纪录。从伊斯坦布尔开始，到意大利城市拉维罗、法国城市迪纳尔、波兰城市波兹南等，演奏瓦格纳、拉威尔等人的作品（尤其可贵的是，还上演了数量众多的中国音乐作品）；同年又应邀参加欧洲音乐节联盟和罗马尼亚广播媒体文化中心的音乐活动，乐团于9月5~25日赴意大利、斯洛文尼亚和罗马尼亚三国举办了5场音乐会。

2015年10月20日至11月1日，乐团应邀与著名的德国柏林喜歌剧院首次合作，分别在厦门闽南大戏院和广州大剧院上演莫扎特著名歌剧《魔笛》，连续5场的演出，获得整个歌剧团队的认可和称赞。2016年9月，应欧洲音乐联盟和罗马尼亚广播媒体文化中心邀请，参加了斯洛文尼亚卢布尔雅纳音乐节、意大利艾米莉亚罗马涅音乐节、梅拉诺音乐节、罗马尼亚国际广播音乐节等重要国际音乐节演出。2017年，乐团于9月16～30日沿"一带一路"陆路巡演中东欧四国，相继登上了匈牙利布达佩斯李斯特音乐厅、奥地利克拉根福特音乐厅、斯洛伐克布拉迪斯拉发音乐厅和捷克斯美塔那音乐厅演出。2019年，应斯洛文尼亚卢布雅那音乐节组委会、意大利多尼采蒂歌剧院协会、意大利卡斯泰洛城国际音乐节、德国埃尔拉根市政府、德国慕尼黑室内爱乐乐团盛邀，乐团于9月1～13日相继在斯洛文尼亚卢布雅那文化中心、意大利贝加莫社会剧院、意大利卡斯泰洛城教堂、德国纽伦堡艾尔朗根大教堂、德国慕尼黑嘉斯台文化中心举办音乐会。

深圳交响乐团历年的交流演出，既有政府的派遣，也有学术性邀请，这些成绩对于一个年轻乐团来说还是很不错的。拓展自己的舞台空间，对乐团来说也是一个重要的事务。分析亚洲著名乐团日本NHK交响乐团的发展历程发现，NHK乐团成长为一个国际知名乐团，除了自身演奏能力的提升，国外巡演的质量也至关重要。NHK乐团成立于1926年10月，开始叫"新交响乐团"，直到后来跟NHK广播公司长期签约，定期播出乐团演奏的音乐，于1951年更名为NHK交响乐团。从乐团成立到1936年与NHK广播公司开始合作的10年间，NHK乐团一方面通过介绍音乐作品、普及音乐知识来培养自己的听众；另一方面也不断优化乐团的演奏能力，10年间举办了113场音乐会。① 这个数字今天看来虽然很小，却让它取得了与大广播公司合作的机会。从与NHK广播公司合作到更名NHK交响乐团的15年间，日本人开始邀请欧洲著名指挥来苇领乐团，并通过广播继续扩大自己的听众。在正式更名NHK交响乐团之后，乐团开始邀请国际一流的指挥家来训练自己的乐队，其中包括卡拉扬。1960年，NHK开始做环球巡演，1972年NHK乐团获得了在欧洲6国17城演奏的机会，让欧洲人领略了亚洲乐团的水平，这是NHK乐团成长生涯的重要突破，是NHK乐团成为一个有国际影响力乐

① 参见靳婕《世界著名乐团与歌剧院》，中国人民大学出版社，2016，第2页。

团的必经之路。

一个乐团对一座城市的文化的影响无须赘言。在深圳其他文化创作单位要么刚刚起步，要么因缺乏足够重视而发展并不那么令人满意的情况下，交响乐团成为一个亮点。在世界文化艺术版图上，城市的文化含量经常与乐团相关。以香港为例，香港管弦乐团对于香港的文化地位就有非常正面的影响，尤其是在近年来达到一个高峰。梵志登领衔的香港管弦乐团在2015～2018年的4年时间里，排演了瓦格纳歌剧《尼伯龙根的指环》整套四部歌剧，采用音乐会版的方式演出；又与纳索斯公司合作采集了演奏现场录音，全套录音以蓝光和CD发行后，香港管弦乐团获得2019年《留声机》杂志"年度乐团大奖"，而梵志登本人也获邀兼任纽约爱乐乐团的音乐总监，乐迷与业界对他寄予厚望，希望他能带领纽约爱乐乐团重振雄风。如果没有在香港的成功，梵志登不一定能获得纽约爱乐乐团音乐总监的位置，而梵志登在香港最卓越的创举，就是排演、灌录和发行《尼伯龙根的指环》。在以电影为主要代表的香港文化生产出现停滞之际，香港管弦乐团成为香港文化最耀眼的符号之一。深圳交响乐团目前取得的成就显然是令人满意的，张国勇认为它是国内发展最好的文艺团体之一，可谓当之无愧。从更高的出发点看，深圳交响乐团同样也有非常大的发展空间。而如何利用目前良好的发展势头，继续吸引更多的优秀乐手加盟，继续邀请更多更高层次的独奏家、指挥家与乐团合作，继续争取获得更多与国外音乐活动互动的机会，继续提升乐团在经典音乐版图中的位置，是接下来要做的。更多的投入，更高的定位，更大的目标，更用心的运作，借着目前生机勃勃的发展趋势，一个更出色的乐团完全可以期待。

四 深圳需要另一支职业乐团

近几年来，深圳演艺场所的层次逐渐变得丰富起来。坪山大剧院、龙岗文化中心剧院、宝安西乡会堂等文化设施建成并投入使用之后，各区政府越来越重视对经典音乐的推广和对观众的培养。业余乐团如深圳大剧院爱乐乐团、盐田爱乐乐团等也相继成立，并有相对固定的演出。龙岗、宝安等区也通过引进深圳交响乐团的部分场次的方式与深圳交响乐团建立合作关系。

深圳的音乐消费者群体很早之前就有这样一个共识，即深圳需要第二个职业乐团。从2001年开始，深交演出排期已十分饱满，演奏任务应接不暇，演出场次排名在全国同行里，连续三年稳居前三名。之所以需要第二个职业乐团，一方面是因为深圳交响乐团自身在朝更高层次发展，另一方面是因为深圳本地乐团越来越不能满足本地市场的需求。这二者之间是存在一定矛盾的，当然这个矛盾是完全可以调和的。深圳交响乐团如何提高、减负、发展，是另一个需要考虑的问题。

深圳交响乐团现在的演奏场次数量巨大，堪称全球最忙的乐团。从近10年来的情况看，2010年深圳交响乐团大小演出111场，其中音乐季演出26场，政府指令性重大演出10场，受国家文化部派遣赴印度文化交流演出1场，有偿演出30场，学校、社区、广场公益性演出44场。2011年演出115场，其中音乐季演出26场，政府指令性演出22场，公益性演出35场（管弦乐队22场，小乐队12场，合唱团1场），国内外交流演出8场，商业有偿性演出24场。2012年全团演出112场，其中管弦乐队音乐季演出26场，政府指令性重大演出6场，管弦乐队公益性演出43场，国内外交流演出16场，商业演出21场。2013年演出109场，其中音乐季演出28场，政府重大演出8场，公益性演出47场，国内外交流演出9场，有偿演出17场。2014年乐团共计演出98场次，其中音乐季演出28场，政府重大活动演出10场，公益性演出37场，国内外交流演出10场，有偿演出13场。2015年，乐团演出100场，其中音乐季全年演出28场，政府重大及公益演出50场，国内外交流演出7场，有偿商业性演出15场。2016年演出127场，其中音乐季演出40场（交响音乐会38场，室内音乐会2场），政府指定性演出及公益性演出57场，国内外交流演出11场，商业演出19场。2017年全年演出170场次，其中音乐季演出38场，政府指定性演出及公益性演出100场，国内外交流演出8场，商业演出24场。2018年全年演出

169 场次，其中音乐季演出 38 场，政府指定性演出及公益性演出 100 场，国内外交流演出 8 场，商业演出 23 场。2019 年全年演出 172 场次，其中音乐季演出 38 场，政府指定及公益演出 100 场，国内外交流演出 6 场，商业演出 28 场。2020 年共计演出 167 场，其中音乐季演出 38 场，公益演出 100 场，国内外交流演出 7 场，政府基金项目及有偿商演 22 场。①

纵览乐团各年度报表数据可见，2015 年，全年观众开始突破 10 万人次。2012 年起，国内外交流演出 6～16 场不等。音乐季演出，从 2010 年的每年 26 场逐步增加到 2016 年以后的每年 38 场。每年演出总量，除了 2014 年以外，每年都在 100 场以上，2017 年甚至达到 170 场。虽然其中包括一些室内乐等小规模演出，但绝对数量还是很多的。

文化生活尤其是音乐文化生活是现代城市生活幸福指数的重要指标，维也纳的经济水平在欧洲算是比较普通的，但以其音乐生活的多姿多彩，而被评为最有幸福感的城市。像德国班贝格这样的欧洲小城市，人口不足 8 万，却有一个颇有名气的班贝格交响乐团，该乐团曾于 2010 年末远涉万里登临深圳音乐厅。瑞士苏黎世城区人口 38 万，加上郊区人口仍不足 150 万，但拥有多支专业或业余乐团，且知名的专业乐团就有六七支。这些乐团支持着这个 150 万人口的城市音乐生活，其丰富程度可想而知。这些乐团在组织结构、规模、演出时间、节目特色上都存在一定的互补性和竞争性，而这种竞争直接促进了乐团艺术质量的提高。在香港，除了其他艺术团体，职业乐团也有两支——香港管弦乐团和香港小交响乐团。

深圳歌剧舞剧团新成立，下属的歌舞剧院合唱团由于起点很高，操作相对成熟，迅速在业内获得非常高的评价。采访期间张国勇对这个合唱团评价也很高。深圳歌剧院设计方案尘埃落定，建设完成之后，将自行排演歌剧曲目，届时将需要一个职业乐团随时合作，而深圳交响乐团目前完全饱和运作，恐怕分身乏术。2000 万人口的深圳，日渐成熟的经典音乐市场，加上深圳歌剧院自身的迫切需要，另一支职业乐团的出现看起来可以提上议事日

---

① 数据来自深圳交响乐团相应年份的年度报表。

程了。不管是深圳歌剧院管弦乐团，还是深圳爱乐乐团，新团的成立，只是时间问题。深圳交响乐团的职业化发展经验无疑可以为此提供很好的参考，新的乐团将与深圳交响乐团共存、互补、竞争，共同繁荣深圳的经典文化市场。

B.21
"我在深圳"，我在短视频的浪尖跳舞

金敏华*

摘　要： 在"人人都是创作者"的年代，以抖音、快手为代表的短视
频平台，往往通过用户自行拍摄并上传分享个人视角的城市
景观或心情故事，无形中实现了城市形象的广泛传播和推
广，这种模式提升了市民、游客的参与度，但也面临视频素
材质量没有保障、城市形象在传播过程中易招误解甚至歪曲
的窘境，深圳本地短视频新媒体"我在"反其道而行之，以
专业制作团队出产的精品视频，久久为功，终以能较为精准
把握内容尺度，将城市故事以富有美感的形式加以呈现渐为
天下识。"我在"团队希望将这种不求"爆款"，但求"平
均成功率"的做法稳步推进、复制到不同区域，而第一步目
标则是深圳生活圈相关城市。

关键词： 短视频浪潮　城市形象　深圳

2021年4月14日，"我在IAM"（后简称"我在"）视频新媒体微信公
众号发布了一则题为"故事开始的地方"的原创短视频，讲的是深圳罗湖
渔民村新建的融渔村图书馆、幼儿园、长者服务、社康于一体的党群服务中
心，是如何"以人性关怀重构社区想象"的。

* 金敏华，自由撰稿人，前资深媒体人，研究方向为与建筑设计、艺术文创、阅读及生活方式
相关的城市泛文化事务。

在很多人看来，短视频是与碎片化阅读相对应的快餐式观影。但不可否认的是，当下社会生活节奏和信息获取速度的不断加快，正催化媒体形式与内容的衍变。

随着移动网络的普及、移动流量资费的下降、网红经济的崛起，短视频以其制作时间短、生产流程简单、信息密度大、接收门槛低、传播速度快等特征，完美迎合了移动互联网时代的受众需求。相比传统的图文形式，短视频创作者可运用的信息维度更多，展示方式更丰富、更直观，因而在普罗大众的日常生活中迅速占据了一席之地。

一般来说，短视频通常是指时长在 5 分钟内的视听新媒体模式。长于个性化表达，互动性强、草根色彩浓，且具一定亚文化表征的短视频，被视为更能激发个人创作欲望，打造个人 IP。短平快的大流量传播内容迅速获得各大平台、粉丝和资本的青睐。截至 2020 年 12 月，中国的短视频用户规模已达 8.73 亿①；稍早一些的一份研究报告则显示，近九成网民使用短视频，且人均单日使用时长达 110 分钟，使得短视频成为仅次于即时通信的第二大网络应用②。

一　短视频中的党群中心缘何受捧

不过，类似于介绍社区党群服务中心这样的内容，并非短视频惯常所见的。

在传统媒体时代，建构城市形象的主力毋庸置疑是电视台、广播电台、报刊等官方媒体，而在新媒体时代，随着为网络视频发展赋能的新技术诸如5G、AI、大数据深度应用等进一步成熟，短视频已成为城市形象塑造和传播中，越来越活跃的部分。尤其是它以音乐、图像、声音、文字糅合的形式，多维度地将抽象、复杂甚至无趣、模糊的城市形象重构出立体、具象、

---

① 中国互联网络信息中心（CNNIC）：第 47 次《中国互联网络发展状况统计报告》，2021。
② 中国网络视听节目服务协会：《2020 中国网络视听发展研究报告》，2020，数据截至 2020年 6 月。

简单、多元、有趣、清晰、更在地化乃至"IP化""网红化"的新形象。各大城市的"抖 in City 美好生活节"，就是传播城市地方文化，助力城市形象塑造的成功案例。

但"我在"的做法并不主流。不妨接下去看看这部短视频：虽然在渔民村没有实际的生活体验，但年轻的罗湖区委组织部副部长、区两新组织党工委书记宫雪却在视频里说，自己很向往这里的生活。因为这里有为小朋友提供精细化服务的幼儿园，有打破传统社区图书馆设计样式、让一家三口愿意整个周末都泡在这里的图书馆，有将长者服务、社康中心整合成一门之隔、医养融合的一体化长照中心，更有"切切实实满足"老百姓对生活品质追求的种种需求，包括居民会客厅家具的选择和摆设：放什么样的沙发，哪种颜色合适，能看到不远处深圳河和葱郁林子的落地大玻璃窗，可让功能室"秒变"的各种灵活空间设计……宫雪认为，党群中心为社区居民提供如此精细的全周期管理，就是为了让老百姓意识到，"这里就是他的家"，希望最终能打造出一个"先行示范社区"。因为在她看来，先行示范区应该是由无数个小小的先行示范社区构成的，"如果城市的每一个社区都很和谐，充满温暖，那整座城市就将是一座令人感到温暖的城市"。

接下来，在负责党群中心设计的建筑师，深圳局内设计创始人、哈佛大学设计学院建筑与城市设计硕士张之扬的引领下，观众领略了整个中心设计的种种细节。不到十分钟的短视频传递出建筑师的价值观：好的建筑空间能使人与环境的关系更加融洽。

改造后的社区提高了居民的参与感。老百姓对共建共治共享，慢慢有了需求。政府通过"民生微实事"项目，让老百姓领养城管提供的花卉，建起若干小花园。在居民共同参与下，周边环境保持得整洁、宜居。

在深圳，渔民村是符号般的存在。国内第一个万元户村、全国首批社区股份公司、农村城市化改造样板……作为邓小平、胡锦涛、习近平等三代党和国家领导人先后到访的场所，它所承载的象征意义不言而喻。宫雪说，对于这个深圳最早实现"物质小康"的社区而言，怎样在更高层面上实现"精神小康"，是渔民村人的强烈愿望。在这样的愿景指引下，大家共同打造出新型党群中心这样理想中的社区客厅。渔民村的尝试，价值就在于"老百姓需要什么，我们就提供什么"。

"我在"微信公众号发出视频和文字报道后，很快阅读量就上升到近8000次，五花八门的留言十分精彩。

有说见闻的：在图书馆遇到一位读者，住在龙华，坐车到这里要40分钟，就是因为喜欢小图书馆的氛围和环境，竟然经常专程跑到这里度过一个安静的下午……

有评论建筑师设计的：朴实，但是好用；处处是设计师内心温润的照拂，没有炫耀的设计，特别好。

有大发感慨的：建筑师如同造梦家，将自己对生活的观察、对人生的感受，倾注在建筑的每一处细节中，唯其如此，建筑才拥有了故事和温度。

有赞不绝口的：一个基层政府"为民办实事"的初衷与建筑师的人文情怀水乳交融的民生项目，以人性关怀回应居民所需，因其契合百姓切身利益，得到社区居民高度接纳和积极参与，一切都是那么顺理成章和水到渠成。

也有调侃的：好多有哲理的金句，嗯，拿小本记下来……

二 探索现代生活的无限可能

很明显，这是一则关于深圳美好空间的视觉故事。

像这样的原创视频故事，"我在"每月会生产及发布26条，也就是以超过日（工作日）均一条的频率，在包括央视频，长视频四大头部平台"爱优腾芒"（爱奇艺、优酷、腾讯视频、芒果TV）中的前三大，短视频两大平台巨头抖音、快手，以及B站、今日头条、澎湃视频等国内外20多个主流平台分发。更为自由、灵活的发布方式，正是"我在"的优势与特点；而"我在"的另一个特点，是以视频为主导，构建音频、杂志封面、图片文字辅助读物、小程序商业服务及互动评论的融媒体平台。

"我在"当然不是建筑美学或城市规划类这样的专业色彩浓厚的视频内容制作机构，用它开宗明义的SLOGAN（口号）来说，它是扎根地方、纪录城市和个人成长的视频新媒体：用更加自由、人文、独立和商业的深圳人的生活方式原创视频讲述深圳人的故事。①

可以看出，它立足深圳这座中国独一无二的、洋溢青春荷尔蒙的创新型移民城市，紧盯的是"深圳最争先的人"——所谓最争先，或许也可以理解为"最深圳"：最富深圳气质、最具深圳特质。它在意的是故事：身边人、身边事，相信最动人的景象藏在市井百态中，希望"用文学（情节/细节）解读商业、以生活（视角）理解深圳"，透过对不同人物的"梦想、信念"的记录，去看见、去聆听、去感受平凡之中深藏的不凡，从而呈现美好生活的深圳样本，进而探索中国人现代生活的无限可能。

这样"平淡"而佛系地致力于传播"设计改造生活"的品质生活方式短视频媒体，既缺乏成为"爆款"产品的可能性，更因其精英色彩十足的受众定位，与进入 2021 年后，呈白热化状态的国内"注意力争夺"大战中愈演愈烈的短视频领域竞争现状格格不入，在哗众取宠的视频泛滥、速食化、庸俗化日益严重的大潮中，它就像是一股清流。

自 2018 年 1 月开始发布短视频的"我在"新媒体，虽然起步时间相对较晚，却不但经受住了三年创业期的考验，更累积了广泛的影响力，至今总阅读量已过百万，且很大可能会在 2021 年实现赢利。这似乎是优质内容永远是强者之本的再一次脚注。传统媒体如是，新媒体、跨媒体乃至融媒体无一不是如此。

对于短视频产业来说，2016 年是个转折点。这一年，短视频用户数量首次突破 1 亿，上线四年的短视频平台"快手"推出直播功能；同年 9 月，今日头条投资 10 亿元孵化短视频创作，"抖音"上线；11 月，资讯类短视频平台梨视频上线。一时间，"人人视频"时代降临。短视频行业进入百花齐放的井喷期，各色短视频平台层出不穷，无论是背靠资本巨头的腾讯微视，还是相对冷门的"草根"平台小影、波波视频、闲看视频等，都在同一个舞台上迎来野蛮生长。这些短视频的办公地点主要集中在北京、杭州两地。

① 我在 I'MHERE 短视频 2020 版。

到了 2018 年，短视频行业历经数次洗牌，潮水退去之后，最终快手、抖音突出重围，确立了行业领先者的地位。另辟蹊径的梨视频定位为资讯类平台，也取得了属于自己的一席之地。三大平台各具优劣，在短视频这个大的分类下扮演着相似却不完全重合的角色。

快手的前身"GIF 快手"创立于 2011 年 3 月，2012 年 11 月转型为短视频社区，早期专注于下沉市场的深挖，让它早早地在三四线城市甚至农村风生水起；站稳脚跟后，再反过来通过草根流量出击一二线市场。这种独特的运营战略，在帮助快手取得高市场占有份额的同时，也贴上了难以摆脱的"低俗""土气"等标签。

相对快手而言，抖音在形象上更具优势，平台借助引入流量网红、请明星代言、赞助影视/娱乐节目等方式，为自己打上"时尚""潮流"的标签。作为今日头条旗下的短视频平台，抖音具有的算法优势能精准匹配用户兴趣，再通过发起话题和挑战、刷屏活动、资源倾斜等运营手段，打造出爆款视频单品。

与抖音、快手的定位不同，梨视频更重视生产内容的故事性与新闻性。由深具媒体背景的专业团队和遍布全球的拍客网络共同创造的梨视频是目前唯一比照传统媒体，建立"三审机制"的短视频平台，既包含由专业人员生产、注重内容品质的 PGC 视频，也包括由用户上传、强调用户关系的UGC 视频。

与三大扎根于北京或上海的短视频平台快手、抖音、梨视频相比，深圳是"我在"团队的主场，内容上有更多的地域特色是它的一大亮点，而这座自带网红属性的明星城市也给了"我在"源源不断的素材去探索属于现代中国人的美好生活方式。

三 纪录一座城与一个人的生长

在"我在"最初的用户画像中，曾这么表述："年轻、创业、多元和进取是我们认证的主流"，它把'争先'和"成长性"列为关键词，相信它的受众因年轻而充满活力；因怀揣梦想而发奋努力；因有明确的人生规划，而深具学习精神；因对环境有高标准要求，而成为高品质生活的刚需……

三年过去了，从"我在"微信公众平台用户分析可知，它的受众群体中，18～25岁的年轻人占比最多，为45.84%；26～35岁的用户次之，占比19.59%；18岁以下的用户占比15.93%；接下来是36～45岁，占比8.35%；最后是46～60岁，占比7.09%。"我在"的受众年龄比例，反映出深圳人口和短视频行业受众的年轻化。

在内容设置上，"我在"核心主题与深圳这座城市有极深的联结性。

"我在深圳"呈现个人与城市的关系，应邀出镜的深圳人，或拥有一定的话题性，或是这座象征竞争、潮流的移民城市携带勇敢和创新基因的创业者，或是某个行业大咖"欲望不止、争先不歇"的创富故事。

"好生活"纪录的则是一个人对城市空间的向往，前述《故事开始的地方》正是表现公共空间、建筑、设计与品质生活之间关系的案例。

"好生意"探寻一个人在这座城市的生活依据；"我在民宿"反映一个人在这座城市的生活方式、生活态度；而"好房子""顶楼"则专注于拍摄深圳人美好的家居生活，以及城市中具有代表性的楼盘……

通过实拍场景、对人物背后故事与细节的挖掘展示，在深圳名人社交网络中的广泛传播，"我在"留下关于深圳城市肌理、空间布局、自然山水、建筑设计、城市记忆、品质生活的第一手文献，并以专业的剪辑、配乐，结合文案传播出去，使城市形象在一个个鲜活的故事、场景中得以浮现。

于是我们听到了热闹的时装周背后，将即将消失的非遗文化带到米兰的深圳时装设计师的故事；看到来自米其林餐厅的海归年轻人，在深圳创建先锋味觉实验室的果敢；在深圳生活了20多年、被称为"地产界文艺大叔"的港人"北上探险"背后的纠结；世界级建筑师事务所BIG合伙人对一种实用的乌托邦建筑的奇思异想……在短视频《逆袭之死》中，讲述了一部叫《二毛》的纪录片背后的故事。《二毛》的主角，一名普通的来深务工者，是一名跨性别人士，包容的深圳给了这个"边缘人"一个舞台。导演贾玉川跟拍十七年，纪录片最终入围阿姆斯特丹国际纪录片电影节。类似这样的"戏中戏"呈现的个体故事，宛如一块块拼图，拼贴出人们对整个城市的印象。

我们也在"我在"短视频中听到、看到对城市过去、今天和未来严肃、认真的思考。

《诚品退出深圳 仅仅是家书店 不仅是家书店》中，有读者尖锐指出："这是深圳的悲哀，居然连一家书店都容不下。（它的文化根基）还是太浅，这是作为深圳人应该反思的。"而当茑屋书店华南首店正式确定落户深圳的消息几乎同时传来时，"我在"又及时做出反应：在疫情影响、电商冲击等多重因素影响下，诸多实体书店举步维艰，何以茑屋中洲湾 C Future City 店可以逆风而行？

在《深圳并不完美 但深圳需要时间》中，一直关注深圳城市文化轨迹的研究者在梳理了深圳一路走来，产业不断迭代和升级的整个过程后发声道：从贸易经济、生产经济、技术经济，到今天的创新经济，我们看到了一条知识含量不断增加的路径，深圳必须寻求更高质量的增长模式。

著名经济学家在深圳南科大"梦断"朱经武之后，再次"大胆建议"，希望深圳能够引进诺贝尔奖获得者担任大学校长，"到这里来创办新的大学，新的研究中心，创办实验室、工作室……希望深圳将来能产生世界上第一批某种意义上带有一点超前意识的未来学校。我非常想把这种探索性的未来学校模式带到深圳来"。

我们还看到了建筑师在皇岗口岸重建中，将水岸生活引入城市日常生活空间的天马行空，让城市在更新中不断生长；听到规划大师从城市规划和设计角度解读 2030 年深圳城市发展策略"可持续发展的全球先锋城市"到底先锋在哪；有建筑学者则希望深圳未来的城市更新，除了传统的拆旧建新之外，还能通过诸如（文化）事件、展览、活动等针灸式微改造，改变原有的生活状态。"我们不希望说，城市环境变好了，但是把人赶走了。"

更多的是关于新生活方式的呈现。在短视频《Grit House 一间关于爱与勇气的民宿》中，推送者告诉受众，"Grit"意为"勇气"，代表经受磨难之后，依然能重新出发的那份坚持。"基哥开这家民宿的初衷很简单——希望在前行中遇到挫折的朋友来这里小憩，然后再出发，继续自己的人生。"贴有"民宿""深圳较场尾""这是一家有故事的店""创业""慢生活""人生加油站"等诸多标签（tag），"我在民宿"系列发现，久一点的深圳人已开始告别"时间就是金钱、效率就是生命"，选择过一种更讲究生命体验、更追求人生过程而非结果的生活。

因为对城市故事的倾情和专注，"我在"团队制作的短视频，《最后的白石洲》系列纪录片及《深圳是我女朋友》短片，曾分别入选 2019 年第十届中国国际新媒体短片节国际短片交流展映"深圳短片单元"。

《最后的白石洲》聚焦白石洲旧改，记录下白石洲人面对一纸拆迁公告的彷徨、留恋和无奈。

毕业于东英格利亚大学、获媒体文化与社会硕士学位，已执导了一百多部短片的"我在"编导，这一次选择跟随城市声音记录者李扬，记录下她收集那些即将消失的白石洲声音的过程和心情。李扬正是从白石洲起步，一路打拼，过上了自己想要的生活。回到曾经生活过的白石洲的李扬就像是迷宫向导。

号称"深圳最大城中村"的"旧改航母"白石洲，有 15 万"深漂"在此"蜗居"，这片被人戏称为"深圳的非洲"的区域，被"深圳的欧洲"——"顶豪"富人区包围，割裂感强烈。却因为城中约有半数人曾经的城中村"落脚"经历，这里的"旧改"格外引人瞩目。

在两个月里密集进入白石洲拍摄的编导记录下正在经历蜕变与成长的白石洲的林林总总。同行的摄像小哥因为连续熬夜，某天凌晨两点抱着机器睡着了。年轻的女编导看着大街小巷每天都有人搬家，却想：他们能带走的是锅碗瓢盆，带不走的或许是在这里留下的酸甜苦辣。

这样的悲喜剧已经也将会继续在这座神奇城市 1000 多个城中村轮番上演。

时长 4 分 26 秒的《深圳是我女朋友》，则讲述了一位有许多奇思妙想的寻梦者、自由插画师青松，对深圳十年如一日的爱。

这位插画师因一幅《下雪的深圳》插画，在网上迅速走红，还被拍成微电影。有次一位电台主播采访时问他："如果你来画我，会怎么画呢？"青松突然来了灵感，觉得她因为我画深圳而来，那她就应该是深圳的形象。在《深圳是个女孩》这幅画中，城中的地标式高楼大厦幻化成了明眸皓齿的姑娘额前漂亮的刘海和头饰。他觉得这座城市就像是他的女朋友，每天都在陪伴着他。

这个有着不一般想象力的曾经的美术老师，刚来深圳时，在龙岗的一家家具厂打工，在手绘设计岗位上干了 3 年后，辞职当了一名自由插画师。现在，《深圳是个女孩》《晚安深圳》已被发行成深圳通，《趣城地图》手绘插画则让他获得第四届全国插画艺术展铜奖。

四 《发现坪山 我在坪山》

《发现坪山 我在坪山》30 集系列纪录短片，是"我在"短视频媒体平台上非常特别的一组作品。这是它首次在政府宣传文化体育事业发展专项资金的支持下，为以当地传统建筑的保护和活化、自然风土的发掘与研究、有趣灵魂的梳理和纪录，以及以坪山文化聚落为核心的全域文化营城进程留存珍贵影像的精心之作。

在某种程度上，这也是尝试纪录、反映深圳各区重塑区域形象、提升文化内涵的试水之作。这种以民间短视频内容制作机构领衔创作、借助主流分发共享渠道的推广、传播模式，正以快捷、方便、最大限度接近受众的特点，日益引起重视。

在"我在"制作的这组坪山系列短视频中，既有像大万世居这样布局造型独特、历经二百余年保留至今的客家建筑瑰宝，拍摄者采访了时年 75 岁，从小在世居长大、20 世纪 80 年代因房屋老旧才搬出的曾氏后人曾露松，寻找"我是谁，我从哪儿来，要到哪儿去？始祖何人，缘何聚散？"的终极问题答案，并留下珍贵影像档案。

这类题材还有表现坑梓田段新村魂牵梦绕客家海外情的龙田世居；"迴

抱春山秀、龙蟠吉第高"，数度维修、见证家族七代兴衰的新横村黄氏后人精神寄托迴龙世居；见证大水湾村黄氏族人迁徙和奋斗史的龙湾世居；88年前大溪地华侨在坪山所造、印证廖氏族人在这片热土生生不息的中西合璧鹿岭世居；以及背靠猪牯岭山的碧岭村黄氏丰田世居、唯一拥有两条中轴线的客家围屋青排世居、匾额诉说老屋故事的嘉绩世居、追忆消逝的家族浓情的新乔世居；等等。

拍摄者敏锐地感知并反映了在当地探索的客家建筑遗存活化运营新模式。以南中学堂等为代表的一批坪山城市书房，成为当地推行"文物保护＋文化服务/文创空间"思路的重要载体，经过设计师对老空间的再思考，以修旧如旧的手法，将图书阅览、艺术展览、文创展示与分销、文化沙龙、学术讲座、手工作坊、亲子阅读等全新的公共文化服务功能注入原有建筑，使得数百年的历史沉淀魔术般地转化为摩登的、渗透进坪山人日常生活的可爱事物，妙手回春后的坪山老屋仿佛注入了新的灵魂、有着无限可能：未来可融合客家美食、文创小铺、风格旅宿……类似老屋新生的案例，如同京都的町屋改建、台北的 URS 等，全球不同城市都有不少尝试，而被视作全新的社会创新及地方创生项目的"坪山城市书房"，既是一次老房子新生的漫游，更是新兴城区打造优质公共空间、塑造社区文化品牌的探索，使坪山焕发出独特魅力。

有意思的是，与政府主导的"城市书房"项目遥相呼应，民间自发的活化旧有建筑遗存空间的努力亦浮出水面。摄制团队捕捉到一个在闹市碉楼开设以茶会友茶室空间的主理人，他将百年建筑活化为适合当代人品质生活需求的休闲美学场所的出发点和手法，与城市书房如出一辙。

建筑空间的背后当然是坪山作为深圳客家移民的最早聚居地之一的史实，对于缺乏历史的深圳来说，或许首先缺乏的是对自身历史人文的再发掘和再认识。有本地客家文化学者曾指出，辛亥革命后，新式教育在深圳得到全面发展，仅坪山田心村南中学堂所在的客家村落一带，就有不少新学堂开办。这批新式学校，符合客家人耕读传家的行为模式，是作为客家人第四、第五次大迁徙代表地区的坪山在薪火相传教育路上的里程碑，亦是客家人崇文重教的象征。当时南中学校的学生不用交学费，只需每年交20斤稻谷，课程设置也与私塾截然不同，有国文、算术、地理、图画、唱歌、体育等，还是坪山第一个教授自然科学的学校。为了保证学校教育的持续性，毕业后的学生准备参加工作前，都必须回乡义务执教一年……这就是有人说深圳的客家文化连接着城市的过去和未来的根本原因。

类似南中学堂这样有近90年历史、建筑本身又是鲜明的南洋建筑风格和传统客家建筑元素的有机融合，无论是研究客家文化，还是深圳教育史，都是标本一样的存在。

更重要的是，它的重生或者说死而复生的保存、活化史，既成就了一段文物保护的佳话，更是深圳在平衡发展与文化资源保护上的标志性事件。

至于声誉渐隆的坪山文化聚落以及其中各有各精彩的诸成员如哲学家、作家周国平担任馆长的图书馆，建筑师刘晓都出任馆长的美术馆，还有精彩演出不断、丝毫不逊于市区剧场的坪山大剧院等自是镜头不容错过的热点焦点；对坪山河湿地公园、燕子岭生态公园、大山陂水库、马峦山郊野公园、聚龙山公园、金龟村等当地丰富的自然山水植物资源的发现与观照则呼应很快将要落户坪山的亚洲最大自然博物馆；东江纵队的传奇历史与足迹、曾生故居更是坪山丰厚历史文化中可以联结粤东、香港的独特资源。还有如麒麟舞般的当地非物质文化遗产，所有一切的落脚点都放在人身上，比如在金龟村找到现实与理想平衡点的开民宿的新村民，村里的猫村猫婶，以及外乡人老吉的故事……背后则是一种新兴生活方式的崛起。

对拥有一支新锐的、人数在20~30人的"我在"年轻团队来说，把握深圳这座城市的特质、理解这座城市的过去和未来趋势至关重要。

"我在"短视频由本地资深媒体人组建，管理层、主编、编导及摄影等主创成员大多具有主流媒体背景，其余成员则为毕业于国内外专业院校的"95后"，全部拥有本科和硕士以上学历，这为打造"真正有分量的美好生活原创视频新媒体平台"提供了最基础的保障。

创始人颜石泉二十多年前受过国内首张合资报纸外方专业采编团队的熏陶和训练，对媒体规律和发展趋势有自己的独特理解，也在不同区域的主流媒体担任过高管，有多地创业经历，后辗转于出版、地产广告代理、直投杂志多个媒体相关行业，立志将"我在"新媒体打造成以短视频为主导的新型生活媒体公司，这个 2014 年在深圳前海注册，以原创视频策划、拍摄（航拍）与剪辑制作及发布为主的视频媒体新平台，三年总投资约 1200 万元，以平实而不花哨、稳扎稳打、人文情怀和商业敏感兼具的行事风格逐渐打开局面。

颜石泉坚定认为，对于这家深圳唯一的本土短视频公司来说，将核心内容专注于深圳，面向深圳和深圳生活圈城市（东莞、惠州、汕尾、河源等）是未来在不同区域、不同城市复制"我在"模式的必经途径。

B.22
论深圳文学中的空间叙事和城市书写

欧宇龙*

摘　要： 随着深圳这座城市的蓬勃发展，深圳文学也出现了很多优秀的作家作品。深圳的独特性在于它是一座新兴的城市却发展迅速，由于缺少厚重的历史底蕴，所以作家多从空间的角度切入，通过空间叙事来塑造人物和书写城市。本文试图从公共空间、私人空间和心理空间三个角度去分析深圳文学的空间叙事特点。在公共空间叙事中我们看到了日新月异的特区形象，在私人空间叙事中我们感受到了人们压抑空虚的生活状态，而心理空间叙事则给我们呈现了生活在这座城市里的人们的精神困境和突围。

关键词： 深圳文学　空间叙事　公共空间　私人空间　心理空间

2019 年深圳高举新时代改革开放旗帜，建设中国特色社会主义先行示范区，2020 年则是深圳建立经济特区 40 周年。这座城市的飞速发展吸引了众人的目光，而它成功的背后没有其他经验的借鉴，凭借的是"敢冲""敢闯"的劲头。"三天一层楼"的深圳速度，蛇口提出过的众人皆知的口号"时间就是金钱，效率就是生命"，都让深圳创造出了一个个的发展奇迹，曾经无人知晓的小渔村成为各地人民蜂拥而至的大都市。如此重视经济建设的深圳曾经被扣上"文化沙漠"的帽子，认为深圳就是一座榨干青年人生

---

* 欧宇龙，深圳大学人文学院比较文学专业博士生，研究方向为比较文学与文化理论。

命精力的城市，人们的眼里只有金钱和各种欲望，没有精神层面的追求。这是一种过时的看法了，早期的深圳的确文化设施匮乏，但在 2004 年提出了"两城一都"的理念，要打造"图书馆之城""钢琴之城""设计之都"，实施"文化立市"战略。从 2000 年创办读书月以来，深圳形成了一种全民阅读的良好氛围。40 年间深圳出现了很多优秀的作家作品，除了像谢宏这样的本土作家之外，还有移民过来的彭名燕、邓一光、杨争光、曹征路、相南翔等作家，以及来深圳打工并凭借文学创作改变命运的王十月、林坚、张伟明、周崇贤、郭建勋等。城市和文学是相辅相成的，"在路过而不进城的人眼里，城市是一种模样；在困守于城里而不出来的人眼里，她又是另一种模样；人们初次抵达的时候，城市是一种模样，而永远别离的时候，她又是另一种模样。每个城市都该有自己的名字"①，通过这些作家的作品我们可以更加立体地去认识这座奇迹之城。深圳独特之处在于它是一座新兴的城市，不像北京、上海、南京这样的城市有着厚重的历史底蕴，所以作家多从空间的角度切入，通过空间叙事来塑造人物和书写城市。空间叙事并不是简单地描写某一具体空间样貌或是人物的活动背景，"文学的空间叙事不仅关注同一空间内部的复杂意义关系，更注重不同空间之间上下文的互动关系，以及空间再现方式与人物形象、主题意涵之间的有机联系"②。本文试图从公共空间、私人空间和心理空间三个角度去分析深圳文学的空间叙事特点。在不同的空间中人们转换着不同的角色、状态，抒发着对这座城市的种种复杂情感。

一　公共空间：日新月异的特区形象

深圳的高楼大厦不是一夜之间平地起的，是从一座经济落后的小渔村发展起来的，虽然发展得很快速，但在作品中我们也能看到其变化的过

---

① 〔意〕伊塔洛·卡尔维诺：《看不见的城市》，张密译，译林出版社，2012，第 126 页。
② 苏加宁：《社会转型与空间叙事——美国早期哥特式小说研究》，吉林大学 2017 年博士学位论文，第 6 页。

程。在薛忆沩的作品《流动的房间》中，曾经的深圳是周围有着绵延不断的群山、河流上驶过破旧不堪的货船的。发展之初的深圳是分为关外和关内的，在吴君的《亲爱的深圳》中，对关外的描写让人觉得跟普通县城是差不多的，有着破旧的民房、混乱的市场，满地的鸡屎、鸭屎，人们大多光着膀子在街上走。而关内是迥然不同的景象，在邓一光的作品《轨道八号线》中关内有着又直又宽的马路、非常气派的高楼大厦，会展中心的玻璃穹顶的灯光能把天空照亮。很多外来务工者把进入关内看看国贸大厦和深南大道当作"深圳梦"。旦期从关外进入关内是不容易的，关内和关外是一个历史概念，关内包括南山区、罗湖区、盐田区和福田区，而关外是指经济特区以外的深圳辖区。非深户籍的人员进入关内需要办理边防证或深圳暂住证，这是两个对立的世界，通过对两个对立起来的空间的对比描写，折射出了贫富阶层差距。随着特区经济飞速发展，这样的空间隔绝渐渐消失。随着地铁的四通八达，不同区之间的联系日益密切，一个个标志性建筑拔地而起。在邓一光的深圳系列小说中，大量深圳城市地标映入眼帘：红树林、市民中心、梧桐山、世界之窗、龙华、宝安、欢乐谷……同样的，在吴君的小说中也频频出现深圳真实的地理坐标：天鹅堡、关外、百花二路、深圳西北角、二区到六区、十九英里、樟木头，等等。这显然是作家刻意为之，通过一个个具有深圳特色的公共空间使这座城市立体化，一方面让我们看到深圳日新月异的发展轨迹；另一方面使深圳的特色面貌展示出来，区别于其他城市书写。如果是没来过深圳的人看到这样的空间叙事后会对深圳留有一定的印象，而如果是生活在这座城市当中的人读到这样的作品时会倍感亲切，感觉自己也是作品中的一个角色，我们共同书写着这座城市的故事。

穿梭在这样变化迅速的公共空间中的人们对这座城市产生了又爱又恨的感觉。当第一批移民来深的劳动者面对这座刚出生的城市时，他们的心中充满了激情和热血，是打算要在这里开创奇迹的。在邓一光的作品《想在欢乐海岸开派对的姑娘有多少》中提到最初的开发者们，"一个年轻人怀里抱着他八个月大的孩子来到深圳，他是基建工程兵，他把南山炸掉了，再把蛇口炸掉，然后去炸更多的地方。轰，轰，一半的红树林没了，滩涂和渔村消失掉，三十年，一座城市拔地而起，成为世界上最年轻的大都市"①。也正是因为这座城市处在高速发展的阶段，所以充满了各种机遇，吸引了各地的人们过来，想要抓住机遇改变自身命运。深圳就像是他们心中的"乌托邦"，他们是带着希望和梦想过来的。高层次人才来深能凭借人才引进政策顺利落户，打工者也能凭借辛勤劳动获得各种各样的工作机会。"没有人偷懒。在深圳你根本别想见到懒人。深圳连劳模都不评了，评起来至少八百万人披红挂绿站到台上。但没有人管这个，也没有人管你死活。深圳过去提倡速度，现在提倡质量，可在快速跑道上跑了三十年，改不改惯性都在那儿，刹不住。"② 在高速运转的城市中人们也如机械齿轮一样高速运转着，只有坏掉才会被迫停下来。只要你想来，深圳就张开怀抱欢迎你，外来人口的大量涌入造就了这座城市极具包容性，在邓一光的作品《要橘子还是梅林》中提到，在市民中心广场上总会有几个流浪汉在悠闲自在地散步。你可以自由选择你想要的生活，但机遇和挑战是并存的。人口的激增让这座城市也慢慢变得拥挤起来，邓一光的作品《北环路空无一人》中有一句这样有意思的描写，"窗外的北环路也不整洁，有时候它塞得厉害，路上和立交桥上堵满各种各样的车辆，像一大群赶来斗殴却找不到厮打对象的蟑螂，你也不能说它们错了"③。谁都没有错，都想要抓住改变命运的机会，所以当踏入深圳这个空间后，就自觉地遵循"优胜劣汰""适者生存"的法则。邓一光的作品《籔杜鹃气味的猫》中提到这样一件事，莲花山公园在刚建园时因为缺少经验，许多植物被盲目的移植过来，选种错误造成的环境不适使它们难以大面积养护，因此不得不在之后的年份中不断置换。这其实包含了一种隐喻，那些被深圳淘汰的年轻人就像这些选种不对的植物，无法在这里存活下来。

在深圳文学中的公共空间叙事中我们看到了日新月异的特区形象，这座

---

① 邓一光：《你可以让百合成长》，海天出版社，2014，第400页。
② 邓一光：《深圳在北纬22°27′~22°52′》，海天出版社，2012，第88页。
③ 邓一光：《你可以让百合成长》，海天出版社，2014，第97页。

城市发展迅速并在持续向前奔进中，而踏入其中的人们也被裹挟着不停往前冲，有些人能蜕变重生，而也有些人黯然离去。在这飞速发展的公共空间中人口不断流动，流动会给人带来一种漂泊感，但也会给人们的生活带去各种未知和不确定性。

二　私人空间：压抑空虚的生活状态

　　一提起"深圳"，人们想到的是高薪的工作机会、现代化大都市、"世界之窗"……这些辉煌闪耀的名片把深圳塑造成一个"天堂"，但对于生活在其中的人来说，日常化的状态才是他们真实的生活。不管这座城市创造了多少发展奇迹，也离不开柴米油盐的日常。如果说深圳文学中公共空间的描写让我们看到了一个宏观意义上的深圳的话，那关于私人空间的描写则让我们更加能凝视在深圳的人们的生活状态。如果只关注到深圳高歌猛进的激昂状态的话，那么我们就会忽视个体的情感诉求。而部分深圳作家敏锐地观察到了大时代发展洪流下人们的精神空虚和被压抑的生存空间。

　　初来乍到的外地人，最先要解决的就是居住问题，所以作品中关于"出租屋"的空间描写非常多见。那些怀揣梦想兴致勃勃奔赴而来的年轻人多是来自农村或是经济较落后的地区，当他们来到深圳被大城市的繁华景象晃花了眼之后，才意识到深圳的寸土寸金，所以为了节省开销只能租在偏远的郊区或是城中村。在邓一光的《在龙华跳舞的两个原则》中工厂打工者都居住在简陋狭窄的楼房里，房间只能摆下一张床，洗澡需要下楼去打热水。吴君的《陈俊生大道》里的打工者十六个人甚至更多人住一间，蚊帐把房间隔成若干个小块，每个人的私人空间就是自己的床。东西不能放在公共领域，一旦放在公共领域就会被其他人拿走。还有在王十月的《寻根团》中对城中村的描写是这样的："马有贵的租屋在这城市的一处城中村，这里密密麻麻都是亲嘴楼，马有贵住的那一片，百分之八十的租户来自楚州，他们多在附近的工厂打工，因老乡们住在一起，就把这里的城中村变成了楚州的一个村。"① 邓一光的《我们叫做家乡的地方》中描写到一位农村来的母亲因为记不住城中村迷宫似的地形和集装箱似的楼群，结果出了趟门后找不到回家的路，被吓得大哭。如果她要去到市中心，需要换乘各种公交地铁，可想而知她会更崩溃。外来打工者并不能立刻融入深圳这座大城市，相反他们还是一起居住在廉价且偏远的地段，被高昂的住房租金挡在了"天堂"之外。"它的狭小、逼仄、拥挤和昏暗，不安全与不卫生，它的'非人'般的日常存在，令所有关于'人'的尊严的话题抛之脑后。对'出租屋'的书写，是深圳作家的热点，也是伤痛，因为这里暗含着'身份'、'尊严'与'金钱'的冲突与较量。"② 他们的生活圈子很小，除了工作以外就是回到自己狭小的出租屋，为了能尽可能地赚更多钱寄回老家或是改变目前窘迫的状态，他们避免去中心地带消费，所以日常生活基本上是两点一线。可能他们在豪华的地段工作，下班后却要回到破旧拥挤的出租屋生活，这样鲜明地落差让他们倍感空虚和压抑，让他们意识到他们还没有成为真正的"深圳人"。居住在如此狭小的私人空间人们感情生活也是匮乏的，在邓一光的《你可以让百合生长》中，城中村的自建房每平方米住着三个人，他们很孤独但也不会去谈情说爱，而是滥交，只是为了发泄肉体的欲望。更有甚者没有条件去发泄欲望，吴君的《陈俊生大道》中因为是集体宿舍，当自己的老婆来陪住时，想要发泄欲望只能到外面开房。而很多来打工的夫妻即使租着单间，工作下班后早已疲惫不堪，在这破旧简陋的房间里根本没有欲望激情的喷发。

生活条件稍好的外来者可能居住环境会好一些，他们拥有自己充分的私人空间，能够做自己想做的事情不被外人打扰。这就是大城市的好处，在薛忆沩的作品《同居者》中男女主人公因为喜欢彼此而同居，但不想结婚的他们受不了身边人的逼婚决定离开，"他们离开了对他们有看法的城市。他们来到了这座几乎没有任何人认识他们的城市，这座全中国最'开放'的

---

① 王十月：《开冲床的人》，海天出版社，2012，第 174 页。
② 王素霞：《深圳：日光下的文学虚构》，海天出版社，2015，第 66 页。

城市。他们在罗湖区租了一套很小的房子。他们买了一张小号的双人床。他们仍然像从前那样趴在床上打牌、下棋、看电视、改作业……当然还有做爱"①。如果是在农村或小县城，根本就不会存在秘密，往往是各种事传千里，毫无隐私可言。所以许多人逃离家乡来到像深圳这样的大城市就为了切断那些让人窒息的联系，好让自己能过上自己想要的生活。吴君的《亲爱的深圳》里生活在农村的程小桂因为爱写诗被婆家嫌弃不想好好过日子，家人都看不惯她留着时髦的长指甲，她的老公李水库把她写诗的日记本给撕了，她毅然决然地离开了家来到深圳打工。在深圳生活的她慢慢挺直腰杆，人也变漂亮了，完全没有乡下人的样子，还会拒绝丈夫对她的索爱。城市相对于乡村而言非常注重和尊重私人空间，但切断联系的同时其实也会带来孤独，"拥有与尊重私人空间，这是一种文明的进步，因为它是对个体意识的尊重。但同时，也是对传统乡村伦理的一种埋葬，那种大家庭式的、不分彼此的、远亲不如近邻的文化伦理正在城市中渐渐消失"②。人们来到城市，住进了漂亮的小区房，重重门锁把自己和其他人隔绝开，对门的邻居可能一年到头都不会见一面。所以一旦自己面临了人生挫折，处在人生低谷之时，也只能在深夜里独自舔着伤口。

除了对居住私人空间的描写以外，还有对工作私人空间的描写，同样也是狭小压抑的。邓一光的《万象城不知道钱的命运》中的主人公德林是杂工组组长，他在深圳最发达的商圈工作，但真正属于他的区域只有狭小的杂物间。偌大的万象城只有杂物间才是属于他的，在这里他可以抒发自己的情绪，可以休息，可以跟周明明偷情。当他情绪失控的时候他就把自己关在黑暗的杂物间里默默流泪，哭够了就把眼泪擦干，继续出去工作。在吴君的《深圳西北角》中王海鸥和她母亲两人开了一间小店，赚得不多，只要这间小店没了，她们就得饿死，找不到任何人能够借钱，也没有钱去找个地方住一晚。还有在薛忆沩的《出租车司机》里主人公是一名出租车司机，没日

---

① 薛忆沩：《出租车司机——"深圳人"系列小说》，华东师范大学出版社，2013，第154页。
② 刘洪霞：《消费主义、私人空间及女性救赎——蔡东小说的城市叙事》，《名作欣赏》，2020年第19期。

没夜的在城市中穿梭跑单，吃饭休息都在车上。当他在深圳工作了十五年要离开后发现这座城市虽然他已经跑了个遍，但根本留不下他的任何痕迹，他只是这座城市的一个过客。这样狭小压抑的私人空间让他们对深圳这座城市感到无比陌生，根本无暇经营自己的日常生活。同时日新月异的公共空间也导致了私人空间的不稳定，在蔡东的作品《无岸》中柳萍在深圳有两套住房，已经过着非常人能想象的优渥生活了，但当她的女儿要去国外上大学时，为了让女儿接受好的教育掏空了她的积蓄，最后还要卖房子以支撑用度，生活水平急转直下。不管你拥有着怎样的私人空间，当受到外在的公共空间的变化的影响甚至是挤压时，你都只能默默接受。

三　心理空间：精神困境与突围

当来深圳追梦的年轻人受到日新月异的公共空间和空虚压抑的私人空间交错碰撞的时候，他对深圳这座城市有了自己的理解和看法，离开还是坚持？顺从还是反抗？"心理空间是人们在思考和交谈时为达到理解和采取行动之目的而建构的概念模块。"① 深圳文学给我们呈现了不同的心理空间叙事，让我们看到生活在这座城市里的人们的精神困境和突围。

在这飞速运转的现代化城市里，人们只要稍微停歇脚步就会被时代抛弃。当所有的人都在拼命往前冲的时候，你也不得不咬着牙跟上队伍的脚步。这是一座城市在经济建设蓬勃发展的上升期里会出现的问题。谢宏的《我很重要吗》里的主人公认为自己的工作与清洁工人无异，都是城市的一个零件而已，对城市来说可有可无，你退下了，总有人会替上去。当他走在大街上，觉得自己跟这座充满活力的城市格格不入，"但当我坐在宿舍里安静的书桌边，或在僻静的路上散步回来时，疲倦就会在寂静中袭上心头，我只有拼命地用读书看听众来信或工作来驱走这种让我害怕的念头——我老了

---

① Fauconnier G. & Turner M., *The Way We Think*, New York：Basic Books，2002，p. 40.

吗？因为这种心态与这座充满活力的新城很不相配"①。你不能喊累，因为你不可以累。面对这样的困境，有人选择了逃离，逃离这样高压的生活，选择返回家乡。薛忆沩的"深圳人"系列小说中就塑造了一批"逃离"深圳的人物形象，他们是普通的出租车司机、女秘书、物理老师、小贩……不能说他们是失败者，只能说他们不适应这样的生活，跟自己的想象有出入，只好无奈地选择退场。

经济发展必然带来消费主义盛行，经济的发展让人们拥有了更多的资本，购买力有所提升，购买欲望也在逐渐增大，反过来又推动经济发展。但如果引导不当，必然会陷入一种恶性循环，导致人们的幸福感慢慢消失。蔡东的小说《无岸》中的柳萍几天不逛山姆超市就浑身难受，家里摆满了各种奢侈品，虽然很多派不上用场，只要想要却无法拥有它们时她就感觉无比空虚。在她心中深圳就是便利繁华的代名词，生活在其中的自己也要尽情享受，别人拥有的自己也要拥有。身为大学教师的她，跟同事聊天也都是聊最近出国去了哪里游玩，都在比赛谁的购买力强，谁最会享受。"消费社会以最大限度攫取财富为目的，不断为大众制造新的欲望需要。在个人暴富的历史场景中，每个人都感到幸福生活就是更多地购物和消费，消费本身成为幸福生活的现世写照，成为人们互相攀比互相吹嘘的话语平台。"② 为了不断满足消费欲望只能不停地投入工作中，成为一台麻木的赚钱机器。邓一光的小说《深圳在北纬22°27′～22°52′》中的男女主人公两人在疲于工作期间都做了奇怪的梦，他是个工程师，在梅林关道路工程工作时老是梦到自己是在草原上自由驰骋的马，而她是在热带雨林中飞舞的蝴蝶，在飞速运转的城市中人们面临着巨大的工作压力，渴望摆脱社会回归自然，渴望自由。这是一种心理层面的反抗。吴君的《亲爱的深圳》中李水库认为深圳固然很漂亮，但是让他无所适从，因为总是让他找不到太阳。在老家他抬头就能看到太阳，太阳在头顶说明要吃午饭了，太阳斜下河说明一天的工作结束了，这样

---

① 谢宏：《我很重要吗》，海天出版社，2012，第208页。
② 王岳川：《消费社会的文化权力运作——鲍德里亚后现代消费社会文化理论》，《北京大学学报》2002年第4期。

的生活才能让他安心。邓一光的《轨道八号线》中对城市进行了批判，"城市里的大多数霓虹灯都不好看，它们太张扬了，急不可耐，你甚至能听见它们的喘息声，就像长满了疥藓的某种大型动物，让人心里发慌。它们真该学学野外的星空，那是它们的祖宗，看看它们怎么做才能又明亮又安静。它们真该学学它们的祖宗"①。他们在心理层面把城市和自然对立起来，认为城市让人浮躁不安，人只有回归自然才能让内心平静。蔡东的《无岸》里的大学教授柳萍虽然摆脱不了消费主义的控制，但她的桌面永远摆着《闲情偶寄》《随园食单》这类饱含禅意的书籍，也偶尔神往幽静的乡村。虽然她的反抗失败了，但也的确是一种突围方式。蔡东笔下的主人公大都在深圳有了安稳的生活，她们偶尔会暂时逃离城市，喘口气再回来继续生活，这也是现在大多数深圳人的常态。

深圳文学还给我们展现了孩子的心理空间，小孩的生活比成年人简单很多，除了学习就是玩乐，但在深圳生活的小孩也面临巨大的学业压力。在邓一光的《你可以让百合生长》中的"我"是个成绩很差的学生，同时内心叛逆，觉得这样追求分数的生活很没意思，为此还写了一首歌叫《分数宝贝》，"知识的海洋又深又冷，天才宝贝都是机器"，"分数宝贝，我在哪里才能躲开你?"②而成绩优异的小孩也没有过得轻松自在，在薛忆沩的《神童》里的"我"是个因为各方面表现都很优秀被众人吹捧的"神童"，因此在"我"心里，"我"把自己当作是一个完美的小孩，不容许出任何差错。可以看出深圳小孩的压力巨大，在同龄人的攀比中上各种各样的培训班，生怕被别人比下去，在深圳这样的"神童"太多。而"我"并不是健康的，"我"对比"我"大15岁的表姐产生了爱意，青春的躁动，被钢琴老师性骚扰想过要自杀，而这些都是父母和世人所不知的。以上的两个"我"最后都因为一位老师而改变了心里的想法，恢复了正常人的生活。《你可以让百合生长》中的"我"被老师发觉了音乐方面的天赋，可以凭借音乐而不

---

① 邓一光:《你可以让百合成长》，海天出版社，2014，第314页。
② 邓一光:《你可以让百合成长》，海天出版社，2014，第40页。

是考试分数来让自己拥有新的人生。《神童》里的"我"被老师伤害后意识到自己其实就是一个普通人，也有解决不了的难题，也会受伤，脱下"神童"的枷锁轻松生活。

不管是大人还是小孩，深圳文学通过心理空间叙事让我们看到他们面对的精神困境，在飞速运转的城市生活里无法掌握自己的命运和生活节奏，找不到自己的人生目标只好选择盲从，过于注重物质上的享受而忽略了精神层面的滋养。只有让自己慢下来，才能冷静思考，做出适合自己的选择。

结　语

在文学中公共空间、私人空间和心理空间不是割裂存在的，它们之间是相互影响、相互联系的。就像前文提到的那样，空间叙事不是静态地描绘某一具体空间，而是让我们看到不同空间之间的关系以及人物形象在不同空间的呈现。通过关注深圳文学的空间叙事，能够让我们更加立体地去认识这座城市以及生活在这座城市的人们。当生活在简陋、狭窄的私人空间的人们走出自己的房间，来到光鲜亮丽、日新月异的公共空间时，仿佛又有了坚持下去的动力，在心理层面对这座城市又有了更为复杂的情感。深圳文学中有一类是赞美深圳的奋力拼搏精神，有一类是批判深圳的冷血无情，这两类作品对深圳这座城市的认识都是片面的，我们既要看到深圳辉煌的一面，也要看到背后的艰辛和痛苦。正如吴君的小说《亲爱的深圳》结尾所说："也许你只看过我的光鲜的外表，可是，你并不知我的曾经，也许你只羡慕我的成功，可是，你不知道，我正用幸福藏住了疼痛……"[1] 人和城市其实是相互需要的，城市需要人的建造，人也需要城市里的便利丰富的现代生活。所以当我们兴致高昂地踏入像深圳这样的城市之时，不要迷失自我，坚定自己的内心，为自己生活目标而努力。

---

① 吴君：《亲爱的深圳》，花城出版社，2009，第40页。

B.23
打造龙岗区公共文化服务品牌
"小弹唱 LIVE"的实践探索

谢绍花*

摘　要：　继续加大对"小弹唱 LIVE"音乐现场演出活动的财政投入力
　　　　　度，提高社会对公共文化服务建设的参与度，充分发挥深圳
　　　　　市文化馆联盟、龙岗区文化馆总分馆资源统筹、信息畅通的
　　　　　优势，推介"小弹唱 LIVE"与其他区、街道进行品牌项目交
　　　　　流展演。又利用《中国文化报》、《文化月刊》、微信公众
　　　　　号等宣传渠道，吸引更多观众观看演出。推动"小弹唱
　　　　　LIVE"项目进学校开设公开课，邀请优秀乐队、弹唱组合以
　　　　　半演出半教学的形式让学生们了解现代音乐文化，并组织举
　　　　　办"小弹唱 LIVE"系列音乐节，把"小弹唱 LIVE"塑造为龙
　　　　　岗区乃至深圳市的音乐现场文化品牌。

关键词：　小弹唱 LIVE　文化品牌　音乐现场演出

　　群众文化活动品牌是指连续开展三年以上，覆盖辖区、群众喜爱、参与
面广、特色鲜明并产生广泛影响的活动项目。"小弹唱 LIVE"是以乐队、
弹唱组合为主的公益音乐现场演出活动，从 2014 年 5 月 2 日开始，至 2020
年 12 月 20 日，已在深圳市龙岗区及深圳市其他区演出 132 季，共有 200 多

---

　*　谢绍花，深圳市龙岗区文化馆馆员，研究方向为群众文化。

支优秀青年乐队、弹唱组合，1200多人次登台演出，深受市民欢迎和喜爱，演出惠及观众近30万人次。"小弹唱LIVE"在2015年受到共青团中央在全国范围内提出的表扬，获得了2017年深圳关爱行动"百佳市民满意项目"，现已发展成为龙岗区公共文化服务的一张靓丽名片，更是龙岗乃至深圳市文艺青年们的"精神食粮"。

一 "小弹唱LIVE"产生背景

近年来，音乐节文化席卷全国，形形色色的音乐节在全国各地开展得如火如荼，这种来自国外的新音乐形式获得了青年乃至其他年龄段群众的青睐。自2013年迷笛音乐节进驻龙岗大运中心以来，龙岗成为华南地区的音乐节重镇，先后有迷笛、草莓、百威、恒大、勒杜鹃等众多知名演出品牌在龙岗举办各类型的音乐节，但音乐节举办时间间隔较长，一年内不会有太多的场次，同时，龙岗单场音乐节的票价也相对较高，一张票普遍在200元以上，这使普通群众加大了放弃前去观看体验的想法。除了大型音乐节以外，各类小型音乐现场演出地方，如Live House，也是推广现场音乐文化的场所之一。据统计，2014年，全国137家Live House共举办演出7419场，深圳参演289场，① 占全国的份额不足4%，且深圳市大多数的Live House主要集中在福田区、南山区等中心城区，而龙岗区在2014年仍无一个公益音乐现场文化的项目。由此可见，一方面，龙岗区各大音乐节接踵而至；另一方面则是大部分本土群众无法与现场音乐文化充分接触。在各方努力下，致力于给龙岗群众带来高质量音乐现场演出的"小弹唱LIVE"应运而生，弥补了龙岗区公益性演绎类现场音乐文化项目的空白。

---

① 王文慧：《2014年livehouse演出票房15座城市撑起全国72%的份额》，中国经济网，2016年1月4日。

二 打造公共文化服务品牌"小弹唱 LIVE" 的主要措施和成效

（一）多管齐下，打造高品质的公益音乐现场演出，推动原创音乐和本土音乐文化发展

1. 为乐队、弹唱组合登台展演提供平台，打造了高品质的公益音乐现场演出

"小弹唱 LIVE"依托专业器乐设备、本土资深音乐制作资源以及政府的大力支持，提供专业的团队保障和展演舞台，通过适应当下潮流、鼓励原创、注重社会化分享的"小清新"式主题弹唱形式，打造高品质的公益音乐现场演出，吸引了龙岗本土及来自深莞惠等周边城市 200 多支优秀青年乐队及组合登台展演，演绎民谣、摇滚、古典、电子、流行、说唱等多种风格音乐，汇集了职业音乐人、机关公职人员、在校学生、来深建设者与自由职业者等各领域乐队青年 1200 多人次登台演出，充分展现青年潮流风尚及向上向善的精神风貌。

同时，演出现场注重与观众互动，如主唱讲述自己音乐道路的历程，乐队其他成员逐一跟观众分享一些自己的心里话，可以令观众更加轻松舒适地融入演出氛围中，进一步提高市民对"小弹唱 LIVE"的认可度。

许多乐队通过"小弹唱 LIVE"平台交流、切磋技艺，经过舞台的历练，如今成长为各大音乐现场的热门乐队，多次参加迷笛等中国顶级音乐节演出。如在"小弹唱 LIVE"崭露头角的龙岗本土乐队"夏沐草"，其原创歌曲《旅行》入选 2014 年度深圳"鹏城歌飞扬"年度金曲，乐队还登上迷笛、草莓、勒杜鹃等国内知名音乐节舞台，现场表现具有强大的力量与激情，充分展示梦想好声音，传递青春正能量。

越来越成熟的"小弹唱 LIVE"平台也吸引了"中国好声音"选手刘雅婷、"中国好声音"选手丁少华、"中国好歌曲"选手潘高峰、指行者乐队

赵卫，还有众多优秀的乐队及组合走上"小弹唱LIVE"舞台，他们凭着对音乐的热爱和追求、多元的音乐风格、成熟的演出经验、极强的现场表现力与煽动力，给观众带来独特的音乐体验，并用音乐给予年轻人追寻梦想与希望的力量。

2. 为乐队、弹唱组合录制原创歌曲，推动了原创音乐和本土音乐发展

龙岗区文化馆提供资金、场地等方面支持，利用"小弹唱LIVE"平台连续两年公开征选原创音乐作品，在近百支乐队中评选出入围的10支优秀乐队，免费为他们提供与国内一线音乐人及制作人交流学习与合作的机会，免费提供良好的设备和技术，为这10支入围乐队平均录制一首原创歌曲，制作成《拾音集》壹、《拾音集》贰系列唱片，并在多个音乐平台进行发布，得到了音乐圈的强烈支持和关注，带动了青年活跃于音乐文化领域，推动了原创音乐和本土音乐文化发展，提高了龙岗区的文化影响力。

（二）以群众需求为导向，提升了市民群众幸福感，促进了公共文化服务均等化

深圳是个外来务工人员聚集城市，青年占比大。满足外来务工人员特别是青年的文化需求，是实现公共文化服务均等化的迫切需求。龙岗区文化馆等主办单位不仅在音乐厅、小剧场等专业场馆举办"小弹唱LIVE"音乐现场演出，还通过需求调查，在充分掌握基层场地条件、群众需求和当地人群特征等各种因素，进行专业分析研究后，主动对接需求，安排"小弹唱LIVE"演出到各街道社区、二业园区、购物商圈、高新园区、学校等年轻人聚集较多的地方，以公益的形式把演出送到市民的家门口，让市民无门槛、近距离地感受到现场音乐的魅力，身心得到了放松，惠及了近30万人次，不断提升了市民群众对公共文化服务的获得感与幸福感，促进公共文化服务均等化。如定期在龙岗天安数码城举办的"小弹唱LIVE"演出为天安数码城园区工作者营造了一个轻松愉悦的工作生活环境，满足了"写字楼"青年追求时尚、新奇、创意的心理，并为龙岗天安数码城共同打造了一张饱含创意精神和时尚活力的园区名片。

（三）多元文化融合发展，扩大了"小弹唱 LIVE"品牌活动的创意性和包容性

迎合多类价值追求，在活动中探索注入体现时尚、文化、创意等要素，通过"小弹唱 LIVE"这一平台推介当代艺术、本土文化，多元文化理念和健康的生活态度。如更新"小弹唱 LIVE"标志，"小"字用吉他弦、吉他谱作变形处理，更能凸显活动形象。分主题、分形式共创作 132 场风格不同的舞台背景、海报、工作证等。在龙岗区范围内公交站台创新投放"小弹唱 LIVE"的公益演出站台广告 16 个。设计制作印有"小弹唱 LIVE"标志的文化衫、帽子等周边产品，并进行赠送和义卖，义卖所得的款项捐助"深圳关爱行动基金——动听 102 爱特基金"，得到许多市民的喜欢和支持。创新在演出现场融入手工艺品创意集市、沙画创作、主题摄影、Cosplay 等诸多元素，使演出活动变成文艺青年的聚会，打造青年文化活动品牌。以抽奖形式，赠送吉他、尤克里里、音乐专辑、音乐节演出套票等给观众，通过"小弹唱 LIVE"微信公众号，不定期推送歌曲鉴赏、音乐设备推介、乐手信息配对等信息，培养市民对音乐的兴趣爱好，提高市民音乐文化素养。安排"小弹唱 LIVE"演出助力中国网球大奖赛嘉年华、深圳市第十届警察开放日等重大活动，促进音乐与运动的跨界组合，文化与警务、宣教相结合，丰富演出活动的形式和内容，扩大"小弹唱 LIVE"品牌活动的创意性和包容性。

（四）发挥领军人物的带头作用，以强大的执行力保障演出的顺利举行

"小弹唱 LIVE"第一季演出由龙岗区几个音乐爱好者发起，发起人之一康磊音乐专业水平高，许多原创歌曲荣获国家、省、市等奖项，他原想利用空余时间组个乐队玩一下，为此 2014 年 5 月找了一个书吧的阅读区，开展了一次免费的小演出，虽然场地不大，但演出效果很好。此后，在龙岗区文化馆等部门的关注支持下，康磊发挥统筹协调能力和音乐专业技能，带领"小弹唱 LIVE"团队成员，为承办每一场演出顺利开展投入了大量的时间

和精力，以强大的执行力完成了演出队伍联络、舞台搭建、海报设计、设备调试、拍摄宣传等各项具体工作，保障了132季演出的顺利举办。

（五）政府主导、社会参与，共推"小弹唱 LIVE"发展成为龙岗公共文化服务品牌

由于"小弹唱 LIVE"符合年轻人审美需求，有助于龙岗音乐文化发展，从第二季起，通过购买服务方式，龙岗区文化馆、龙岗团区委、龙岗区委宣传部、龙岗区文化广电旅游体育局、龙岗区社工委、龙岗区服务职工社会组织联合会等机关事业单位，以及企业如龙岗天安数码城等社会多方力量不断地加入作为主办单位，演出所到之处的街道文体服务中心或社区工作站或企业等作为协办单位，对演出活动提供了资金、人员、场地和设备的支持。同时，吸纳党员志愿者、文化志愿者等公益服务队伍共同参与到海报设计、演出服务等工作中来，形成多方合作机制，共同参与公共文化服务建设，共推"小弹唱 LIVE"发展为龙岗公共文化服务品牌活动，促使"小弹唱 LIVE"演出遍及龙岗区及深圳市其他区。

（六）创新宣传方式，助力"小弹唱 LIVE"树立品牌形象

创新"小弹唱 LIVE"活动参与形式，从2014年开始，现场观众不需预约、不需领票，只需扫二维码添加"小弹唱 LIVE"微信公众号即可免费入场观看，便利了群众，贴近了大众的情感需求，增加了"小弹唱 LIVE"线上粉丝量。善用传统纸媒和新媒体相结合的方式方法，开展有效的媒体宣传，在《中国文化报》《南方日报》《深圳特区报》《深圳侨报》等传统纸媒刊登演出活动情况，集合龙岗发布、掌上龙岗、龙岗城事青年观察、龙岗警营、"小弹唱 LIVE"等官方微博、微信公众号平台，提前推送演出预告，及时通过视频、照片等形式回顾演出情况。"小弹唱 LIVE"微信公众号共推送相关报道400多条，得到众多网友粉丝的转发、评论、点"赞"，阅读量10多万人次，进一步打造活动"线上线下"交互"朋友圈"，助力"小弹唱 LIVE"树立品牌形象。

三 推广公共文化服务品牌"小弹唱 LIVE"的建议

（1）继续加大对"小弹唱 LIVE"音乐现场演出活动的财政投入力度，提高社会对公共文化服务建设的参与度，鼓励社会力量在不违反相关法律法规的情况下，进行合法赞助，提升演出设备、灯光音响舞美等设计制作水平，争取更频繁地举办更多场次，推动该活动持续办下去，并加强对该项目的资金使用、活动质量、社会效益、群众满意度调查等监督管理。

（2）继续坚持以群众需求为导向，开展问需调查，保障在财政资金定额投入的情况下，把活动送到基层最需要的地方。充分发挥深圳市文化馆联盟、龙岗区文化馆总分馆资源统筹、信息畅通的优势，推介"小弹唱 LIVE"与其他区、街道进行品牌项目交流展演。利用《中国文化报》、《文化月刊》、微信公众号等宣传渠道，探索以"抖音"直播、"虎牙直播"等方式，吸引更多观众观看演出，惠及更多市民。增加"小弹唱 LIVE"周边产品，如手机壳、水杯、环保袋等，进一步扩大"小弹唱 LIVE"影响力。

（3）继续加大对"小弹唱 LIVE"的宣传推广力度，充分利用龙岗区委宣传部、龙岗区文化广电旅游体育局等部门承办如 NBA 篮球赛、WTP 网球赛、文博会等国内外文体旅等方面活动的契机，创新性以文体融合、文旅融合等方式扩大"小弹唱 LIVE"品牌影响力，吸引更多优秀乐队、弹唱组合以公益形式参与到演出活动中，不断促进本土音乐文化发展，并把该项活动推向更大的舞台。

（4）推动"小弹唱 LIVE"项目进学校开设公开课，邀请优秀乐队、弹唱组合以半演出半教学的形式让学生们了解现代音乐文化，了解乐队文化，培养"小弹唱 LIVE"未来的群众基础。

（5）在适当时机，集合曾经参演过"小弹唱 LIVE"或其他演出的优秀乐队、弹唱组合，组织举办"小弹唱 LIVE"系列音乐节，把"小弹唱 LIVE"塑造为龙岗区乃至深圳市的音乐现场文化品牌。

社会科学文献出版社

皮 书

智库报告的主要形式
同一主题智库报告的聚合

❖ 皮书定义 ❖

皮书是对中国与世界发展状况和热点问题进行年度监测，以专业的角度、专家的视野和实证研究方法，针对某一领域或区域现状与发展态势展开分析和预测，具备前沿性、原创性、实证忹、连续性、时效性等特点的公开出版物，由一系列权威研究报告组成。

❖ 皮书作者 ❖

皮书系列报告作者以国内外一流研究机构、知名高校等重点智库的研究人员为主，多为相关领域一流专家学者，他们的观点代表了当下学界对中国与世界的现实和未来最高水平的解读与分析。截至 2021 年，皮书研创机构有近千家，报告作者累计超过 7 万人。

❖ 皮书荣誉 ❖

皮书系列已成为社会科学文献出版社的著名图书品牌和中国社会科学院的知名学术品牌。2016 年皮书系列正式列入"十三五"国家重点出版规划项目；2013~2021 年，重点皮书列入中国社会科学院承担的国家哲学社会科学创新工程项目。

权威报告·一手数据·特色资源

皮书数据库

ANNUAL REPORT(YEARBOOK)
DATABASE

分析解读当下中国发展变迁的高端智库平台

所获荣誉

- 2019年，入围国家新闻出版署数字出版精品遴选推荐计划项目
- 2016年，入选"'十三五'国家重点电子出版物出版规划骨干工程"
- 2015年，荣获"搜索中国正能量 点赞2015""创新中国科技创新奖"
- 2013年，荣获"中国出版政府奖·网络出版物奖"提名奖
- 连续多年荣获中国数字出版博览会"数字出版·优秀品牌"奖

成为会员

通过网址www.pishu.com.cn访问皮书数据库网站或下载皮书数据库APP，进行手机号码验证或邮箱验证即可成为皮书数据库会员。

会员福利

- 已注册用户购书后可免费获赠100元皮书数据库充值卡。刮开充值卡涂层获取充值密码，登录并进入"会员中心"—"在线充值"—"充值卡充值"，充值成功即可购买和查看数据库内容。
- 会员福利最终解释权归社会科学文献出版社所有。

数据库服务热线：400-008-6695
数据库服务QQ：2475522410
数据库服务邮箱：database@ssap.cn
图书销售热线：010-59367070/7028
图书服务QQ：1265056568
图书服务邮箱：duzhe@ssap.cn

社会科学文献出版社 皮书系列
SOCIAL SCIENCES ACADEMIC PRESS (CHINA)
卡号：231668523861
密码：

S 基本子库
SUB DATABASE

中国社会发展数据库（下设 12 个子库）

整合国内外中国社会发展研究成果，汇聚独家统计数据、深度分析报告，涉及社会、人口、政治、教育、法律等 12 个领域，为了解中国社会发展动态、跟踪社会核心热点、分析社会发展趋势提供一站式资源搜索和数据服务。

中国经济发展数据库（下设 12 个子库）

围绕国内外中国经济发展主题研究报告、学术资讯、基础数据等资料构建，内容涵盖宏观经济、农业经济、工业经济、产业经济等 12 个重点经济领域，为实时掌控经济运行态势、把握经济发展规律、洞察经济形势、进行经济决策提供参考和依据。

中国行业发展数据库（下设 17 个子库）

以中国国民经济行业分类为依据，覆盖金融业、旅游、医疗卫生、交通运输、能源矿产等 100 多个行业，跟踪分析国民经济相关行业市场运行状况和政策导向，汇集行业发展前沿资讯，为投资、从业及各种经济决策提供理论基础和实践指导。

中国区域发展数据库（下设 6 个子库）

对中国特定区域内的经济、社会、文化等领域现状与发展情况进行深度分析和预测，研究层级至县及县以下行政区，涉及省份、区域经济体、城市、农村等不同维度，为地方经济社会宏观态势研究、发展经验研究、案例分析提供数据服务。

中国文化传媒数据库（下设 18 个子库）

汇聚文化传媒领域专家观点、热点资讯，梳理国内外中国文化发展相关学术研究成果、一手统计数据，涵盖文化产业、新闻传播、电影娱乐、文学艺术、群众文化等 18 个重点研究领域。为文化传媒研究提供相关数据、研究报告和综合分析服务。

世界经济与国际关系数据库（下设 6 个子库）

立足"皮书系列"世界经济、国际关系相关学术资源，整合世界经济、国际政治、世界文化与科技、全球性问题、国际组织与国际法、区域研究 6 大领域研究成果，为世界经济与国际关系研究提供全方位数据分析，为决策和形势研判提供参考。

法律声明

　　"皮书系列"（含蓝皮书、绿皮书、黄皮书）之品牌由社会科学文献出版社最早使用并持续至今，现已被中国图书市场所熟知。"皮书系列"的相关商标已在中华人民共和国国家工商行政管理总局商标局注册，如LOGO（　）、皮书、Pishu、经济蓝皮书、社会蓝皮书等。"皮书系列"图书的注册商标专用权及封面设计、版式设计的著作权均为社会科学文献出版社所有。未经社会科学文献出版社书面授权许可，任何使用与"皮书系列"图书注册商标、封面设计、版式设计相同或者近似的文字、图形或其组合的行为均系侵权行为。

　　经作者授权，本书的专有出版权及信息网络传播权等为社会科学文献出版社享有。未经社会科学文献出版社书面授权许可，任何就本书内容的复制、发行或以数字形式进行网络传播的行为均系侵权行为。

　　社会科学文献出版社将通过法律途径追究上述侵权行为的法律责任，维护自身合法权益。

　　欢迎社会各界人士对侵犯社会科学文献出版社上述权利的侵权行为进行举报。电话：010-59367121，电子邮箱：fawubu@ssap.cn。

社会科学文献出版社